사람이 책을 만들고
책이 사람을 키운다

사람이 책을 만들고 책이 사람을 키운다

이용교 교수의 학문의 학문

이용교

인간과복지

머리말

필자가 지난 38년간 혼자 쓰거나 다른 사람과 함께 쓴 책에 기획한 책과 연구보고서를 더하면 200권이 넘는다. 이 책은 언제 어떤 목적으로 그 책(보고서)을 썼고, 무슨 내용을 담았으며, 그 책이 미친 사회적 영향 등을 기록했다. 그동안 쓴 책은 출판되어 독자에게 널리 알려졌지만, 그것을 쓴 과정과 이후 영향 등은 알려지지 않은 경우가 많아 새로 집필하였다.

필자는 1984년 9월 중앙대학교 대학원 석사과정(사회복지학과) 입학을 앞둔 여름에 한국복지정책연구소의 연구사업에 조사요원으로 참여하였다. 석사과정을 마치고 1986년 6월부터 같은 연구소에서 연구원으로 청소년 생활실태조사, 도시빈민 연구 등을 수행하였다. 그 덕분에 1989년 7월에 설립된 한국청소년연구원에서 주임연구원으로 청소년복지를 연구하고 청소년지도자 총서를 개발하는 등 청소년학을 정립하였다. 1989년에 아동권리협약이 유엔총회에서 채택되고 1991년에 한국도 이 협약을 비준하면서 아동·청소년

인권에 대한 연구를 수행하였다.

1997년 3월부터 광주대학교 사회복지학과(부) 교수로 일하면서 사회복지학의 교재로 디지털 사회복지(학)개론, 디지털 청소년복지, 디지털 사회보장론 등을 집필하여 '디지털 복지시대'를 열었다. 또한, 2000년에 한국복지교육원을 만들어서 시민에게 사회복지를 널리 알리기 위해 복지평론을 쓰고, 복지상식을 알리는 복지교육을 실천하였다.

국가인권위원회가 설립된 후 아동·청소년인권 관련 연구에 많이 참여하였고, 정부와 엔지오가 발주한 연구용역을 수주하여 지역사회복지(보장)계획 수립을 비롯하여 다양한 연구보고서를 집필하였다. 사회복지 역사와 인물에 관심이 많아 꾸준히 연구하였다. 2026년 2월 정년을 앞두고 집필한 책과 보고서 중 200권에 대한 '해제집'을 만들어 학문적으로 도움을 준 분들께 마음의 빚을 갚고자 한다.

필자는 이 책의 원고를 쓸 때 '사초'를 쓰는 자세로 기록하였다. 책에 거론된 사건이나 인물은 사실에 바탕을 두고, 해당 인물의 당시 역할을 기록하였다. 고인이 된 분도 있고, 생존한 분도 있지만, 사실을 가감 없이 기록하고자 했다. 필자와 함께 책을 쓴 집필자들을 '인명 색인'으로 정리하였다. 대부분 집필자이지만, 해당 기관의 장과 같이 연구사업을 지원한 사람도 더러 있다. 여러 차례 참여한 사람이 적지 않아 필자와 책을 통한 교류를 넘어 학문공동체를 형성한 사례가 적지 않았다는 것을 확인할 수 있다.

세상을 보는 눈은 다양하고 필자의 시각과 다를 수도 있기에 이 글에 쓰인 '사실'은 '진실' 자체라기보다 필자의 관점에서 본 것이다.

시간이 지나면 기억은 점차 사라지고, 사실도 왜곡될 수 있기에 필자는 알고 있는 것을 기록하였다. 기억을 더듬을 뿐만 아니라, 당시의 글, 주고받은 이메일, 신문 기사, 다른 사람이 쓴 글, 기관 홈페이지 내용 등을 인용하여 객관성을 최대한 높였다.

필자는 새로운 천년이 시작된 2000년 1월 1일에 '시민과 함께 꿈꾸는 복지공동체- 한국복지교육원'을 설립하였고, 2002년 7월 23일 인터넷 카페 '시민과 함께 꿈꾸는 복지공동체'를 만들어 거의 모든 문서를 보관하였다. 보관한 파일과 이메일 등은 이 책을 집필하는 데 큰 도움이 되었다. 부족한 부분은 개정판을 통해 보완할 계획이니 혹 '의견'을 가진 분은 연락을 주시기 바란다.

이 책을 쓰면서 많은 분 덕분에 200권 이상의 책이 출간되었음에 감사드린다. 어려운 환경 속에서도 단행본을 발행한 출판사와 관계자, 보고서를 의뢰한 연구기관을 비롯한 발주처와 관계자, 다양한 학술모임을 이끌어 준 모든 분께 감사드린다. 여러분 덕분에 수많은 책이 출판되었고, 이제 '이용교 교수의 책 이야기'가 출간될 수 있다. 다시 한번 머리 숙여 감사드립니다.

2025 을사년 라일락 꽃향기 옆에서

빛고을에서 이용교 올림

이용교 교수는 책을 만들고 여러 사람을 도우며 산다

송정부(상지대학교 사회복지학과 명예교수)

이용교 교수는 38년간 집필한 여러 책과 보고서 등 200권을 모아 '사람이 책을 만들고, 책이 사람을 키운다'를 발간하였다. 책의 발행 역사는 사회 발전의 역사이기도 하다. 책에서 제안한 내용들이 현장 개혁의 지침이 되기도 한다. 이러한 여러 자료를 항목별로 연대별로 정리한 것은 중요한 작업이다. 우리도 이러한 작업을 진행해야 한다고 본다. 더욱이 함께 작업한 여러분들을 잊지 않고 '인명 색인'까지 정리한 것은 이 교수의 따뜻한 정과 마음을 느낀다.

이 교수는 사회복지 모든 분야에 걸쳐 연구하고 대안을 제시하며 현장 발전에 노력해 왔다. 사회복지 분야는 현장의 실천이 중요하다면 이 교수는 연구하고 지역 현장에 직접 참여하고 문제를 지적하며 대안을 제시했다. 이러한 연구 자세가 꼭 필요하기에 '복지평론가'라는 말도 쓰고 있다.

이 교수는 1984년에 중앙대학교 대학원 사회복지학과 석사과정에 입학하고, 1986년 6월에 한국복지정책연구소 주임연구원으로 연구보고서를 집필하며, 1989년 7월에 설립된 한국청소년연구원에서 주임연구원으로 연구에 전념하였다. 중심적인 학문적 연구와 실천은 1997년 3월부터 광주대학교 사회복지학과(부) 교수로 일하면서 복지평론을 집필하여 시민에게 복지상식을 널리 알리는 복지교육을 실천하였다.

사회복지학의 학문적 성격을 연구하며 지역 현장의 실체인 빈곤문제, 저소득자 문제, 인권 문제, 아동·청소년, 장애인, 농어촌문제 등과 복지상식(기초생활보장, 국민연금, 건강보험, 고용보험) 알림, 복지정책 제안서 제출, 사회복지 역사연구도 열심히 하며 사회복지사의 길을 제시하였다. 더욱이 대학생 국가장학금과 교육급여에 대한 알림 정보를 꼭 기재해 주어 대학교수의 마음과 정신도 알 수 있었다.

필자도 다음 카페 '시민과 함께 꿈꾸는 복지공동체'에 들어가 자료를 받아 공부하고 있다. 사회복지학 관련 연구자, 실천가, 후학들은 이 교수의 책을 많이 읽고 참조하길 바란다. '사람이 책을 만들고, 책이 사람을 키운다'라는 말에 동감하고, 진심으로 느끼며, 이 교수에게 감사드린다.

여러분도 '이용교 교수의 책 이야기'가 출간된 것을 함께 축하하며 널리 활용해주실 것을 권고합니다. 이 교수님이 건강하고 계속 열정적인 연구와 지역 현장 활동을 하길 부탁하며 기대합니다.

책 속에 길이 있다

이영철(광주대학교 명예교수)

사람이 책을 만들고, 책이 사람을 키운다People make books, and books raise people. 우리나라에 근·현대 사회복지학이 시작된 것은 벌써 78년의 역사가 있다. 대학교에 사회복지학(사회사업학)과가 최초로 설치된 곳은 1947년 이화여자대학교 기독교사회사업과이었다.

광주·전남 지역은 1990년 광주대학교 사회복지학과에서 시작되어 35년 역사를 갖는다. 이 지역은 다른 지역에 비해 40여 년 늦게 출발하여 사회복지의 학문적 바탕이 늦었다. 광주대학교 사회복지학과의 출발은 이 지역 복지인에게 대단한 사회복지학의 열정과 현장의 사회복지기술을 연마하고 이를 수용하기 위한 노력이 매우 필요했다고 볼 수 있다.

처음 사회복지학의 출발은 무엇보다도 대학의 사회복지학 교육과정과 각 영역별·전문분야별 전공이 절실히 요구되고 있었으며, 교수들의 전공별 영역이 필요했던 점을 들 수 있다. 모든 학문 분야에서도 처음이 중요하듯이 광주대학교는 사회복지학을 전공한 교수들이 열정적으로 최고 사회복지사를 양성하였다. 따라서 이미 대학 강단을 떠난 전임 교수들의 피나는 노력을 이 책에서 되새겨 보아야 할 것이다.

정년 퇴임을 앞두고 정리한 이용교 교수의 학문적 업적은 38년 동안 진행되었다. 한국복지정책연구소의 주임연구원으로 시작하여 한국청소년개발원 연구위원을 거쳐 1997년초 광주대학교 교수로 부임하면서 사회복지학의 학문적 이론을 체계적으로 접근하였다. 특히 이 교수는 청소년복지 분야의 독보적인 존재로서 학문적 영역을 발전시켜 왔으며, 아나로그 시대의 사회복지를 디지털 사회복지로 변화시키는데 앞장서 왔음을 이 책에서 볼 수 있다.

이제 사회복지학도 거시적 관점에서 미시적 관점으로, 전공별·분야별로 세분화되고, 학문적 융합이 이루어져 사회복지 분야만으로는 해결할 수 없는 융합학과의 특성을 필요로 한다. 이 점에서 이 교수의 다목적·다학문적 성격에서 우러나오는 다양한 업적은 사회복지학에 크게 기대된다고 볼 수 있다.

결국 '사람이 책을 만들고, 책이 사람을 키운다'는 명제는 '책 속에 길이 있다There is a way in the books'는 점을 암시한다. 이것을 본다면, 그동안 이 교수의 업적에 대해 다시 한번 선배 교수로서 축하와 감사를 보내며 앞으로도 사회복지의 큰 동량으로 발전하기를 기대하면서 여러분에게 이 책을 추천하는 바이다. 이 교수의 무궁한 발전을 기원한다.

사람을 키우는 가장 탁월한 방법은 '좋은 책'이다

조흥식(서울대학교 명예교수, 전 한국보건사회연구원 원장)

이 책은 저자가 교수로서, 연구원의 연구자로서, 시민에게 복지상식을 널리 알리는 복지교육자, 복지평론가로서 1986년부터 2024년까지 집필하거나 기획에 참여한 책과 보고서 200권을 선정하여 독자들이 쉽게 다가올 수 있도록 소개한 '해제집'이다. 그러나 이 책은 간략한 소개에만 그치는 가벼운 책은 결코 아니다. 이 책이 갖는 소중한 가치는 다음과 같다.

첫째, 책 제목에서 풍겨 나오듯이, 저자는 사람을 사랑하는 사람, 즉 사람을 중심에 두고 사람을 중시하면서 사람을 돕는 이론과 실천을 겸비하는 후학들을 키우는데 주목적을 두고 이 책을 저술하였음을 쉽게 간파할 수 있기 때문이다. 저자는 세상의 어떤 것보다 사람을 키우는 가장 탁월한 방법은 '좋은 사람에 의해 만들어진 좋은 책에 의해서 이루어짐'을 강조하고 있다.

둘째, 꼼꼼히 이 해제집을 읽다 보면 대한민국 사회복지 38년의 역사 흐름을 많이 이해하도록 이끌어주기 때문이다. 특히 이 해제집은 역사의 흐름 속에 한국의 일반 청소년 연구 분야와 청소년복지 연구 분야, 인권과 인권교육 분야의 연구 흐름뿐만 아니라 실천

현장, 국내외 사회복지 관련 정책, 제도의 변천 등에 쉽게 다가갈 수 있게 해준다.

셋째, 많은 사회복지 분야 가운데 저자가 특히 관심을 갖는 분야가 무엇이며, 그 분야에서 나름대로 터전과 토대를 단단히 쌓아 올렸음을 파악할 수 있게 해주기 때문이다. 청소년복지 분야, 농촌복지 분야, 인권 분야 등은 어느 사회복지 학자보다 탁월한 연구 업적을 보여주었다고 할 수 있다.

넷째, 복지평론이라는 독특한 영역을 개척한 점이다. 저자가 천착해 온 우리나라의 사회복지 정책 및 제도, 학술 활동, 사회복지실천 현장, 인권 문제 등에 대해 비판적 자세로 대안을 찾고자 노력한 다양한 시도들을 이 책을 통해 접할 수 있기 때문이다. 저자는 1997년 3월부터 광주대학교 교수로 일하면서 지금까지 복지평론을 꾸준히 집필해 오고 있으며, 자기를 소개할 때 대학교수라는 지위와 함께 '복지평론가'임을 힘껏 강조하고 있다.

다섯째, 이 책은 학문공동체 형성의 사례를 잘 보여주고 있다는 점이다. 책에 거론된 사건이나 인물은 사실에 바탕을 두고, 사실을 가감 없이 있는 그대로를 기록하고자 노력하였으며, 아울러 저자와 함께 책을 쓴 집필자들이 많아서 '인명 색인'으로 정리할 정도로 원고와 책을 통한 교류를 넘어 학문공동체를 형성한 결과를 여실히 보여주고 있다.

끝으로, 저자는 2000년 1월 1일에 한국복지교육원을 설립한 후 다음 카페 '시민과 함께 꿈꾸는 복지공동체'를 만들어 대중들에게 사회복지를 널리 알리고 교육할 뿐만 아니라 많은 교육 자료들을 상호 공유할 수 있도록 열린 장을 구축하여 활기차게 운영한 점을 높이 평가할 수 있기 때문이다.

이처럼 이 책은 사회복지 구현에 대한 다양한 이론과 실제의 여러 측면을 쉽게 이해할 수 있도록 소개를 잘 해줘 한국 사회복지의 길잡이 역할을 해주고 있다고 하겠다. 따라서 한국 사회복지 학문과 실천에 관심을 가진 사회복지 교육자, 사회복지학과 및 청소년학과 학생들, 사회복지사, 청소년 전문 활동가, 그리고 이 분야에 관심이 있는 모든 사람에게 감히 일독을 권한다.

'이용교 교수의 사람책'
그 빛깔과 향기

임형택(광주대학교 청소년상담·평생교육학과 명예교수)

이 책을 읽고 추천 글을 쓰는 의미 있는 활동에 함께 할 수 있어 기쁩니다. 책을 펼치는 순간, 저자와의 30여 년간 이런저런 숱한 배움 만남과 소중한 추억들이 주마등처럼 지나가면서 5가지 열쇳말(책, 답, 꿈, 길, 삶)로 피어납니다.

첫째, 이용교 교수와의 만남은 늘 고결한 인품과 탁월한 전문성이 배인 생생한 '책'을 선물 받는 감동이었습니다. 필요할 때마다 꺼내 볼 수 있는 서가 속 고전 마냥 든든하고 행복했습니다. 아울러 저자와 몇 차례 공동으로 교육과 연구한 결과물이 어김없이 알찬 책으로 출간되는 성과도 있었습니다.

둘째, 어려운 문제가 발생했을 때, 이용교 교수와 상의하면 현명한 '답'도 구할 수 있었습니다. 특히 교육과 연구 수행 시 긴급하게 해결할 필요가 있을 때 오랜 현장 경험에 바탕한 지혜를 얻게 되는 행운도 있었습니다. 제가 광주대학교에서 가장 많은 학생이 재학하였던 사회복지학부장으로 봉직 시 저자의 도움과 자문 덕분에 그래도 대과 없이 그 역할을 잘해 낼 수 있었습니다.

셋째, 이용교 교수가 정성을 다하는 일을 보면, 자연스럽게 우리 모두 행복한 세상을 만들 수 있다는 아름다운 '꿈'을 꿀 수 있게 됩니다. 교수로 봉직하면서, 2000년 1월 1일에 '시민과 함께 꿈꾸는 복지공동체- 한국복지교육원'을 설립하였고, 2002년 7월 23일부터 다음에 카페를 만들어서 거의 모든 문서를 파일로 보관하고 공유하는 활동 자체가 우리 모두에게 더 담대한 꿈을 꾸게 한답니다.

넷째, 저자가 연구한 그간의 책과 보고서 등을 보면, 그는 우리가 가고 싶은, 가야만 하는 대동세상의 '길'을 한발 앞서가고 있음을 알 수 있습니다. 200권 이상의 책과 보고서들이 청소년과 사회복지 분야에만 국한되지 않고, 인류 보편적 가치를 지향하면서 인권, 교육복지, 복지정책, 사회복지사의 길, 국제사회복지, 사회복지 역사 등 지속적으로 확장되고 있었습니다.

다섯째, 이용교 교수를 생각하면 그야말로 우리가 살고 싶은 온전한 '삶'의 전형을 보여주고 있습니다. 교육자와 연구자로서의 엄청난 역할 뿐만 아니라, 섬김과 베풂의 헌신적 삶이 바로 그것입니다. 저자의 언행일치와 실천적 삶이야말로 그가 최근에 천착하고 있는 사회복지 역사와 인물로 동료와 후학들이 닮아야 할 모습입니다.

진지하고 거룩한 저자의 삶과 공동체 공헌에 경의와 감사를 드리면서, "이용교는 사람을 온전히 키우면서 책까지 향기롭게 만든다"는 "이용교 교수의 사람책(책, 답, 꿈, 길, 삶)"을 만나봅니다.

그는 왜 이렇게 많은 책을 썼는가?

김영란(목포대학교 사회복지학과 교수)

항간에는 책을 소개하는 책이 있다. 죽기 전에 읽어야 할 고전 몇 권이라든지, 유명인들이 추천하는 자기 인생의 책이라든지, 하다못해 잠들기에 좋은 책처럼 한 권의 책 안에 여러 권의 책을 나름의 기준으로 골라 소개하는, 일종의 독서기讀書記같은 책이다. 그런데 '이용교 교수의 책 이야기'는 정말 독특하다. 책을 소개하는 책인데 오로지 자신의 책으로만, 더군다나 무려 200권으로 '이야기'를 만드셨으니 말이다.

초고를 받아 읽고 불현듯 '어떻게'보다 (도대체) '왜' 이렇게 많은 책을 쓰셨을까가 먼저 떠올랐다. 그래선지 곧바로 죠지 오웰의 에세이집 『나는 왜 쓰는가?』에 나온 동명 에세이가 생각났다. 거기에 답이 있을까? '순전한 이기심', 이기심이었다면 교수님이 평소 좋아하시는 여행을 한 번이라도 더 가셨을 것이다. '미학적 열정', 교수님의 책은 누가 봐도 순수하게 미학적인 것과는 거리가 있다. 그런데 '역사적 충동'과 '정치적 목적'으로 보면 납득이 간다.

어림잡아 200권을 집필 기간 38년으로 나누면 1년에 약 5권 반이다. 시간의 배열에 교수님의 집필도 함께 배열하면 국내 사회복지학문과 실천의 어느 시기도 지난 38년이 비껴가지 않았으니 사회복지의 역사 속에서 교수님의 글은 공백이 없다. 교수님은 우리 사회와 실천 현장의 상황이 바뀔 때마다 혹은 그것을 바꾸기 위해서 강연하셨고, 연구하셨고, 또 그것들을 모아 책으로 발간하셨다. 특히 꼭 집어서 보면, 사회복지 역사 파트가 그렇다. 『한국사회복지학회 50년사』나 『한국사회복지사협회 50년사』를 비롯해서 『광주대학교 사회복지학과 20년사』와 『광주대학교 사회복지전문대학원 20년사』는 묻혀 사라질 수 있는 사회복지 역사의 장면들을 글로 드러내서 붙잡은 중요한 기록물이다. 특히 2024년에 출판된 『사회복지 역사와 인물』은 가뭄의 단비같이 좀처럼 학계에서 나오지 않는 국내의 사회복지 선각자를 다룬 책으로 지역의 사회복지 역사에도 귀중한 자료가 될 뿐 아니라 사회복지 실천가들에게 사회복지의 뿌리를 알아 자부와 각오를 갖게 만들고, 교수들에게는 유용한 지식과 교육 자료를 제공했다. 나도 그 덕을 본 사람 중 한 명이다.

'정치적 목적'은 단연코 『복지대통령 만들기』와 『복지시장 만들기』를 비롯한 각종 정책 연구 보고서, 사업 제안서, 다수의 지방정부 복지계획을 집필한 것으로 드러난다. 마치 교수님의 머리와 가슴에는 사회복지만 들어있는 것처럼 아이디어와 열정이 무궁했고, 그것들이 정부와 지방정부의 사회복지정책에 반영되도록 하는 기회를 놓치지 않았다. 특히 사회복지학계에서는 거의 다루지 않는 농촌 관련 저서를 거론하지 않을 수 없다. 『새 정부의 농정비전과 과제』, 『국민총행복과 농정 패러다임의 전환』은 농업·농촌·농민과 관련된 전문가집단이 집필한 제안서인데 거기에 사회복지가 포함된 것은 오로지 교수님이 있기 때문에 가능한 일이었다고 생각한다.

개인적으로 나 역시 농촌복지 때문에 교수님과 책 인연을 맺었다. 2004년과 2010년 각각 『농촌복지론』과 『농어촌복지의 이해』를 공동 집필했다. 모두 농촌복지아카데미에서 강의를 맡은 때문이었다. 한 번 하면 끝나는 강의로 생각해서 오래 남는 책 원고에 비해 공을 덜 들였는데 덜컥 책이 나와버려서 아찔했지만 이 책에서 해당 부분을 읽다 보니 교수님이 그렇게 하지 않으셨다면 그냥 바람처럼 사라질 말이자 글이었다는 생각이 들었다. 10여 년이 흐른 지금에 이르고 보니 나에게는 원고조차 없는데, 교수님은 그것을 차곡차곡 책으로 한글파일로 모아 두셨다. 지금의 농촌복지는 농촌복지아카데미를 열 때만큼 활발하지 않지만, 교수님의 '보관'마저 없었다면 사회복지학계는 농촌과 관련해서 보여줄 만한 아무것도 갖고 있지 못했을 것이다.

그래서, 이 책은 200권의 책에 대한 소개이고 해제이지만 단지 그것만이 아니다. 이 책은 사람이 얼마나 부지런할 수 있는지, 얼마나 사명을 실천할 수 있는지, 얼마나 협력할 수 있는지(집필자 인명 색인이 나올 정도로 많은 집필진과의 협업을 생각하면)를 보여준다. 또한 38년 동안 출판된 책의 목록 만으로도 이 책은 일종의 사회복지학 도서관이다. 그런데 그 장서들을 아무런 경계 없이 인터넷 카페에서 열어볼 수 있게 하셨다니, 이것은 우리가 앞으로 가야 할 커먼즈 사회의 대표적인 사례다. 그래서 많은 독자가 이 책을 배움을 얻는 지름길로 삼아 책 속에 나온 필요한 책을 골라 읽으면서 사회복지 발전에 기여하기를 바란다, 교수님이 그렇게 하셨던 것처럼.

한국 사회복지의 새 지평을 열다

이형하(광주여자대학교 사회복지학과 교수)

'사람이 책을 만들고, 책이 사람을 키운다: 이용교 교수의 책 이야기'는 그의 38년간 발자취를 묶고 맺은 한국사회복지의 다큐멘터리이자 대하드라마이다.

영변에 약산 진달래꽃이 만발하는 봄날은 청소년복지와 인권 분야 글에서 마주할 수 있고, 복지공동체 글에서는 사회복지사가 나아가는 걸음걸음마다 길잡이 되어 나란히 걸을 수 있고, 사뿐히 즈려밟고 넘어가는 길목에는 사회복지 역사와 복지평론에 뿌려 담고 있다. 다양한 글 모음 중에서 우리 사회에 의미 있는 영향을 미친 책들을 몇 권 소개하고자 한다.

'한국인의 복지상식'에서는 복지제도를 모르는 일반시민들이 쉽게 신청해 급여를 받을 수 있는 방법을 안내하고 있다. 저소득 시민에게 지급되는 기초생활보장과 사회수당을 소개하고, 특히 "줬다 뺏는 기초연금"에 대해서는 헌법 제34조의 "모든 국민은 인간다운 생활할 권리가 있다"라는 사회보장의 핵심 내용에 위반되는 점을 강력히 주장하고 있다. 이는 최근 연금개혁의 단초를 제공하는 기여를 하고 있다.

'와상노인의 인권'에서는 만성질환과 활동 제한으로 인한 와상노인의 무기력, 정신적 장애로 인한 인간으로서의 존엄성이 위협받는 상황에서 와상노인의 자기결정권을 확보하기 위한 사회복지사의 역할을 제시하고 있다. 또한, 와상노인의 죽음과 관련한 '와상노인의 존엄한 죽음' 편에서는 이분들의 심리적, 신체적 변화를 설명하고, 호스피스 케어를 소개하여 와상노인과 가족의 고통을 완화하는 데 도움을 주는 글 모음이다.

'산티아고 가족여행'은 그와 가족이 스페인 산티아고 순례길 800km(36일간 걷기)라는 대장정을 기록한 글 모음이다. 성장한 대학생 자녀 입장에서는 긴 여정을 쉽게 함께 할 수 없음에도 가족이라는 테마로 지구 반 바퀴를 돌아서 가는 지구 여행길이자 가족복지의 아름다운 모습을 사진과 글에 담고 있다. 때로는 무조건 지도를 펼쳐 걷다, 지도에서 알 수 없는 여러 갈림길에서는 지나가는 사람들에게 물어서 가는 집단지성의 모습도 엿볼 수 있다.

이렇게 그는 한국사회복지의 새 지평을 열고, 부지런히 다듬고 널리 알리며 지금도 이 길을 함께한 모든 이와 세상을 바꾸어 나가고 있다.

교수님의 열정과 항구심의 결실이다

김양희(사단법인 효경 이사장)

'사람이 책을 만들고, 책이 사람을 키운다'는 책을 발간한 이용교 교수님의 노고에 감사와 존경을 담아 축하드립니다. 지난 38년간 200여 권의 책을 발간한 교수님과는 1997년도 광주대학교 사회복지학과에서 사회보장론을 수강하면서 사제지간의 인연을 맺었습니다. 2005년부터 몇 년 전까지 '노인복지 아카데미' 등을 통해 교류가 있었고, 저는 그 과정에서 십여 편의 노인복지 관련 책을 공저와 단행본으로 발간하였습니다.

오래전부터 시민들에게 복지상식을 널리 알리기 위해 복지평론을 집필해 오신 교수님은 2000년에 한국복지교육원을 만들고, 2002년에는 '시민과 함께 꿈꾸는 복지공동체'라는 다음 카페를 개설하여 시공간을 넘나들며 많은 사람에게 배움의 기회를 주고 계십니다. 그 덕분에 저도 2001년 대구광역시 달성군에서 노인복지를 시작하여 홈페이지 개설을 계획할 무렵, 교수님을 통해 감사하게도 저비용으로 고효과를 기대할 수 있는 다음 카페 '효경복지공동체'를 개설하게 된 기억이 떠오릅니다(현재는 안타깝게도 대구광역시 복지정책으로 2020년부터 홈페이지를 개설해야만 된다고 하여 20년 넘게 활용했던 카페는 홈페이지 중심으로 바뀌었습니다). 24년 전 효경을 설립하여 비영리법인으로서 산하 노인복지시설 4개소를 운영하면서 교수님의 지도 편달 덕분에 진정성 있는 복지로 지역사회와 세상에 선한 영향력을 나누고자 노력하고 있습니다.

교수님은 사회복지의 학문적 가치를 복지 실천 현장과의 관계 안에서 긴밀하게 연대하며 연구와 실천 영역을 융합함으로써 사회복지계의 후배이고 제자인 저뿐만 아니라 많은 사람에게 끊임없이 노력하는 연구자이고 실천가인 '福祉人'으로 각인되어 있습니다.

'사람이 책을 만들고, 책이 사람을 키운다'는 책 제목도 참 멋있고 마음에 듭니다. 지금까지 다양한 사람들과 함께 책을 만들었고, 또한 그 책이 많은 사람을 키우고 있음이 분명하기에 적절하고 훌륭하다고 생각합니다. 많은 분의 지식과 생각과 경험을 모아서 세상에 필요한 200여 권의 책이 출간되었음은 또 하나의 기적이 아닐까요? 이는 교수님의 열정과 항구심의 결실이라고 생각합니다. 저마다 바쁜 일상 속에서도 아름다운 복지사회를 이루기 위해 '이용교 교수의 책 이야기'가 출간될 수 있도록 미흡하나마 추천사로 동참하게 됨을 뜻깊게 여기며 앞으로도 사회복지의 발전과 행복한 세상이 펼쳐지기를 함께 기원드립니다.

이 해제집은 행복한 선물이다

정경은(초당대학교 사회복지상담학과 교수)

역시 이용교 선생이다. 내가 이 해제집을 보며 드는 첫 생각이다. 200권의 책, 1,000여 명의 연구 동료들. 이 책은 그의 삶 자체이다. 꾸미지 않은 저자의 털털한 외모만큼이나 진솔함이 담겨져 있고 자신만의 통찰이 있다. 『사람이 책을 만들고, 책이 사람을 키운다』. 복지의 본질은 서로 돕고 사는 품앗이라고 한 저자의 말처럼 사람과 책은 끊임없는 공생관계이자 사람이 책을 통해 미치는 영향력은 지대하다.

해제집 곳곳에서 저자 스스로 질문하고 그 답을 찾는 과정은 저자의 삶 그 자체였다. 이 해제집은 개척자의 여행이며, 저자는 소조塑造하는 예술가이다.

"오늘날 사회복지학도와 사회복지사에게 어떤 울림을 줄 수 있을까?"

"청소년을 위한 정책인가, 청소년에 관한 정책인가, 청소년에 의한 정책인가?"

"사회복지시설에서 생활하는 아동·노인·장애인은 자기결정권이나 표현의 자유 등을 얼마나 누릴 수 있을 것인가?"

"모든 국민이 헌법상 보장된 행복추구권과 사회보장권을 누릴 수 있는 길은 무엇일까?"

"복지공동체를 어떻게 만들 것인가?"

이러한 질문은 저자가 자신에게 한 질문이자 우리에게 던진 준엄한 질문이다. 저자의 연구는 38년간 학자로서 끊임없는 질문에 대한 답을 찾기 위한 과정이었다면, '나는 무엇을 해야 하는가'에 스스로 물음을 던져보게 한다.

저자는 각계 명사들이 말하는 나의 아버지 책에서 "아버지로서 할 수 있는 최선의 일은 스스로 그렇게 살아가는 것을 아이들에게 본을 보이는 것이라고 생각한다"고 기술한다. 저자는 학자로서도 동료와 후배 학자들에게 최선을 다해 아무도 가보지 않은 길을 묵묵히 헤쳐나갔음을 책을 통해 보여준다. "배워서 남 주는 사람"는 저자가 외치는 말이다. 연구를 나누려는 저자의 실천이 곳곳에 묻어난다.

우리는 현존하거나 드러나는 현상은 잘 인지하지만 본질적인 것을 탐험하거나 이 일로 인한 변화나 사회적 영향이 무엇인지를 깊이 있게 되짚어 보지는 않는다. 이용교 선생은 참 남이 하지 않는 일을 하는 걸 즐겨한다. 책 한 권 한 권의 소중함으로 왜 이 책을 집필하게 되었는지, 그 과정이 어떠한지를 담는 건 아마도 저자의 역사의식 때문일 것이다. 책의 목자와 각 내용에서 알 수 있듯이 저자의 관심 분야별 전반적 역사적 흐름과 주요 이슈들, 이 연구들이 당시 어떤 역할을 했는지 꼼꼼하게 기록되어 있다. 특히나 저자가 기록과 함께 역사에 깊은 관심과 통찰이 있음을 발견하게 되는데, 그건 저자의 사학, 고고학, 인류학의 오랜 관심과 함께, 대학 시절 사학을 부전공한 준비된 자이기 때문이라는 사실을 해제집을 통해 알게 되었다. 그렇다. 이 책은 저자를 다시금 생각하고 바라보게 한다.

나 또한 저자와의 오랜 인연으로, 저자는 나의 터닝 포인트였다. 2004년 2월 23일, 저자가 걸어온 전화 한 통이 내가 교수자의 삶을 살게 한 결정적 이벤트였다. 20년이 흐른 지금, 저자와 함께한 연구를 회상하며 해제집을 보니 그 안에 녹아들었던 추억들, 치열함, 도전이 떠오른다. 저자와 함께 연구를 진행한 사람이라면 이 책을 통해 우리가 잊고 있었던 추억이 소환될 것이고, 일반 독자라면 일상생활에서도 도전이 이루어질 것이다.

그간 연구 토픽에서 사용한 "행복"이라는 단어가 해제집의 본문에 참 많이 등장한다(대략 80여 번). 본인의 연구물을 행복한 연구생활의 결과물로 명시한 곳도 있다. 행복은 저자의 소망이었을 것이다. 저자가 꿈꾸는 행복한 세상은 무엇일까? 학문적 동료들과 함께 소외된 약자들이 자신의 목소리를 낼 수 있도록 힘을 모으고, 우리 모두가 꿈꾸며 웃을 수 있는 세상이 아닐까. 행복은 어느 순간 갑자기 찾아오지 않는다. 저자처럼 끊임없는 도전과 노력, 그리고 헌신과 외침을 통해 만날 수 있는 선물이다. 저자의 이런 노력을 함께 공감하며 앞으로 나아갈 수 있도록 이 책이 여러분께 행복한 선물이 될 것이다.

차례

청소년복지 연구 | 101

사회복지학 | 137

청소년
연구

청소년정책연구

김영모 외, 한국복지정책연구소출판부, 1991.

이 책은 체육부로부터 연구용역을 받아 1988년 5월에 납품된 '청소년정책에 관한 연구'를 1991년에 한국복지정책연구소가 단행본으로 발간한 것이다. 연구책임자는 중앙대학교 김영모 교수이었고, 필자는 한국복지정책연구소 연구원으로 실무를 담당하였다.

정부는 1987년에 제정된 청소년육성법을 1988년에 시행하기 위해 청소년정책의 큰 그림을 그리고자 체육부 자문위원인 김영모 교수에게 연구용역을 발주하였다. 연구진은 독일, 호주, 일본 등 다른 나라의 청소년정책을 비교 분석하고 한국의 청소년정책을 새롭게 정립한 후에 청소년정책부서의 필요성과 기능에 대한 밑그림을 그리고자 했다.

이 책은 크게 두 부문으로 구성되었다. 한국의 청소년정책을 성찰하고 새롭게 제시하는 제1부, 타일랜드, 서독, 스웨덴, 영국, 호주 등 외국의 청소년정책을 비교 연구하고, 서독과 일본의 청소년정책을 연구한 제2부로 구성되었다. 연구진으로 독일에서 유학한 한국교원대 권이종 교수, 서호주대 김형식 교수, 중국 동해대 채미화 교수, 청주대 표갑수 교수, 원광대 원석조 교수 등이 참여했다. 한국복지정책연구소 이용교, 함철호, 심재호 연구원이 연구보조자로 참여했는데, 필자는 체육부 김춘섭 사무관과 실무적인 업무 연락을 맡았다.

이 보고서 제1부는 서론, 청소년정책부서의 신설 필요성, 외국 청소년정책의 비교연구, 한국 청소년정책의 현황과 문제점, 한국청소년정책의 모형개발, 결론 및 건의로 구성되었다. 기존 청소년정책은 치료적이거나 보호적인 차원에서 접근하는데, 일반 청소년의 예방 사업의 개발이 절실하다는 데에서 청소년정책부서의 신설 필요성을 찾았다. 독일, 호주, 일본 등 세계 여러 나라의 청소년정책을 비교 연구한 후에 한국청소년정책의 모형개발이 이루어졌다.

한국청소년정책의 모형개발에서는 청소년정책의 기본방향, 청소년정책의 체계 확립, 청소년정책의 대상과 프로그램 개발, 청소년정책을 위한 재원 조달, 청소년 단체 및 시설의 법인화, 청소년지도자의 전문화, 청소년연구원의 육성, 청소년체육부의 조직 등이 담겼다. 제안된 내용은 1989년에 설립된 한국청소년연구원의 핵심적인 정책연구과제로 다루어졌다.

정부는 청소년육성법의 시행을 위해 체육부에 청소년행정 부서를 만드는데 그 조직과 업무분장에 관심이 많았다. 연구진은 기존 체육부를 '청소년체육부'로 명칭을 바꾸고, 청소년 담당 차관보를 신설하며, 청소년기획국(기획조정과, 기금운용과, 연구개발과), 청소년행정국(지방행정과, 단체육성과, 시설지원과), 여가연수국(여가지원과, 연수과, 국제교류과) 등 3국을 두고, 각 국에 3개 과를 둘 것을 제안하였다. 그리고 시·도 가정복지국에 청소년과, 시·군·구에 청소년계를 설치하고, 청소년전문요원(가칭 청소년지도사)을 정책부서, 지방부서, 지방행정조직(청소년사무소 등)에 배치할 것을 제안하였다.

이 연구는 체육부에 청소년국을 만들고, 시·도 청소년과, 시·군·구 청소년계를 만드는데 논리적 근거가 되었다. 체육부는 올림픽 이후 체육정책과 청소년정책의 부처로서 위상을 제고하기 위해 1차관보+3국+1담당관+8과로 초안을 만들고, 총무처와 협의 과정에서 1국+6과(1안)와 1국+6과(2안)인 두 가지 안을 제시하였으며, 최종적으로 1국(청소년국)+1담당관(청소년심의관)+4과(청소년정책과, 청소년지도과, 청소년교류과, 청소년시설과)로 확정되었다. 또한, 이 보고서는 1991년에 체육부를 체육청소년부로, 청소년국을 청소년정책조정실로 확대 개편하는 데에도 참고가 되었다. 이 책 '청소년정책연구'는 1988년에 체육부 청소년국을 신설할 때 청소년정책의 청사진을 제시하였을 뿐 아니라, 이후 한국청소년연구원의 설립, 한국청소년단체협의회의 법인화, 청소년육성기금의 운용, 청소년지도사의 법제화 등에도 방향을 제시하였다.

외국 청소년정책에 관한 연구

이윤구 외, 한국청소년연구원, 1990.

이 책은 1989년 7월에 창설된 한국청소년연구원이 세계 여러 나라의 청소년정책을 연구하여, 한국 청소년정책을 새롭게 설계하기 위한 연구 결과물이다. 대한민국은 1987년에 청소년육성법을 제정하면서 1988년 서울올림픽 이후 체육부의 발전을 위해 1988년 6월 18일에 체육부 청소년국을 신설하고, 시·도에 청소년과, 시·군·구에 청소년계를 신설하였다. 또한 1989년 7월 1일에 정부출연연구기관으로 한국청소년연구원을 설립하고, 1965년에 조직된 한국청소년단체협의회를 법정 단체로 발전시키며, 청소년육성기금을 조성하는 등 '청소년정책'을 새롭게 구상하였다.

이전까지 한국의 청소년정책은 일본의 사례를 많이 참고하였고, 미국이나 아시아(특히 중화민국)의 변화에 관심을 가졌는데, 1990년에는 한국청소년연구원의 연구진이 선진국가를 방문하거나 관심 국가를 집중 연구하였다. 개원 초기이었기에 이윤구 원장을 비롯하여 연구실장, 책임연구원, 주임연구원들이 해당 국가를 방문하여 청소년 관련 법령과 정책, 청소년지도자 양성, 청소년단체와 청소년시설에 대한 지원 등을 집중 연구하였다.

이 연구는 1991년에 체육청소년부가 한국청소년기본계획을 수립하고, 청소년육성법을 폐지하고 청소년기본법을 제정하는데 논리적 근거를 제시하기도 하였다. 즉 이 책을 통해 선진국은 청소년에 대한 투자를 청소년지도자 양성과 배치, 청소년시설의 설치와 운영, 청소년단체의 육성, 청소년에게 다양한 활동의 기회를 준다는 것을 잘 보여주었기 때문이다.

각 나라에 대한 보고서를 묶어서 '외국 청소년정책에 관한 연구'를 발간할 때 편집과 교정은 이용교 주임연구원이 맡았다. 그는 한승희 책임연구원과 함께 프랑스 파리와 스웨덴 스톡홀름을 방문했고, 김정명 책임연구원과 이종원 주임연구원은 영국과 독일을 방문하며, 함병수 책임연구원과 천정웅 주임연구원은 중화민국과 말레이시아를 방문하였다. 주요 나라와 집필자는 미국(이윤구 원장), 캐나다(박명윤 실장), 일본(박명윤), 중화민국(함병수), 말레이시아(천정웅), 영국(김정명), 프랑스(한승희), 독일(이종원), 스웨덴(이용교) 등이다.

외국의 청소년정책에 대한 정보가 단편적으로만 소개되던 당시 상황에서 '외국 청소년정책에 관한 연구'는 선진국의 청소년정책을 한눈에 볼 수 있는 좋은 책이었다. 이 책이 발간된 지 얼마 되지 않아 문화방송(MBC)은 '최불암의 청소년 문화기행'을 기획하였는데, 제작진이 탐방할 국가와 기관을 섭외할 때 이 책을 많이 참고하였다. 필자는 문화방송 제작진(외주업체 실록출판사 관계자)에게 프랑스와 스웨덴에서 방문할만한 청소년단체와 기관 등을 추천하고 담당자들의 명함을 전달하였다. 최불암의 청소년 문화기행은 시청자의 반응이 좋아서 당초 계획보다 더 오랫동안 방영되었다. 이 프로그램은 방영된 후 1992년에 실록출판사에서 '최불암의 청소년 문화기행' 1권, 2권, 3권으로 발간되었다. 이 책은 한국인이 미국을 중심으로 보았던 외국(인)에 대한 관점을 유럽을 포함하여 볼 수 있도록 크게 기여하였다. 선진국을 1인당 국민소득, 경제적 수준, 이윤추구 등을 기준으로 보았던 관점에서 벗어나 사회적 연대, 삶의 질을 추구하는 삶으로 균형 잡힌 시각을 갖게 된 것이다.

청소년연구의 동향과 과제

한준상 외, 한국청소년연구원, 1992.

한국청소년연구원은 '한국청소년연구'란 연구지를 1990년 여름호부터 발간하였다. 필자는 편집위원회에 소속되어 제호를 '한국청소년연구'로 하고 연 4회 발간을 제안하였다. 편집위원회는 동의하였는데, 이윤구 원장은 "필진이 많지 않은 상황에서 연 4회는 무리이므로 우선 2회를 발간하면 좋겠다"고 말했다. 필자는 청소년학은 심리학, 교육학, 사회학, 사회복지학 등 다양한 학문에서 연구되고 있으므로 필진을 구할 수 있어서 4회 발간이 가능하다고 보고하였다. 편집위원회의 간사로서 원고를 청탁하고, 원고를 교열하며, 연구지를 발간하여 배포처 안을 만드는 것까지 관여하였다.

필자는 첫 번째 기획주제로 각 학문 분야에서 청소년에 대한 연구성과를 점검하는 '청소년연구의 동향과 과제'를 제안하였다. 일년간 11개 분야 대표적인 필자들이 낸 원고를 연구지에 수록하고, 이를 모아서 '청소년연구의 동향과 과제' 단행본으로 발간하였다. '한국청소년연구' 창간호(1990년 여름호)에서 '교육학 분야에서의 청소년연구 동향과 과제'를 한준상 연세대 교수, '사회학 분야에서의 청소년비행연구 동향과 과제'를 김준호 고려대 교수, '심리학 분야에서의 청소년연구 동향과 과제'를 윤진 연세대 교수가 집필하였다. 제2호에서 사회복지학(김성이 이화여대 교수), 체육학(이학래 한양대 교수), 정신의학(이길홍 중앙대 교수), 제3호에서 정치학(진덕규 이화여대 교수), 가정학(유영주 경희대 교수, 김진숙 경희대 강사), 신문방송학(최창섭 서강대 교수), 제4호에서 종교학(정진홍 서울대 교수), 보건학(김일순 연세대 교수, 이순영 연세대 박사과정)에서 '청소년연구의 동향과 과제'를 집필하였다. 이 책은 한국에서 청소년연구의 성과를 정리하고 연구과제를 제안한 것으로 청소년학에 대한 다학제간 연구의 가능성을 보여주었다. 다수 필자들은 1991년에 창설된 '한국청소년학회'의 발기인으로 참여하여 청소년학의 발전에 크게 기여하였다.

이 책의 발간과 관련된 숨은 이야기가 있다. 어떤 사람이 '한국청소년연구'에 게재된 '청소년연구의 동향과 과제'의 논문만을 뽑아서 제본하고 판매하여 저작권법을 위반하였다. 한국청소년연구원은 이 사람에게 더 이상 제본하지 않겠다는 다짐을 받고 불문에 부쳤다. 사회적 수요가 있다는 것을 확인하고 1992년에 이 책을 발간하였다. 필자는 편집후기에서 "기획연구를 통해서 한국 사회에서 청소년연구의 현 단계를 점검할 수 있었다. 그동안 청소년연구가 지나치게 청소년문제나 비행청소년에 집중되었음을 반성하고, 각 연구 영역마다 절실한 연구과제가 표출되었다"는 점을 평가했다.

청소년문화론

김신일 외, 한국청소년연구원, 1992.

정부는 1991년 5월에 '한국청소년기본계획'을 수립하고, 국회는 그해 연말에 '청소년기본법'을 제정하였다. 이 법은 1993년부터 시행되는데, 청소년기본계획과 청소년기본법은 청소년지도자 양성을 국가적 사업으로 규정했다. 이에 한국청소년연구원은 1993년 한국청소년개발원으로 개편을 앞두고 청소년지도자 연수과정에 쓰일 '청소년지도자 교재 총서'를 개발하였다.

1992년부터 5년간 순차적으로 개발할 계획을 세우고, 그해 6권을 개발하였다. 개발책임자는 동 연구원 최윤진 책임연구원이고, 개발진은 이용교 주임연구원, 김혁진 연구원, 최영신 임시연구원이었다. 개발진은 청소년지도자 교재가 거의 없거나 있어도 교육과정이 표준화되어 있지 않았기에 교재의 영역을 체계적으로 설계하고, 각 교재별로 내용과 집필 방향 그리고 세부 지침을 제시하였다.

첫해에 개발된 교재는 청소년의 이해를 돕고 실제 지도를 위해 청소년지도자들이 우선 습득해야 할 것을 선별했다. 청소년심리학, 청소년문화론, 청소년문제론, 청소년지도론, 인간관계수련활동, 전통문화활동을 개발하고자 각 과목별 목차와 집필자를 위촉했다.

개발진은 대한민국 최초 청소년지도자 교재 총서를 학계와 소통하면서 개발하고자 대표적인 학자들을 자문위원으로 위촉했다. 자문회의를 통해 개발해야 할 교재를 정하고, 각 자문위원에게 과목을 분담시켜 집필을 의뢰하고 집필진도 추천하도록 하였다. 예컨대, 청소년심리학은 연세대 심리학과 윤진 교수, 청소년문화론은 서울대 교육학과 김신일 교수, 청소년지도론은 서울대 교육학과 문용린 교수 등에게 요청하였다. 개발진이 각 과목별 대표집필자와 협의하여 13개 내외의 세부 항목을 정하고, 집필진을 구성하면 개별 원고 간에 중복이나 누락을 줄일 수 있었다. 책의 교육과정을 13개 내외로 한 것은 대학교 청소년학과 등의 교재로도 활용할 수 있도록 한 것이다. 한 학기는 15주인데 중간고사와 기말고사를 고려할 때 13개 내외로 정하면 대학 교재로서 안성맞춤이었다.

청소년문화론은 13개 장으로 구성되었다. 첫 장에서 청소년문화의 의미와 성격(김신일 서울대 교수)을 다루고, 다음 장인 청소년과 가치관(최윤진 한국청소년연구원 책임연구원)에서 가치관의 개념과 제 영역별 실태를 파악하고 시간적·공간적 비교를 통해 가치관의 변화 추이와 전망을 제시했다. 청소년문화는 어른문화와 다를 뿐 아니라, 청소년 간에도 소속 학교, 성별, 사회계급(계층) 등 소속된 집단에 따라 다를 수 있기에 학교 교육과 청소년문화(이용숙 한국교육개발원 책임연구원), 청소년의 성문화(조혜정 연세대 교수), 사회집단과 청소년문화(이용교 주임연구원)를 살펴보았다. 청소년문화는 청소년의 생활양식을 말하는데 그중 청소년 여가문화가 강조되기에 청소년의 생활시간(이용교), 여가생활(권이종 한국교원대 교수), 대중매체의 접촉(최창섭 서강대 교수), 대중문화의 수용(김창남 음악평론가) 등을 의미 있게 다루었다. 청소년문화의 발전을 위해 국제화와 외국 문화의 수용(김용운 한양대 교수), 청소년 유해환경의 이해와 규제(이광호 주임연구원), 청소년문화정책의 개발(이중한 서울신문 논설위원), 청소년의 자주적 문화운동(임광진 서울YMCA 사회개발부장)을 포함하였다.

해당 분야를 대표하는 학자를 집필자로 위촉하였고, 한국청소년연구원의 연구직원도 전공 분야별로 참여했다. 개발진은 총괄 기획하면서, 자신의 전공 분야를 집필하였다. 필자는 사회집단과 청소년문화를 통해 청소년문화가 사회계급(혹은 사회계층)에 따라 다를 수 있고, 청소년의 생활시간을 통해 상급학교로 갈수록 과도한 학습 시간으로 삶의 여유를 누릴 수 있는 시간이 부족하다는 점을 밝혔다.

'청소년지도자 교재 총서'는 청소년지도자 연수교재로 활용되었고, 1992년부터 대학교에 설립된 청소년지도학과, 청소년학과, 청소년문화학과, 청소년교육학과 등의 교재로 널리 활용되었다. 교재 총서는 청소년지도사의 수험서로 인정받았고, 한국 청소년학의 기초를 닦았다.

청소년지도자 교재 총서가 성공할 수 있었던 것은 필자가 한국복지정책연구소에서 단행본을 출판한 경험이 도움이 되었다. 필자는 책의 판형을 일반적 보고서 크기보다 적은 대학 교재의 크기인 신국판으로 하고, 한 학기 동안 강의할 수 있도록 13개 장 내외로 편집할 것을 제안하였다. 연구개발진의 한 사람으로 집필자를 섭외하고 책의 레이아웃을 비롯하여 출판과 관련된 실무를 총괄했다. 그리고 청소년문화론, 청소년문제론, 청소년복지론, 청소년활동론의 일부를 집필하였다. 필자가 한국복지정책연구소에서 거래했던 신흥

인쇄주식회사에서 식자로 판형을 만들었고 그 판형으로 보고서를 발간하였다. 이후 이 책의 출판을 수탁한 출판사가 표지만 새로 디자인하고 본문을 똑같이 인쇄하여 출판비용을 크게 줄였다. 그 이후 교육과학사가 한국청소년개발원과 협력하여 '청소년지도자 교재 총서'의 개정판을 포함하여 더 많은 종류의 교재를 발간하였다. 교재 총서의 집필자들은 이후 독자적으로 자신의 저서를 집필하여 청소년학의 지평을 넓히는데 기여하였다. 필자는 2년간 총 9종의 청소년지도자 교재 총서를 개발하였다.

청소년지도자 교재 총서

1. **청소년심리학**- 청소년 이해를 위한 심리학적 기초 지식을 상세히 다루고 있다.
2. **청소년문화론**- 청소년의 생활양식이 다른 인구집단과 어떻게 다른지를 분석하고 있다.
3. **청소년문제론**- 현대사회의 청소년문제에 대한 제 시각의 소개와 청소년이 겪고 있는 다양한 문제 유형과 지도방안을 제시한다.
4. **청소년지도론**- 청소년지도의 체계화를 위하여 교육학적 접근방법을 토대로 청소년지도학을 모색한다.
5. **인간관계수련활동**- 청소년의 사회성 함양과 인간관계의 발전을 위한 집단경험학습의 이론과 실제를 다룬다.
6. **전통문화활동**- 청소년들이 흥미를 가지고 쉽게 익힐 수 있는 민요, 사물놀이, 탈춤 등 전통문화활동의 기초를 효과적으로 지도한다.
7. **청소년복지론**- 청소년복지의 이론과 전문적 접근방법, 한국의 청소년복지의 실제, 국내외적 동향과 과제를 다룬다.

8. **청소년 관계 법과 행정**- 청소년기본법 등 청소년 관계 주요 법령의 내용을 소개하고 청소년단체, 시설, 지도자 등이 청소년활동을 할 때 필요한 제반 행정을 다룬다.

9. **청소년활동론**- 청소년활동의 원리와 체계화를 모색하고, 청소년활동의 영역별 특성과 의의 그리고 발전방안을 다룬다.

청소년문제론

도종수 외, 한국청소년연구원, 1992.

'청소년문제론'은 '청소년지도자 교재 총서' 중 한 권이었다. 개발진은 머리말에서 "이 책은 청소년지도자들에게 청소년문제를 바라보는 적절한 관점을 정립하고 구체적인 청소년문제들의 내용과 원인을 파악하여, 청소년문제를 바르게 이해할 수 있는 지식의 습득과 적절히 지도할 수 있는 능력의 함양을 돕고자 계획되고 편성되었다."고 썼다.

청소년문제가 빈번해지고 심각해질수록 청소년 자신뿐만 아니라 사회적으로도 많은 폐해를 줄 수 있기에, 청소년문제의 요인을 정확히 파악하고 올바른 대책을 강구하는 것이 청소년지도를 담당하는 모든 사람에게 중요하다. 그런데, 무엇이 청소년문제이고, 어느 정도 심각한지, 그 원인은 무엇이고 어떻게 지도해야 하는지에 대한 사회적 합의가 낮았다.

이 책은 청소년문제에 다양한 관점을 소개하면서도 청소년지도자가 실용적으로 사용할 수 있도록 개발되었다. 이 책은 5부로 구성되고 각 부에 세부적인 내용이 담겼다. 제1부 현대사회와 청소년문제는 청소년문제가 도시화, 산업화, 대중사회화 등의 사회변화와 밀접히 관련되어 있기에 가정, 학교(집필자: 최충옥 경기대 교수), 대중사회와 청소년문제의 관계(도종수 한국청소년연구원 책임연구원)를 다루었다. 제2부 청소년의 문제와 고민은 개별 청소년이 겪는 정서장애(홍강의 서울대 교수), 문제행동(송정부 상지대 교수), 고민(김형모 십대들의쪽지 발행인) 등을 담았다. 제3부 청소년비행의 원인과 교정은 청소년비행을 개관(노성호 한국형사정책연구원 연구원)한 후에 청소년비행의 생물학적 접근(홍강의 서울대 교수), 심리학적 접근(최현 연구위원), 사회학적 접근(김준호 덕성여대 교수), 교정교화(이윤호 경기대 교수)를 기술했다. 제4부 청소년문제와 유형별 현황과 지도는 흡연과 음주(이종원 주임연구원), 가출(이용교 주임연구원), 학교 중퇴(송광성 책임연구원), 폭력(구창모 주임연구원), 성문제(이명숙 주임연구원), 약물남용(박명윤 연구위원), 자살(나동석 청주대 교수) 등을 담았다. 제5부 청소년문제의 예방과 대책에서는 부모·가정의 역할, 학교·교사의 역할(김형태 한남대 교수), 지역사회와 국가의 역할, 청소년지도자의 역할과 과제(표갑수 청주대 교수)를 다루었다.

청소년문제론은 다루어야 할 소재가 많고, 다양한 학문 분야에서 접근하기에 집필자의 수가 많았다. 한국청소년연구원의 연구직원도 적지 않았는데 연수의 교수진으로 참여할 수 있도록 대비한 것이다. 또한, 이 책은 청소년문제론의 교육과정을 표준화시켰다. 청소년문제를 주로 청소년이 겪는 문제(예, 고민 등)와 일으키는 비행(예, 폭력 등)에 한정하지 않고, 청소년이 처한 어려운 상황(예, 가출, 학업 중퇴 등)을 포함하고, 사회구조와 연계시켜 청소년문제의 예방과 대책을 제시했다는 점에서 돋보였다.

청소년활동론

조용하 외, 한국청소년개발원, 1993.

청소년활동론은 1993년에 한국청소년개발원이 개발한 '청소년지도자 교재 총서' 3종 중의 하나이다. 청소년활동은 수련활동, 심신수련활동, 청소년활동, 야외활동, 집단활동, 집단지도 등 다양한 이름으로 다루어졌다. 청소년활동은 지도자가 현장에서 청소년과 함께 호흡하고 실제적인 활동의 수행을 통해 지도가 이루어지기에 활동에 대한 깊이 있는 이론과 지식보다는 실제로 활용할 수 있는 프로그램이나 지도기술이 더 중시되기도 했다.

필자는 한국청소년개발원 최윤진 연구위원과 함께 교재 총서를 개발하였다. 개발진은 청소년활동에 대한 기초적이고도 체계적인 이론의 정립이 필요하다고 보고, "청소년활동에 대한 이론적 기반을 마련하여 보다 과학적인 프로그램과 방법을 개발할 수 있는 토대를 제공하고 청소년지도자들의 더욱 효과적인 활동 지도에 도움을 주고자 개론서의 성격으로"(머리말) 이 책을 개발하였다.

이 책은 4부로 구성되었다. 제1부 청소년활동의 기초(조용하 동아대 교수)는 청소년활동의 개념과 목표, 발달과업, 중요성과 특성, 교육적 의의를 다루었다. 제2부 청소년활동의 관리와 운영(전국재 청소년과 놀이문화연구소 소장)은 청소년활동의 기획과 조직, 운영과 관리, 프로그램 개발과 평가를 담았다. 제3부 청소년활동의 영역과 실제는 대표적인 영역인 스포츠활동(구창모 한국청소년개발원 선임연구원), 문화활동(임광진 서울YMCA 기획행정국장), 봉사활동(이용교 선임연구원), 야외활동(조용하), 인간관계수련활동(전성민 유네스코청년원 교수), 전통문화활동(김기수 한국가면극연구회 상임이사), 예절활동(이용교), 탐구활동(서철원 서울특별시 중부교육청 장학사), 놀이와 레크리에이션(전국재)을 기술하였다. 제4부 청소년활동 전개의 방향과 과제(김정명 명지대 교수)는 청소년활동의 위축 실태와 그 원인을 분석하고 향후 발전 방향과 과제를 논하였다.

개발진은 해당 분야에서 알려진 전문가를 집필진으로 위촉하였다. '청소년교육의 동향'(1990, 교육과학사)의 저자인 동아대 조용하 교수가 청소년활동의 기초를 집필하고, 청소년과 놀이문화연구소 전국재 소장이 청소년활동의 관리와 운영을 집필하였다. 필자는 청소년활동의 영역과 실제 중에서 봉사활동, 예절활동을 집필하였다.

청소년활동론은 청소년활동의 이론적 기반과 활동의 실제를 제시한 기본서로 평가받았다. 다른 '청소년지도자 교재 총서'처럼 대학교 교재로 널리 활용되었고, 청소년지도사의 수험서로 인기가 높았다. 이후 청소년활동론은 다양한 저자에 의해 새롭게 집필되었고, 청소년활동의 세부 영역별로 수많은 책이 개발되었다.

한국청소년정책론

이용교, 인간과복지, 1995.

필자가 1995년 2월에 취득한 박사학위논문인 '한국청소년정책의 형성과정에 관한 연구'를 인간과복지에서 단행본으로 발간한 것이다. 학위논문과 논문을 작성하기 위해 수집한 자료를 담아서 청소년정책의 형성과정을 풍부하게 설명하였다.

1980년대 중반까지만 해도 청소년정책은 국가의 주요 정책으로 다루어지지 않았다. 특정 인구집단에 대한 정책으로 여성정책, 장애인정책 등은 사회적으로 비중 있게 다루어졌지만, 청소년정책은 아동정책의 일부로 다루어졌다. 청소년을 다루더라도 청소년교육, 청소년문제, 청소년보호 등은 주요하게 다루어졌지만, 청소년정책은 소홀하게 취급되었다.

그런데, 해방 후 도시화, 산업화, 핵가족화 등이 빠르게 진행되면서 청소년, 청소년문제, 청소년정책은 사회적 주목을 받았다. 1988년 서울올림픽을 계기로 한국이 선진국으로 진입하기 위해 청소년에 대한 투자를 늘려야 한다는 사조가 힘을 받았다. 체육부는 올림픽 성화가 꺼진 후 해체될 수도 있기에, 올림픽을 위한 체육시설 등을 청소년육성에 활용하자는 의제를 키워갔다. 체육부는 1991년 고

괄·조정" 기능을 체육부 장관에게 준 과정을 확인하기 위해 집무실로 찾아갔을 때 처음에는 "기억이 없다"고 했지만, 중국집에서 짜장면을 먹으면서 국회 문교공보위원회(법률안심사위원회)에서 결정된 과정을 알려주었다.

필자는 1994년 6월 20일 국회 배중섭 전문위원을 면담했다. 그는 청소년육성법의 제정과 청소년기본법의 제정에도 '검토의견'을 낸 바 있었다. 논문의 취지를 설명하고, 김창년 국장의 소개로 왔다고 말했지만, 그는 "오래전 일이라서 기억할 수 없다"고 답변했다. 필자가 속기록에서 전문위원 검토의견을 꼼꼼하게 읽었지만, 검토의견에 없었던 "통괄·조정" 기능이 포함된 과정을 알고 싶다고 말했다. 전문위원은 "그동안 수많은 '검토의견'을 냈는데, 어떻게 일일이 기억하겠느냐?"고 되물었다. 그래서 필자가 김창년 국장의 증언 내용을 말하면서 확인을 부탁했더니, 웃으면서 "그분이 그렇게 말했으면 맞지 않겠느냐?"라고 대답했다.

필자는 박사학위논문과 단행본에서 인터뷰의 핵심 내용만 다루었고, 그 과정과 분위기를 기록하지는 않았다. 증언자들이 모두 공무원이고 생존했기 때문이었다. 소중한 증언을 들은 지 30년이 흘렀기에 '기록'으로 남긴다. 청소년정책을 국가의 주요 정책으로 채택하기 위해 노력한 분들께 경의를 표한다. 연구자는 공식 기록에서 찾기 어려운 '진실'을 찾기 위해 노력해야 할 것이다.

청소년학총론

한국청소년학회 편, 양서원, 1999.

이 책은 1991년에 창립된 한국청소년학회가 청소년 관련 학과 교수들과 협력하여 1999년에 발간한 최초 '청소년학총론'이다. 한국청소년학회 최충옥 회장은 학회 창립을 주도하였고 한국청소년개발원 원장이었기에 각 분야 전문가들을 모을 수 있었다.

이 책은 청소년에 대한 시각의 변화를 담고자 했다. 최충옥 회장은 머리말에서 "그동안 청소년은 수동적 입장에서 가정, 학교, 사회의 정서적·물질적·제도적 차원에서 논의되어 왔으나, 이제 청소년을 사회적 주체로서 인식하고 그들의 기본적 인권과 권리를 존중하고 삶의 질을 높이는 차원으로 변화되고 있다"는 점을 강조했다. 이 책은 청소년학의 기초, 청소년발달과 심리, 청소년문화와 복지, 청소년정책과 참여, 청소년교육과 수련활동, 청소년운동과 청소년의 미래 등 6부, 24개 장으로 구성되었다.

각 장의 집필은 한국청소년학회 임원(이사)과 청소년 관련 학과 교수 등 22명이 분담하였다. 제1부 청소년학의 기초를 집필한 차경수 교수는 한국청소년학회 초대 회장이었고, 최충옥 교수는 현직 회장이었으며, 김성이 교수는 전 회장이었다. 두 개 장을 쓴 최충옥 교수, 권이종 교수, 천정웅 연구위원은 학회의 주요 임원이었다. 또한, 다수 집필자는 명지대, 중앙대, 경기대, 경산대, 천안대, 순천향대, 호서대 청소년 관련 학과 교수이었다. 1992년 3월에 명지대학교 청소년지도학과가 개설된 이후 1999년에 전국 15개 대학에서 학부와 대학원 과정이 있었다. 이 책은 전국 주요 대학교에서 '청소년학 교재'로 널리 활용되었다.

필자는 '청소년복지'에서 한국 청소년복지의 의의와 특징, 시기별 특징, 실태와 과제, 전망을 집필하였다. 필자는 학회의 창립 발기인으로 참여하였고, 초대 간사를 역임하면서 학회가 청소년학의 산실이 되도록 노력하였다.

이 책은 크라운판 736쪽이었지만, 많은 대학교에서 '청소년학 입문서'로 활용되었다. 양서원은 이후 청소년학 관련 서적을 다수 발간하였다. 이 책은 청소년학을 모색하고 정립하는데 지침서로 평가받았다. 차례와 필자(소속)를 소개하면 다음과 같다.

제3부 청소년문화와 복지

9장 청소년문화/ 최윤진(중앙대 교수)

10장 청소년과 사회/ 김현주(중앙대 교수)

11장 청소년복지/ 이용교(광주대 교수)

12장 청소년문제/ 김문섭(경산대 교수)

13장 청소년상담활동/ 남상인(순천향대 교수)

제4부 청소년정책과 참여

14장 청소년육성정책/ 조영승(경기대 교수)

15장 청소년관련제도/ 박진규(호서대 교수)

16장 청소년정책의 발전과 특성/ 천정웅(한국청소년개발원 연구위원)

17장 청소년참여/ 김정주(한국청소년개발원 선임연구원)

제5부 청소년교육과 수련활동

18장 청소년교육/ 권이종(한국교원대 교수)

19장 청소년지도자/ 오치선(명지대 사회교육대학원 원장)

20장 청소년수련과 프로그램/ 권일남(명지대 교수)

21장 청소년단체활동/ 송병국(순천향대 교수)

22장 청소년시설/ 천정웅

제6부 청소년운동과 청소년의 미래

23장 지역사회와 청소년운동/ 최충옥

24장 청소년의 미래와 과제/ 권이종

청소년정책론

이용교, 인간과복지, 2004.

'청소년정책론'은 필자가 2000년대 초반 국가와 지방자치단체의 청소년정책의 형성·집행·평가 등에 참여하면서 쓴 글 13편을 모은 것이다. 1988년에 체육부에 청소년국이 생긴 이후 체육청소년부 청소년정책조정실, 문화체육부 청소년정책실, 문화관광부 청소년국 등으로 바뀌었다. 이 책은 청소년정책의 전달체계가 바뀌고 주요 내용이 변화되는 시기에 쓰였다.

1960년대 청소년정책은 미성년자인 청소년을 보호하는 정책이라는 점을 강조했다. 청소년이 술을 마시거나 담배를 피우거나 혼숙을 하는 등 성적으로 문란한 행위를 하는 것을 방지하려는 미성년자보호법은 청소년보호와 미풍양속을 보전하려는 사회통제적 성격이 강했다. 청소년을 위한 정책은 곧 사회질서 유지를 위한 성격도 함께 가지고 있었다. 당시 청소년정책은 비행청소년이나 일부 요보호청소년에 대한 정책이 중심이었다.

1980년대 중등교육이 보편화되면서 청소년의 주류가 학생으로 바뀌면서 청소년정책의 중심은 비행청소년이나 근로청소년의 보호에서 학생청소년의 건강한 성장으로 바뀌었다. 청소년정책은 다수

청소년의 여가선용, 단체활동, 자연체험학습, 인간관계훈련, 수련활동 등을 통해 덕육 혹은 지덕체의 조화를 강조하였다.

1989년에 유엔에서 아동권리협약이 채택된 이후에는 청소년의 인권에 대한 사회적 관심이 강조되었다. 청소년정책은 청소년수련활동을 포함하여 청소년육성, 유해환경으로부터 청소년보호정책, 가출청소년에 대한 청소년복지 등으로 다변화되었다. 특히 참여정부에서는 청소년의 참여에 의한 청소년정책이 강조되고, 청소년도 자신의 목소리를 정책에 반영시키고자 노력했다. 예컨대, 학교에서 교사에 의한 학생체벌을 금지하는 것, 두발 자유, 야간자율학습이란 이름으로 이루어지는 강제 타율학습의 금지 등은 청소년 참여에 의해 바뀐 청소년정책이었다.

요약하면 청소년정책은 청소년을 위한 정책, 청소년에 관한 정책, 청소년에 의한 정책을 복합적으로 띠는데, 시간이 갈수록 청소년의 참여가 강조되고 있다. 필자는 이 책을 통해 청소년이 청소년정책의 형성·집행·평가과정에 적극 참여하고, 청소년정책이 청소년의 권리를 신장시키는데 기여해야 한다는 점을 강조했다.

필자가 여러 계기에 쓴 글을 모아 단행본을 발간할 수 있었던 것은 한국복지교육원 홈페이지와 인간과복지 덕분이었다. 최초 홈페이지는 http://www.welfare.pe.kr 이었고, 이후 http://www.okwelfare.net 에 원고를 공유하였다. 파일로 올리면 쉽게 검색되고, 이를 보완하여 단행본을 발간할 수 있었다.

청소년문화복지

강대근, 이용교, 김민, 김태황, 심한기,
우수명, 인간과복지, 2004.

'청소년문화복지'는 품청소년문화공동체 등이 청소년 문화복지에 관심 있는 대학생과 실무자를 위한 '청소년문화복지아카데미'를 기획하고, 참가자들에게 제공된 교안을 단행본으로 엮은 것이다. 이 아카데미가 어떻게 기획되었고, 진행되었으며, 어떤 파급효과를 거두었는지를 살펴볼 수 있는 책이다.

첫째, 이 아카데미는 품 심한기 대표가 중심이 되어 청소년문화복지를 실천하는 단체와 전문가들이 결합한 교육프로그램이었다. 그는 2000년에 2월에 청소년문화를 중심으로 한 청소년복지현장의 실천적 서비스의 확대를 고민하고, 실무자와 대학생 프로그램을 구상하였다. 그해 5월에 청소년복지 대학생을 위한 청소년문화복지아카데미를 계획하고, 7월에 사회복지공동모금회(중앙회)에 계획서를 제출하였지만 선정되지 않았다.

2001년 2월에 청소년 문화복지 실천의 근거를 위한 이론 연구와 제안서를 작성하였다. 청소년복지와 문화, 지역사회 청소년 문화복지, 미디어와 청소년 등을 중심으로 다루었다. 그해 3월에 심한기와 김태황은 광주를 방문하여 광주대 이용교 교수와 구체적 실현을 위한 기본 네트워크 구성과 기획회의를 하였다. 5월에 한국복지교육원, 주성대 청소년문화학과, 헤모, 품, 인천가톨릭청소년회가 품과 함께 아카데미를 수행하기로 하고, 7월에 사회복지공동모금회에 사업계획서를 신청하여 선정되었다.

둘째, 이 아카데미는 3년 동안 매년 실무자 아카데미와 대학생 아카데미로 진행되었다. 첫해인 2002년 실무자 아카데미는 4월에 서울·강원·경기북부지역(유네스코청년원), 경기남부·충청지역(주성대학교가 운영하는 청소년수련관), 경상·전라·제주지역(광주의 중소기업진흥공단 호남연수원)에서 각각 4박 5일간(100여명 참가) 진행되었고, 대학생 아카데미는 7월에 유네스코청년원에서 5박 6일간(77명) 진행되었다.

셋째, 이 아카데미는 청소년문화복지의 진흥을 위한 인재양성에 집중하였다. 전체 사업비는 사회복지공동모금회의 지원, 참가자들의 참가비, 참가단체와 강사진의 기여로 이루어졌다. 참가단체들과 강사진은 전문성을 갖추었고, 후배를 양성한다는 차원에서 헌신적으로 참여했다. 유네스코청년원 강대근 원장은 '위대한 거부'로 낡은 것을 거부해야 새로운 것을 창조할 수 있다고 강조했고, 각 참가단체 대표들은 전공영역을 강의했다. 즉, 한국복지교육원 원장을 겸한 광주대 이용교 교수는 한국의 청소년복지, 주성대 김민 교수는 청소년문화, 헤모 김태황 코디네이터는 청소년과 미디어, 품 심한기 대표는 지역사회 청소년문화복지 실천, HS리서치센터 우수명 소장은 프로그램 기획과 평가를 강의했다. 또한, 한국청소년문화연구소 김옥순 소장은 정보사회와 청소년의 자아정체성, 전 하자센터 전효관 부소장은 제3의 교육 패러다임을 실험하는 하자센터를 강의하였다.

이 책은 청소년문화를 사회복지학 관점에서 다루었다는 점에서 의미가 컸다. 당시 청소년문화에 대한 관심이 문화예술활동에 한정된 감이 있었는데, 이 아카데미는 청소년문화를 대안 문화의 발전소로 인식했다. 복지전문가들은 청소년이 빈곤이나 질병에서 벗어난 수준이 아닌 문화적으로 풍요로운 삶을 구현할 수 있는 방안을 모색하고자 아카데미를 구상하였고, 그 강의 내용을 단행본으로 담았다.

사회복지공동모금회의 지원이 종료되면서 이 아카데미는 더 이상 진행되지 않았지만 인재 양성과 네트워크 구축이란 성과를 남겼다. 실무자 아카데미는 첫해 3개 지역에서 진행되었는데, 두 번째 해부터 한 곳에서 진행되었다. 실무자들도 전국 단위로 아카데미를 하고 관심 분야별로 네크워크를 하는 것이 좋겠다는 제안을 주어 이를 반영시켰다. 참가자들은 아카데미를 통해 새로운 것을 학습하면서, 친교하는 네트워크 장이었다.

첫해 광주에서 이루어진 실무자 아카데미는 많은 시사점을 주었다. 수도권과 충청권 실무자 아카데미는 면학 분위기 형성을 위해 방과 후에도 음주를 금하고, 퇴소 전날 밤에만 캔맥주 몇 개를 마실 수 있도록 하였기에 참가자들의 집단 역동이 약했다. 이에 광주행사를 준비한 한국복지교육원은 참가자들에게 일찍 와서 함께 점심을 먹고 소쇄원과 식영정을 탐방하도록 안내하였다. 식영정에서 선비문화 체험 차원에서 마신 막걸리 한잔은 이후 학습 분위기와 집단 역동에 크게 기여하였다. 3곳에서 실무자 아카데미가 진행되었지만, 후속 모임은 호남지역 참가자들이 유일했다. 이를 계기로 다음 해부터는 하루 교육과정을 마치고 저녁에 캔맥주 하나는 마시면서 교류할 수 있도록 바꾸었다. 성인들이 맥주를 마시면서 대화하는 것은 자연스럽기 때문이었다.

이 아카데미가 개최된 1990년대 초에 대학교에 청소년복지 관련 학과가 증설되고, 입학생이 크게 늘었기에 전국 규모 아카데미에 참가자들이 적지 않았다. 참가 대학생들은 청소년복지 전문가로서의 꿈을 키우고, 실무자들은 관심 분야별로 네트워크를 활발하게 형성하였다. 대학생들은 사회복지정예화캠프 등을 통해 교류할 기회가 많았지만, 실무자들은 상대적으로 교류 기회가 많지 않았는데 이 아카데미를 통해 교류할 수 있었다.

이후 품청소년문화공동체는 이 아카데미를 기획한 경험을 살려 사회복지공동모금회 지원을 받아 네팔에서 청소년지도자들에게 문화예술교육을 실시하였고, 현지 청소년지도자들이 지역 청소년을 위해 '네팔품'을 설립하도록 지원하였다. 네팔품은 마을 청소년들과 함께 '행복한 마을만들기 사업'을 실천하고 있다.

한국복지교육원은 이후 사회복지학과 대학생을 위한 대학생아카데미를 기획하였고, 사회복지사를 위한 다양한 아카데미를 온·오프라인으로 기획하였다. 청소년문화복지아카데미에 참여한 기관들과 강사진들은 청소년이 행복한 세상을 열어가기 위해 지속적으로 노력하였다.

자랑스런 광주대인을 위한 대학생활설계

김혁종 외, 광주대학교 학생생활연구소, 2005.

광주대학교 학생생활연구소는 대학생이 광주대학교 창설 정신과 교육이념을 알고 대학생활을 체계적으로 설계하고 실천하는 데 도움이 되는 지식과 정보를 제공하고자 '자랑스런 광주대인을 위한 대학생활설계'를 발간하였다. 나만기 소장 때에 발간한 '대학생활 길라잡이'를 수정 보완한 것이다.

이 책은 발간사, 대학과 대학생활, 바람직한 대학생상, 대학생과 바람직한 인간관계, 대학생의 성과 적응, 대학생의 심리와 발달과정, 자치활동과 사회봉사, 진로 선택과 준비, 학업 전략, 장애인의 이해, 정신건강, 대학 내 성폭력과 성희롱, 부록으로 구성되었다.

집필자는 김혁종 총장, 나만기, 옥경희, 김황용, 이용교, 임형택 교수(학생생활연구소 소장), 오승수 연구소 간사이었다. 필자는 대학생의 심리와 발달과업(인간발달과 발달과업, 학업성취, 직업능력 배양, 인간관계 형성), 자치활동과 사회봉사(실천을 통한 배움, 학생회 활동, 동아리 활동, 학부(과) 학생회와 소모임 활동, 사회봉사 활동, 가상공간 활동)를 집필하였다.

적극적 관점의 아동청소년복지

천정웅, 이용교 편저, 인간과복지, 2007.

필자와 천정웅 박사가 기획한 '적극적 관점의 아동청소년복지'와 '적극적 관점의 청소년개발'은 2006년 12월에 서울과 2007년 1월에 미국 로스엔젤레스에서 개최된 '한국 아동청소년학 세계포럼World Forum on Korean Children and Youth Studies: 약칭 KCYS World Forum'에서 발표된 논문들을 중심으로 발행된 것이다. 이 포럼은 '아동청소년학 아카데미Academy for Children and Youth Studies: ACYS'의 천정웅 대표가 제안하고 '한국복지교육원Korean Welfare Education Institute: KWEI' 이용교 원장이 동참하여, 적극적 관점에 동의하는 아동·청소년학 전문가들이 연구하고 발표하는 학술포럼으로 기획되었다.

적극적 관점positive perspectives은 소극적 관점이나 부정적 관점 등에 대한 대응적 관점이기도 하지만, 기본적으로는 아동과 청소년에 대한 긍정적, 진취적 관점과 그 실천적 노력을 한데 묶어 새롭게 조망해보기 위해 용어화한 것이다.

사회복지학에서 적극적 관점의 학풍을 주도한 미국 캔사스대학교University of Kansas에서 공부한 천정웅 박사가 확산시키고자 제안하였다. 천정웅 박사는 캔사스대 사회정책분석연구원에서 일하면서 적극적 관점에 동의하는 한국과 미국의 학자들을 모아서 학술행사를 준비하였다. 먼저 서울에 있는 한국방송통신대학교에서 학술행사를 하고, 이어서 미국 LA 한인타운 청소년과 지역사회센터 Koreatown Youth and Community Center에서 월드포럼을 개최하였다.

이 책은 월드포럼에서 발표된 원고와 적극적 관점에서 아동·청소년학을 연구하는 학자들의 글을 더 모아 발간되었다. 주제는 크게 청소년개발, 지역사회, 참여, 권리, 나눔, 영성, 사이버 공간 등 7가지 범주로 다루어졌다. 전체 32편 중 아동청소년복지와 관련된 16편은 '적극적 관점의 아동청소년복지'에, 나머지 청소년개발과 관련된 글은 '적극적 관점의 청소년개발'에 실렸다.

이 책을 공동으로 기획한 천정웅 대표와 이용교 원장이 함께 서언을 작성하고, 첫 장인 '적극적 관점의 이론적 접근: 강점의 복지'는 천정웅 대표가 썼고, 결언인 '아동청소년복지에서 적극적 관점을 넘어서서'는 이용교 원장이 집필했다.

필자는 이 책을 적극적 관점에서 쓰인 한국 최초의 '아동청소년복지' 단행본이라고 평가한다. "청소년을 해결해야 할 문제아로 보기보다는 오늘의 삶의 주인이면서 미래를 개척할 수 있는 무한한 가능성이 있는 인격체로 보는 것"이 중요하다고 강조했다. 아동청소년의 행복은 어른의 보호만으로 부족하고, 아동청소년이 꿈꾸는 것을 이룰 때 더욱 커질 수 있다고 믿고 '아동청소년학 세계포럼'을 준비했는데, 학풍이 이어지길 기대했다.(2회 세계포럼은 미국 캔사스대학교, 3회 세계포럼은 한국 더케이호텔 서울에서 개최). 이 책의 내용은 다음과 같다.

서언: 적극적 관점의 이론적 접근: 강점의 복지/ 천정웅(캔사스대)

1부 적극적 관점의 복지

1. 청소년기의 부적응행동과 신체·심리적 발달과의 관련성/ 김혜원(호서대)
2. 청소년과의 실천에 대한 '새로운' 접근: 강점관점/ 성정숙(중앙대)
3. 청소년 우대정책과 청소년증 활용방안/ 조아미(명지대)
4. 정서, 정체성, 그리고 청소년: 사회학적 접근/ 최진섭(인디아나대)

2부 지역사회와 아동청소년

1. 청소년지원서비스 현황과 과제/ 이용교(광주대)
2. 세대간 프로그램: 청소년들의 노인복지 활동 참여/ 원 저스틴 (Lomita Adult Day Health Care Center)
3. 조손가족에서 아동의 생활실태와 복지서비스/ 안경순(한국복지교육원)

3부 아동의 인권복지

1. 이주 아동청소년의 사회적 보호/ 이중섭(참여자치21)
2. 아동복지시설 인권평가지표 개발과 시설의 대응/ 이명묵(인권발전소)
3. 아동의 권리실현과 아동정책평가의 과제/ 김형욱(와세다대학교)

4부 나눔의 청소년복지

1. 십대여성의 통합적 임파워먼트/ 박성혜(서울시 늘푸른여성지원센터)
2. 미국의 10대 임신과 예방을 위한 방법/ 유미영(Beverly Adult Day Health Care Center)
   자료: 아시안 약물남용방지 프로그램(AADAP)/ 황효빈(아시안 약물남용방지프로그램)
3. 청소년쉼터 직원의 전문성과 근로조건/ 이용교·안경순

5부 사회복지와 아동 청소년 영성

1. 아동청소년복지와 청소년개발을 위한 영성의 개념화/ 천정웅
2. 사회복지실천을 위한 영성적 접근/ 유장춘(한동대학교)
3. 불교아동복지와 영성에 관한 고찰/ 권경임(동국대학교)

결언: 아동청소년 복지에서 적극적 관점을 넘어서서/ 이용교

적극적 관점의 청소년개발

천정웅, 이용교 편저, 인간과복지, 2007.

필자와 천정웅 박사가 기획한 '적극적 관점의 청소년개발'은 2006년 12월에 서울과 2007년 1월에 미국 로스엔젤레스에서 개최된 '한국 아동청소년학 세계포럼'에서 발표된 논문들을 중심으로 발행되었다. 세계포럼에서 발표되거나 수집된 원고 32편 중 16편이 이 책에 수록되었다.

책 필자들로 한국과 미국의 전문가들이 광범위하게 참여했다는 점이 돋보인다. 천정웅 박사와 이용교 교수가 한국청소년개발원에서 연구위원으로 재직하였기에 개발원의 전·현직 연구자, 이용교 교수와 함께 아동·청소년인권을 연구한 연구자, 적극적 관점으로 학위논문을 쓴 젊은 연구자, 사회복지와 영성에 관심있는 학자, 미국에서 활동하는 한인 연구자들이 다수 참여하였다.

필자는 결언에서 "아동청소년이 행복한 세상은 모든 사람이 행복한 세상이 될 것이라는 믿음 갖고 있다. 단지 나이가 어리다는 이유만으로 사람다운 대접을 받지 못하거나, 아직 성인이 아니라는 이유만으로 오늘의 삶의 주인공으로 살아가는 기회를 박탈당하기 쉬운 아동청소년이 이 땅에서 행복해질 수 있다면, 좀 더 많은 사람이 행복해질 수 있다."는 점을 강조했다. 이 책의 내용과 집필자는 다음과 같다.

서언: 적극적 관점의 이론적 기초: 청소년개발/ 천정웅(캔사스대)

1부 청소년개발

1. 청소년에 대한 새로운 관점: 긍정적 청소년개발/ 이채식(대구한의대)
2. Positive Youth Development의 의미와 정책적 시사점/ 김진호(한국방송대)
3. 범죄이론이 청소년의 학업성취를 설명할 수 있을까?/ 민수홍(경기대)
4. 청소년개발을 위한 지역 중심 다부문 협력/ 천정웅

2부 청소년참여

1. 청소년참여와 시민역량 강화/ 김영인(한국방송대)
2. 청소년참여의 현황과 과제/ 김정주(모든학교 체험학습연구소)
3. 청소년 정책참여의 효과와 활성화 방안 연구/ 최창욱(한국청소년개발원)
4. 청소년의 자원봉사활동 참여 수준과 리더십 생활기술과의 관계 연구/ 조혜연(한국청소년진흥센터)

3부 아동권리와 입양인

1. 아동권리에 대한 성인과 아동의 시각 비교/ 이용교(광주대)
2. 시민권과 문화의 웨딩: 한국 입양인과 한국의 지구가족/ 김 엘리나(로체스터대)
3. 해외입양인의 심리 사회적 적응에 관한 연구/ 고혜연(중앙대)

4부 청소년 영성

1. 청소년교육을 위한 영성의 의미/ 손원영(서울기독대)
2. 한국불교의 마음과 자아, 깨달음에 대한 연구/ 박호남(태국방콕한국국제학교)

5부 사이버공간과 청소년

1. 사이버 세계와 학교 정보윤리교육의 방향/ 정용교(영남대)
2. 청소년들은 사이버 공간에서 무엇을 하는가?/ 김성천(깨끗한 미디어를

위한 교사운동)

3. 청소년 전자게임 교육 현황과 문화콘텐츠 인프라 구축: 청소년 게임문화 를 중심으로/ 이춘호(서울디지털대)

결언: 아동청소년이 행복한 세상을 위하여/ 이용교

청소년지도자론

이권영 외, 광주대학교 출판부, 2008.

이 책은 2008년에 광주대학교 평생교육원(원장 이권영)이 광주광역시 남구청(구청장 황일봉)의 평생학습 거점기관으로 지정되어 수행한 '효사랑 청소년지도자 아카데미'의 교재이다. 이 아카데미는 남구청의 지원으로 청소년지도자를 육성하고, 지도자 동아리를 결성하여 지속적으로 운영하도록 하는 데 목적을 두었다. 광주대학교 평생교육원과 교수학습지원센터(센터장 임형택)가 함께 준비한 아카데미는 매주 2시간씩 총 30시간 동안 진행되었다.

한국복지교육원 원장이면서 교수진으로 참여한 필자가 자료집을 단행본으로 발간하고 온라인으로도 진행할 것을 제안하였다. 일회성 교육은 강의안을 발간하여 쓰고 버리는 경향이 있다. 필자는 교수진에게 강의안을 잘 집필하도록 안내하고 그 원고를 단행본으로 발간하여 수강생들뿐 아니라 온라인 강좌를 통해 널리 보급할 것을 제안하였다. 아카데미의 오프라인 강좌를 촬영하여 온라인으로 서비스하고 그 참가자에게도 교재를 제공하였다.

이 책의 내용과 집필자는 청소년 리더십 개발하기(이권영 교수), 청소년지도자 역량 이해와 개발(임형택 교수), 청소년 깊이 이해하기

(이용교 교수), 청소년의 정신건강(김창곤 교수), 예학의 본질로서 효(이희재 교수), 청소년문제의 현황과 과제(박병훈 광주광역시청소년상담지원센터 소장, 광주대학교 겸임교수), 청소년 대상 평생교육과 학습동아리 조직 및 운영 방법 익히기(박진영 교수), 상담의 이해와 청소년 상담능력 키우기(조미경 교수), 커뮤니케이션의 능력배양(이권영 교수) 등이었다. 교수진은 모두 광주대학교 교수이었다.

단행본 500권 출판비는 185만 원(세금 포함)이었다. 그중 평생교육원이 50만 원, 교수학습지원센터가 30만 원, 한국복지교육원이 105만 원을 분담하였다. 한국복지교육원은 온라인으로 진행한 청소년지도자아카데미 수강생에게 이 책을 교재로 제공하고, 나머지를 다른 복지 아카데미 수강생들에게 선물하였다. 당초 오프라인 교육으로 준비된 '효사랑 청소년지도자 아카데미'를 온·오프라인으로 확장하는 데 의미가 컸다.

청소년복지 정책과 실천

이용교, 천정웅 편저, 인간과복지, 2009.

아동청소년학 아카데미(대표 천정웅)와 한국복지교육원(원장 이용교)은 2008년 7월에 미국 캔사스대학교University of Kansas 사회복지대학원의 후원을 받아 '아동청소년학 세계포럼World Forum on Children and Youth Studies'을 두 번째로 개최하였다.

두 번째 세계포럼의 주제는 '강점과 영성을 통한 긍정적 청소년 발달과 복지: 한국과 아메리카의 견해들'이었다. 세계포럼에서 발표된 국내외 학자들의 글은 6권의 책으로 출판되었다. 그중 두 권은 영문으로 발간되었고 나머지 네 권은 한국어로 발행되었는데, 그중 한 권이 『청소년복지 정책과 실천』이다. 월드포럼 컨퍼런스를 창립하고 기획한 천정웅 교수와 함께 준비한 이용교 교수가 학술발표회에서 발표되거나 이후 제출된 논문을 편집하였다.

이 책은 한국의 아동·청소년복지를 새로운 관점에서 조망하는 이론적·실천적 노력의 산물이고, 3부로 구성되었다. 제1부 청소년복지의 정책 동향에서는 이명박 정부의 복지정책(이용교), 한국 청소년 성매매 정책(홍봉선), 청소년 방과후 활동(황진구·한도희·김은정), 미국의 한부모가정 청소년복지(천정웅 교수)를 다루었다. 제2부 청소년복지의 실천 과제는 청소년생활역량 척도(김진화), 학교 연계 아동청소년 통합적 접근(진혜경), 해외 입양인의 뿌리찾기(고혜연), 보육시설에서 교사-아동 상호작용(김승희)을 담았다. 제3부 청소년참여와 디지털 세계에서는 청소년의 사회화 촉진(김임주), 청소년들의 공동체 의식(박가나), 청소년의 디지털 소비격차(황진구), 사회를 변화시키는 청소년들(김성천) 등을 다루었다.

저자들은 한국 또는 미국에서 아동과 청소년 관련 학문을 공부하였으며, 특히 아동청소년의 복지와 역량 개발 등에 관심을 가진 공통점이 있었다. 책 발간으로 아동과 청소년을 적극적 관점에서 성찰하는 분위기가 고조되었다. '아동청소년학 세계포럼'은 적극적 관점을 널리 알렸고, 새로운 학술운동을 주도한 모임으로 평가받았다.

청소년발달 역량개발과 청소년복지

천정웅, 이용교, 교육과학사, 2009.

아동청소년학 아카데미와 한국복지교육원은 2008년 7월에 미국 캔사스대학교 사회복지대학원의 후원을 받아 '아동청소년학 세계포럼'을 두 번째로 개최하였다. 포럼에서 발표된 학자들의 글은 6권의 책으로 출판되었고, 그중 한 권이 『청소년발달 역량개발과 청소년복지』이다.

이 책에서 다루고 있는 긍정적 관점에 입각한 청소년발달, 청소년 역량개발 등은 종래의 문제 중심적 접근에 대한 비판으로 대두되고 발전되어 온 것이다. 이들은 모두 아동과 청소년이 유능하고 책임감 있는 성인으로 성장하도록 돕는 하나의 방법으로 이해되고 있으며, 아동 청소년과 관련된 특정의 위기상황에 반응하는 데 초점을 맞추기보다는 그들의 가치, 강점 및 잠재력을 강조한다. 아동청소년에 대한 기존의 결함중심의 접근을 적극적 관점으로 전환하고 있는 것이다.

이 책은 세계포럼을 창립하고 기획한 천정웅 교수(대구가톨릭대)와 함께 준비한 이용교 교수(광주대), 학술발표에 참여한 김혜원 교수(호서대)가 집필하고, 세계포럼에서 발표된 미국 아리조나

대학교 아스트로스의 글을 포함하여 3부 13개 장으로 구성되었다. 제1부 청소년발달에서는 서론: 청소년발달, 생동감, 긍정의 과학(Astroth, K. A., 김혜원 역), 청소년기의 발달적 변화(김혜원), 청소년 부적응 행동과 자아존중감(김혜원)을 다루었다. 제2부 청소년 역량개발에서는 청소년역량개발과 청소년활동(천정웅), 방과후 활동의 세계적 동향(천정웅), 역량개발을 위한 청소년정책(천정웅), 취약 청소년의 직업(이용교)을 담았다. 제3부 아동·청소년복지에서는 퇴소청소년의 자립정책(이용교), 빈곤 아동·청소년정책(이용교), 미국의 청소년복지(천정웅), 청소년복지지원법의 개정(이용교), 아동청소년정책 통합(이용교), 결언: 청소년발달, 역량개발을 통한 청소년복지를 위하여(이용교) 등을 다루었다.

필자는 위기에 처한 아동·청소년의 복지를 위해 청소년복지지원법의 개정, 아동청소년정책 통합 등을 제시하였다. 흔히 청소년복지는 특정 청소년의 문제나 한부모가족이나 빈곤가족에 대한 대책으로 강구되는 경향이 있는데, 이는 세계적인 경제위기 혹은 전체 사회와 역동적인 관계 속에 있다. 따라서 청소년복지는 넓은 시각에서 분석되고 관련 법령의 개정 혹은 정책의 통합적 접근에 의해 구현될 수도 있다.

강점관점 청소년개발 레질리언스

천정웅, 김미옥, 최명민, 노혜련, 이용교, 신정, 2009.

아동청소년학 아카데미와 한국복지교육원은 2008년 7월에 미국 캔사스대학교 사회복지대학원의 후원을 받아 '아동청소년학 세계포럼'을 두 번째로 개최하였다. 세계포럼을 마친 후 천정웅 교수는 대구가톨릭대학교 사회복지학과 교수로 임용되어, 필자와 함께 발표된 원고를 중심으로 단행본을 6권 발간하였다. 그중 한 작품이 『강점관점 청소년개발 레질리언스』이다.

천정웅 교수는 세계포럼을 기획할 때 '긍정적 청소년발달'의 시각에서 연구하는 국내외 연구자를 파악하여 세계포럼에서 발표해 줄 것을 제안하고, 포럼을 마친 후에 발표된 원고와 관련 원고를 취합하여 단행본을 기획하였다. 어떤 학자는 캔사스대학교에서 열린 포럼에서 발표하였고, 어떤 학자는 관련 주제의 원고를 제출하였다. 포럼을 기획하고 준비한 천정웅 교수와 필자는 협력하여 단행본을 발간하였는데, 대체로 천정웅 교수가 학자들을 섭외하고 필자는 제출된 원고를 교정하여 단행본을 발간했다.

이 책은 2부 13장으로 구성되었다. 제1부는 '강점관점'으로 강점관점과 청소년개발의 만남, 사회복지의 강점관점에 대한 간략한 역사, 강점관점과 사회복지실천, 우리 아이 희망 네트워크 지원사업, 갱(비행청소년집단) 성원들에 대한 강점관점 적용, 한국 고유의 정서적 특성에 따른 강점관점실천 등을 다루었다. 2부는 '청소년개발과 레질리언스'로 관점의 전환과 청소년개발, 탄력성-믿음으로부터 시작된다, 임파워먼트 실천의 이해와 적용, 레질리언스와 가족, 레질리언스와 장애, 청소년 전용 지역아동센터, 결언으로 강점관점과 청소년개발의 만남 이후를 위하여를 다루었다. 필자는 우리 아이 희망 네트워크 지원사업, 청소년 전용 지역아동센터 1318 Happy Zone 등을 집필하였다. 두 편은 강점관점을 한국 청소년복지에 적용한 사례 연구이었다.

이 책은 강점관점으로 청소년개발을 시도하고, 당사자의 문제행동에 집중하기보다는 당사자의 강점을 살리고, 탄력성을 키우며, 임파워먼트를 통해 능력을 키우는 것이 소중하다는 관점을 확산시키는데 기여하였다. 캔사스대학교 사회복지대학원에서 배운 것을 국내외에 널리 알리고, 강점관점에 동의하는 학자들을 모아서 새로운 학풍을 일으키겠다는 천정웅 교수의 열정과 이용교 교수의 협력이 돋보인 작품이었다.

The Strengths Perspective and Youth Development

Jeong Woong Cheon, Yong Gyo Lee,
Yangseowon Publi shing Co, 2009.

천정웅 교수와 필자는 2008년에 제2차 아동청소년학 세계포럼을 마치고 발표된 원고를 중심으로 영문과 한글책으로 출판하고자 했다. 한글책은 필자가 주도적으로 교정했지만, 영문책은 천정웅 교수가 주도적으로 만들었다.

영문책 2권 중 The Strengths Perspective and Youth Development (강점 관점과 청소년 발달)은 양서원에서 출간되었다. 이 책은 Dennis Saleebey 교수의 '긍정적 청소년 발달과 강점 관점의 교차점'이란 서장, 1부 강점 관점에 4편, 2부 청소년 발달에 6편, 결론 1편으로 구성되었다. 결론은 천정웅 교수가 '강점 관점과 청소년육성의 융합: 청소년육성 실천 방향'을 집필하였다.

필자는 국제학술회의에서 발제한 '청소년은 자원봉사활동에 부담인가 자원인가?'를 기고하였다. 1995년 5·31교육개혁에 의해 1996년부터 중·고등학생에게 봉사활동이 의무화되었다. 이는 청소년의 인성 함양을 도모하면서 청소년활동을 장려하기 위한 것이었다. 학생 봉사활동이 의무화되면서 청소년은 자원봉사활동에 새로운 자원이면서 관리에서 부담이 되기도 하였다.

천정웅 교수는 2009년 8월 17일에 필자에게 보낸 이메일에서 “이 책은 우리가 미국에서 발간할 수 없는 현실적 상황이어서 그렇지 영어책으로도 손색이 없는 것입니다. 필진이나 원고의 수준 면에서 모두 그렇다는 생각입니다. 주제가 관심이 있는 것인 만큼 사회복지학과나 아동청소년 관련 학과에서 대학원 수준의 자료로서 아주 좋을 것입니다.”라고 마음을 표현했다.

당시 한국에서 ‘강점 관점’과 ‘적극적 관점’ 등이 사회적 주목을 받았다. 이 책은 세계적으로 유명한 Dennis Saleebey 등이 저자로 참여하여 대학원의 참고서적으로 채택되었다. 이 책은 한국에서 세계적인 학자들의 글을 모아 영문책을 출판한 새로운 시도로 평가받았다.

Chapter 7. Exploring the Role of the Intensionality in Youth Devel opment/ Angela J. Huebner

Chapter 8. Resilience: It Begins with Beliefs/ Sara Truebridge

Chapter 9. A Mentoring Approach for At-Risk Youth: Best Practice/ Jeong Woong Cheon

Chapter 10. An Analysis of a Positive Youth Policy: The Proposed Younger Americans Act/ Jeong Woong Cheon

Chapter 11. Are Teenagers Burdens or Resources in Volunteer Ac tivities? / Yong Gyo Lee

Chapter 12. Convergence of Strengths Perspective and Youth Development: Toward Youth Promotion Practice/ Jeong Woong Cheon

Youth Development and Civic Engagement

Jeong Woong Cheon, Yong Gyo Lee, HWP, 2010.

천정웅 교수와 필자는 제2차 아동청소년학 세계포럼을 마치고 발표된 원고를 중심으로 영문과 한글책으로 출판하고자 했다. 영문책을 출간해줄 출판사를 찾기가 쉽지 않아서 한 권은 필자가 인간과복지 이명묵 대표에게 부탁하고, 다른 한 권은 천정웅 교수가 양서원에 요청했다. 한국에서 영문책을 내는 것은 기술적으로 어렵지 않지만, 책을 판매하기는 힘들기에 출판사도 적자를 감수하고 출간해주었다. 수집된 영문 워드파일은 각 버전이나 체제가 조금씩 다른 경우가 많아서 출판사도 편집에 고생했다.

천정웅 교수가 최종 파일을 출판사에 넘기기 직전 2009년 10월 22일에 필자에게 보낸 이메일의 일부를 소개한다. 이 글을 보면 Youth Development and Civic Engagement가 출판된 과정을 알 수 있다.

이 교수님 "인권" 영문원고를 간단히 손을 보아 제10장에 수록했습니다. [중략] 이것으로 우리가 작년에 했던 큰일의 결과물들을 우리 둘이 함께 하여 엮어내는 대장정은 마무리가 되는 것 같습니다. 지난번 영문판, 즉

제5권은 현재 양서원에서 작업중에 있습니다. 따라서, 우리는 작년 일을 통해 힘들었지만, 이렇게 모두 6권의 책으로 결과를 엮어내게 되었습니다.

국문 4권

강점관점, 청소년개발, 레질리언스 - 천정웅, 김미옥, 최명민, 노혜련, 이용교 공저, (신정) - 11월 5일 발간 예정

청소년인권과 참여 - 이용교, 천정웅, 김경준 공저. (양서원) - 11월 5일 발간 예정

청소년발달, 역량개발, 청소년복지 - 천정웅, 이용교, 김혜원 공저, (교육과학사) - 11월 10일 발간 예정

청소년복지정책 - 이용교, 천정웅 편저, (미정) - 11월 말 발간 목표

참으로 큰일을 했다는 생각이 듭니다. 이것 외에 영성에 대한 부분이 있는데, 이것은 칸다 교수와 같이 발간하기로 약속한 것이기에 미국과 한국에서 따로 처리할 예정입니다. 어쨌든 이렇게 큰일이 가능하게 된 것은 이 교수님의 열정과 협력에 힘입은 바 큽니다. 아마 우리이기 때문에 가능한 일이 아닌가 생각됩니다.

이 책은 2부 11장으로 구성되었다. 1부 주제는 청소년개발이고 5편의 논문, 2부 주제는 청소년시민 참여이고 5편의 논문이 담겼다. 필자는 '한국 아동인권의 실태와 발전방안'을 집필했다. 이 글은 2003년 10월 23일 백범기념관에서 열린 '국제아동청소년포럼'에서 발표된 원고를 바탕으로 작성되었다. 이 행사는 Save the Children, 유니세프, 월드비전, 은평천사원, 한국아동권리학회, 한국아동단체협의회가 공동으로 주최하고, 아동권리추진위원회가 주관하였다. 필자는 기회가 될 때마다 국제학술행사에서 영문으로 발표하였는데, 한 원고가 이 책에 수록되었다. 어려운 여건 속에서도 영문책을

내준 인간과복지에 감사드린다.

Chapter 1. The evolution and future of youth development/youth-led interventions/ Melvin Delgado

Part I Youth Development

Chapter 2. Youth-adult relationships: The pathway to positive youth development and citizenship among youth/Kennet R. Jones

Chapter 3. From reducing risk to developing potential in youth/Miriam J. Landsman

Chapter 4. Social work contributions toward youth development movement: Old wine in new bottles/ Jeong Woong Cheon

Chapter 5. The family and youth experience in Korea and implica tions for family centered practice in America / Jeon Woong Cheon, Miriam J. Landsman

Chapter 6. Teacher-child interactions in voluntary pre-kindergar ten programs in child care settings: A critical analysis of barriers and facilitators/ Seunghee Kim

Part II Youth Civic Engagement

Chapter 7. The call to responsible self-hood: The place of the vocational in the lives of young people and directions for vocational youth work/ Michael Baizerman

Chapter 8. The role of adults in promoting youth civic engage ment: Cultivating youth voice/ Lynne Borden, Joyce Serido, & Christine Bracamonte-Wiggs

Chapter 9. Youth civic engagement: Developing political self/ Ross VeLure Roholt

Chapter 10. Current status and development plan of Korean child ren's right/

한국 청소년정책 20년사

한국 청소년정책의 성과와 전망

김광웅, 이종원, 천정웅, 이용교, 길은배,
전명기, 정효진, 한국청소년정책연구원, 2009.

1988년에 청소년업무 전담부서로서 체육부에 청소년국이 설치되고, 1989에 국책 연구기관인 한국청소년연구원(현 한국청소년정책연구원)이 출범하여 청소년정책의 체계적·효율적 수행을 위한 각종 연구성과를 제공하기 시작한 시기를 기점으로 하여 '한국 청소년정책 20년사'가 출판되었다.

책 이름은 한국청소년정책연구원이 개원 20주년에 그동안의 성과를 정리해보자는 의도를 가졌기 때문이다. 1988년에 체육부 청소년국이 설치되면서 1990년에 청소년헌장의 제정, 1991년에 한국청소년기본계획의 수립, 청소년기본법의 제정 등이 이루어졌지만, 이를 논리적·실질적으로 뒷받침한 기관이 한국청소년연구원이었기에 그 성과를 정리하기 위해 이 책이 집필되었다.

숙명여자대학교 아동복지학과에서 퇴임한 김광웅 교수가 연구책임자로 참여하고, 한국청소년정책연구원 이종원 연구실장이 실무를 총괄하였다. 연구진에는 천정웅 교수(대구가톨릭대), 이용교 교수(광주대), 길은배 교수(한국체육대), 전명기 부장(한국청소년진흥센터) 등 연구원의 전직 직원과 정효진 전문위원(보건복지가족부)이 참여하였다. 연구진은 한국 청소년정책을 개관한 후에 청소년행정·정책, 제도적으로 뒷받침하는 관계 법령, 정책의 중심 내용인 청소년 단체·시설·청소년지도자의 영역별로 집필했다. 시기 구분은 법령의 제정과 개정, 전담부서의 설치와 변경, 역점사업의 변화 등을 중심으로 논의되었다. 연구진이 합의하여 시기 구분을 통일하기보다는 각 집필자가 영역의 특성을 반영하여 기술하였다.

천정웅 교수가 제1장 한국 청소년정책 발전 개관을 집필하였다. 그는 한국 청소년정책의 발전과정을 형성기(1961~1988), 성장기(1988~1998), 전환기(1998~현재)의 세 단계로 구분하고 각 시기를 통해 청소년정책이 전담화, 체계화, 특성화되는 과정을 논의하였다.

필자는 제2장 청소년행정·정책의 동향과 과제를 집필하였다. 청소년행정의 직제와 직무, 중장기계획, 역점사업 등을 중심으로 청소년행정·정책의 발전과정을 네 단계로 논의하였다. 즉, 청소년육성법 제정 이전(1945~1987), 청소년정책 전담부서 출범(1988~1997), 청소년보호위원회·국가청소년위원회(1997~2008), 보건복지가족부 아동청소년가족정책실(2008.2.~현재)로 구분하였다. 한국 청소년행정·정책의 역사에서 청소년육성법의 제정(1987년)을 통한 체육부 청소년국(1988)의 설치에 큰 의미를 부여하였다. 이후 체육부 청소년국은 체육청소년부 청소년정책조정실로 확대되었고, 청소년보호법의 제정으로 설치된 청소년보호위원회가 국무총리실로 이관되었고 청소년정책국과 청소년보호위원회가 (국가)청소년위원회로 통합된 과정을 다루었다. 이후 이명박 행정부에서 청소년정책은 보건복지가족부 아동청소년가족정책실로 이관되어 아동정책과 청소년정책의 통합을 추구하던 과정까지 담았다.

길은배 교수가 제3장 청소년 관계 법령의 동향과 과제를 집필하였다. 그는 청소년육성법의 제정을 기점으로 그 이전을 전사로 보고, 그 이후의 발전과정을 태동기(1987~1990), 도약기(1991~1998), 성장기(1998~2002), 통합기(2003~현재)로 구분하여 각 시기별 주요 법령과 관계 법령의 내용을 정리하였다. 해방 이후를 사실상 다섯 시기로 구분한 것이었다.

전명기 부장은 제4장 청소년단체·시설과 지도자의 동향과 과제에서 한국 청소년정책의 중점적인 정책대상이 되어 온 청소년단체와 청소년시설, 청소년지도자제도의 변화·발전과정을 개관하고, 사회환경 변화와 더불어 앞으로 추진해야 할 과제를 영역별로 제시하였다.

이 책은 1989년 7월에 한국청소년연구원이 설립된 이후 20여년간 청소년정책을 정리했다는 점에서 의미가 있지만 짧은 연구기간 때문에 아쉬움이 남는 작품이었다.

교육복지론

이용교, 임형택, 집문당, 2010.

이 책은 교육복지의 개념과 목표를 이해하고, 교육복지투자우선지역 지원사업의 내용을 다루었다. 또한 교육복지 목표 설정, 교육프로그램의 기획과 운영, 청소년 심리 이해, 학교상담 기법, 심리검사의 이해와 활용, 진로상담의 이해와 실제 등을 포함하여 교육복지의 설계를 다루었다.

교육복지의 사전적 정의는 '교육자와 피교육자의 복지를 위한 사회보장제도를 통틀어 이르는 말'인데, 우리나라에서는 오랫동안 초등학교 무상교육, 저소득층 중·고등학생에게 학교 등록금을 지원하는 교육급여(구 교육보호), 무상 학교급식 등 제한된 범주로 인식되었다.

그런데, 2003년에 참여정부(대통령 노무현)가 '교육복지투자우선지역 지원사업(이명박 정부에서 '교육복지우선지원사업'으로 이름이 바뀜)'을 시범적으로 시행하면서, 초·중학교에 지역사회교육전문가(이후 지역에 따라 '교육복지사' 등으로 칭함)로 사회복지사 등이 참여하면서 '교육복지'가 사회적 주목을 받았다. 사회복지사가 학교 밖 사회복지기관에서 혹은 학교 내에서 사회복지사업을 수행한 사례는 간헐적으로 있었다. 하지만, 정부가 저소득층이 많이 사는 지역의 초·중학교에 지역사회교육전문가를 배치하여 교육복지를 수행하도록 제도화시킨 것은 의미 있는 시도이었다.

이에 광주광역시교육청의 교육복지사업을 비롯하여 정부와 단위 학교의 교육복지사업에 자문에 응하고, 대학생들을 가르쳐서 교육복지사 혹은 학교사회복지사로 배출시키는 필자와 임형택 교수가 공동으로 '교육복지론'을 집필하였다. 필자는 교육복지와 교육복지투자우선지역 지원사업, 한국 교육복지의 실제를 주로 집필하고, 임형택 교수는 교육복지의 설계를 중심으로 집필하였다. 아산사회복지재단은 연구총서 개발을 위해 연구비를 지원하고, 원고를 단행본으로 발간하였다.

필자들은 교육복지에 대한 개론서를 집필하였고, 아산재단은 집문당을 통해 '아산재단 연구총서 291'로 출판했다. 2009년에 탈고된 원고는 2010년 3월에 단행본(하드 카버)으로 발간되었다.

청소년문제론

홍봉선 외, 공동체, 2010.

이 책은 부산광역시청소년종합지원센터에서 2009년에 발간한 '위기청소년의 이해와 지원방안' 보고서를 바탕으로 2010년에 '청소년문제론'로 발간되었다. 보고서를 바탕으로 한 것이지만, 단행본 발간을 원하지 않은 일부 필자는 교체되었기에 같은 내용은 아니다.

청소년문제란 청소년이 겪는 심리사회적 문제, 진학문제, 이성문제 등 개인적 문제에서부터 청소년집단에 의해 야기되는 역기능적 문제와 사회환경이 청소년에게 미치는 영향까지 포함하는 포괄적인 개념이다. 과거에 청소년문제를 주로 청소년의 일탈과 비행, 범죄 등을 중심으로 다루었지만, 요즘은 청소년이 처한 위기 상황을 포괄하는 개념으로 인식하고 있다.

센터 소장을 겸한 신라대학교 사회복지학과 홍봉선 교수는 '위기청소년의 이해와 지원방안 연구'를 기획할 때, 위기청소년을 개인적 위기, 가족적 위기, 교육적 위기, 사회적 위기 등 네 가지 범주로 다루었다. 이 책은 총론을 다룬 후(홍봉선 교수), 개인적 위기로 가출청소년(남미애 대전대 교수), 범죄청소년(원혜욱 인하대 교수), 인터넷

중독청소년(아영아 신라대 강사), 자살위기청소년(전영주 신라대 교수); 가족적 위기로 학대 피해 아동과 청소년(박명숙 상지대 교수), 다문화가정청소년(김민 순천향대 교수); 교육적 위기로 학교밖청소년(노혁 나사렛대 교수), 학교폭력청소년(오승환 울산대 교수); 사회적 위기로 무직청소년(이용교 광주대 교수), 성매수피해청소년(홍봉선, 남미애)을 담았다.

이 책이 발간된 2010년대에는 양서원, 학지사, 교육과학사, 인간과복지 등 많은 출판사가 사회복지학 책을 경쟁적으로 발간하였고, 양서원의 일부 임직원이 현학사, 학현사, 공동체 등으로 독립하면서 대학 교재를 공격적으로 출판하였다. 과거에는 해당 분야에 전문성이 높은 학자가 단독으로 교재를 집필한 경우가 많았지만, 이 시기에는 전문성이 높은 학자가 다른 학자들을 모아서 단행본을 내거나, 젊은 연구자들과 함께 책을 내는 문화가 확산하였다. 홍봉선 교수는 전국적으로 지명도가 높은 학자들과 젊은 연구자들을 모아서 이 책을 기획하였다. 필자는 무직청소년에 대한 이론적 배경, 무직청소년의 실태와 현황 분석, 지원방안을 집필하였다.

청소년교육론

임형택 외, 공동체, 2013.

'청소년교육론'은 평생교육사 자격취득 과목으로서 기본적으로 평생교육 관점으로 청소년교육 필요성과 가능성을 부각하는 동시에 청소년지도사, 청소년상담사 등 국가시험을 준비하는 학생들이 도움을 받을 수 있도록 구성되었다.

전체 얼개는 청소년교육의 기초, 청소년교육의 실제, 청소년교육의 과제와 전망 등 3부(13장)와 부록으로 구성되었다. 제1부 청소년교육의 기초는 청소년과 평생교육(이두휴 전남대 교수), 청소년의 이해(박희석 마음숲심리상담센터 소장), 청소년지도자의 역할(김경열 광신대 교수, 임형택 광주대 교수)로 구성되었다. 제2부 청소년교육의 실제는 청소년문제와 보호(박병훈 두리사랑상담치료연구소 소장), 청소년문화(김민 순천향대 교수), 청소년활동(박찬원 레크토피아한마음교육문화원 원장), 청소년상담(정민 광주대 교수), 청소년복지(이용교 광주대 교수), 청소년지도방법(윤은종 동아인재대 교수), 청소년 프로그램의 개발과 평가(오선아 광주대 교수)로 구성되었다. 제3부 청소년교육의 과제와 전망은 청소년 정책과 제도(천정웅 대구가톨릭대 교수), 청소년 개발(권재환 동신대 교수, 임형택), 청소년시설 단체 기관과 대안학교

현황(오상봉 카운슬러아카데미 상임이사, 임형택)으로 구성되었다. 부록은 남도일보에 실린 '청소년문제 실태 취재 내용'(김경태 남도일보 부장, 임형택)으로 구성되었다.

전문성이 있는 대학교수들이 한 장씩을 분담하여 집필하였고, 이 책을 기획한 광주대학교 청소년상담·평생교육학과 임형택 교수가 동 대학원 박사과정생과 집필한 장도 있었다. 필자는 청소년복지의 의의와 특징, 시기별 특징, 실태와 과제, 전망을 담아서 '청소년복지'를 집필하였다.

이 책은 2017년에 다시 제작하여 교보문고 등에서 판매되고 있다.

청소년복지 연구

가출청소년연구

이용교, 나동석 역, 한국청소년연구원, 1990.

필자가 번역한 책은 모두 4권으로 가출청소년연구(1990), 아동학대연구(1993), 인권교육의 기법(1996), 가정위탁보호(2001) 등이었다.

1989년경 중앙대학교 사회복지학과 사무실에서 Albert R. Roberts가 쓴 Runaweys and Non-Runaweys; An Exploratory Study of Adolescent and Parental Coping, The Dorsey Press, Chicago(1987)를 보고 번역하면 좋겠다고 생각했다. 이 책은 미국의 한 청소년상담소에 찾아온 30명의 가출청소년(대부분 13~17살)과 근처 고등학교에 다니는 비가출청소년 30명을 면접하여 연구되었다. 뉴욕주의 동남쪽 대도시 교외 지역 청소년에게 서비스하는 가출보호소를 중심으로 이루어졌다. 가출보호소는 개별상담, 집단상담, 부모상담, 가족치료를 하는 상담센터와 8명을 수용할 수 있는 집(청소년쉼터)을 운영하였다.

연구 결과 가출은 3가지 이상의 긴장되는 사건을 겪은 후 이에 대한 반응으로 일어났다. 비가출청소년도 긴장되는 사건을 경험하는데, 가출청소년은 친구와의 대화, 운동 등으로 긴장을 줄이는 데 성공하지 못할 때 가출로 이어지는 경우가 많았다. 가출청소년은 비가출청소년에 비교하여 약물 사용이나 음주로 긴장을 대처하려는 경향이 있었다. 가출청소년이 생활 속에서 비가출청소년보다 훨씬 많은 긴장을 경험하지만, 위기의 충격을 줄이기 위한 적절한 적응양식을 습득하는 것도 매우 중요하다.

이 책을 번역하면서 필자는 한국청소년연구원에서 '청소년상담사업 활성화 방안'을 연구하였는데, 설문조사 기관에 이 책을 선물하면 좋겠다고 제안했다. 연구책임자인 최현 박사의 승인을 받고 청주대학교 나동석 교수께 번역 초안을 검토받았다. 병원에서 의료사회복지사로 일했던 나동석 교수가 교열하여 번역서로 출간되었다. 필자는 이 책의 주요 내용을 정리하여 '한국청소년연구' 제5호에 '가출청소년과 비가출청소년의 긴장과 대처양식'이란 논문으로도 투고하였다.

이 책은 미국에서 가출청소년을 위해 '청소년쉼터'Shelter가 운영되고, 단기 혹은 장기적 보호를 위해 공동생활가정 등 다양한 소규모 보호시설이 있다는 것을 알려주었다. 필자는 한국에도 가출청소년을 위해 청소년쉼터가 필요하다는 것을 서울YMCA 세미나에서 발표하였고, 이를 1991년에 수립된 '한국청소년기본계획'에 반영시켰다. 그 결과로 1992년 10월 28일에 서울YMCA가 체육청소년부 청소년육성기금을 지원받아 '청소년쉼터'를 최초로 개설하였다. 이후 필자는 청소년쉼터를 제도적으로 지원하도록 청소년기본법의 개정과 청소년복지지원법의 제정에 관여하고, 한국청소년쉼터협의회의 설립과 운영을 위해 조언하였다.

아동학대연구

이용교 역, 다울, 1993.

필자가 이 책을 번역할 당시 한국 사회에서 아동학대에 대한 사회적 관심은 높아졌지만, 아동학대에 대한 법적 정의조차 없었다. 아동학대의 유무와 심각성에 대한 논의에서 아동학대의 사전 예방과 사후 대책(치료)까지 논의되었지만, 참고할 만한 기본 서적조차 없었다.

William A. Check가 쓴 Child Abuse(1989)은 Chelsea House Publishers가 기획한 건강백과사전(80권) 중 한 권이었다. 백과사전은 건강한 몸, 생애주기, 의료적 이슈, 심리적 질병과 치료, 의료적 질병과 치료 등 다섯 가지 범주로 구성되었는데, 아동학대는 의료적 질병과 치료의 한 분야로 다루어졌다.

아동학대는 서문(신뢰의 배반), 8개의 장, 맺음말(아동학대: 한 사례연구)로 구성되었다. 8개 장은 아동학대의 정의, 역사적·문화적 시각, 성적 아동학대, 환상깨기, 아동학대의 발견, 누가 아동을 보호할 것인가?, 학대받는 아동과 법원, 아동학대의 예방으로 구성되었다. 이 책은 아동학대는 보호해야 할 책임이 있는 부모(보호자)에 의해 주로 일어나기에 적시에 발견하고 아동을 보호하기가 쉽지 않다는 것을 강조했다. 특히, 성적 아동학대는 은밀하게 놀이식으로 이루어지는 경우가 많아 아동은 학대받았다는 것을 잘 모르고 증거가 쉽게 사라지기에 적시에 개입하는 것이 매우 중요하다고 지적했다.

필자는 이 책이 아동학대에 대한 체계적인 이해와 전문적 접근에 관심이 있는 사람들에게 많은 정보를 줄 것으로 기대하여 번역한 원고를 한 유명출판사(한울)를 통해 출판하고자 하였다. 한국도 저작권에 대한 관심이 높아져서 미국 출판사와 협의하였는데, "한국에서 아동학대를 번역하는 것을 환영하지만, 백과사전 중 10종 이상 번역할 때 협상하겠다"는 통보를 받았다. 그 출판사는 한 권을 출판하기 위해 협상을 계속할 상황이 아니었다.

이에 필자는 '다울'출판사란 이름을 만들어 '아동학대연구'를 출간하였다. 전국 시·도청 아동복지담당공무원, 시·도교육청 유아교육 장학사, 한국아동학대예방협회 회원단체 등에 이 책을 무상으로 보급하였다. 이후 설립된 아동보호전문기관 사회복지사 등은 이 책을 업무용으로 활용하였다. 이 책은 아동학대의 법적 정의, 아동학대의 유형, 아동학대의 예방, 학대피해아동의 보호와 치료, 행위자에 대한 법적 조치 등을 하는 데 지침을 주었다. 한국의 아동보호전문기관은 미국의 제도를 참고하였는데, 이 책이 길라잡이 역할을 하였다. 이 책은 1995년에 재판이 발행되었다.

한국청소년복지의 현실과 대안

이용교, 은평천사원출판부, 1993.

이 책은 이용교의 최초 저서이고, 당시 한국청소년복지의 현실을 보여준 책이며, 출판을 통한 복지운동의 본보기가 되었다. 1980년대까지 한국에서 청소년학의 흐름은 청소년발달을 아동의 연장선상에서 연구하고, 비행 중심으로 청소년문제를 연구하거나, 청소년교육에 대한 관심이 주류이었다. 청소년을 심리학, (범죄)사회학, 교육학의 관점으로 단편적으로 연구하였고, 시민으로서 청소년이 보다 행복하게 살 수 있는 세상 만들기에 미치지 못했다.

그때 필자는 청소년의 복지 욕구 충족과 생활문제 해결을 통한 행복한 삶의 실현을 지향한 연구가 필요하다고 생각했다. 1986년부터 한국복지정책연구소에서 청소년복지를 연구하였고, 1989년 7월부터 한국청소년연구원(1993년부터 한국청소년개발원)에서 주임연구원(이후 연구위원)으로 일하면서 청소년복지에 관한 연구를 주도적으로 수행하였다.

한국청소년연구원에는 연구위원으로 교육학, 사회학, 보건학, 정치학, 체육학 박사는 있었지만, 사회복지학 박사는 아직 없었다. 대학교에 사회복지학과가 우후죽순으로 신설되어 박사학위 소지자는 교수로 임용되기 쉬웠기 때문이었다. 흔히 연구기관에서는 박사급 연구위원이 연구책임자를 맡고, 석사급 주임연구원, 연구원 등과 팀으로 연구했는데, 필자는 박사과정에 다니면서 사실상 연구책임자로 일한 과제가 적지 않았다.

최현 연구실장(연구위원), 한승희 연구위원 등이 자율적으로 연구할 수 있는 분위기를 조성하였다. '청소년 상담사업의 활성화 방안'은 1991년에 수립된 한국청소년기본계획의 주요 내용으로 담겼고, 한국청소년상담원(현 한국청소년상담복지개발원)–시·도청소년종합상담실(현 청소년상담복지센터)–시·군·구청소년상담실(현 청소년상담복지센터)의 전달체계를 형성하는데 기초가 되었다. 처음에는 시·도청소년종합상담실이 만들어지고, 점차 시·군·구청소년상담실이 설치되었으며, 한국청소년상담원이 청소년상담의 중추기관으로 정립되는 청사진이 구현되었다.

'요보호청소년 지원방안' 연구는 최현 연구실장이 미원문화재단에서 연구비를 받아서 공동 연구한 결과물이다. 이 연구는 아동양육시설에서 생활하는 청소년과 가정에서 거택보호를 받는 청소년의 삶과 복지를 비교했다는 점에서 의미가 컸다. 경제적으로 비용이 많이 드는 시설보호를 넘어 가정형 복지가 중요하다는 것을 역설하고, 아동양육시설에서 18세가 되면 퇴소시켜 자립하라고 강요하는 아동복지사업을 개선해야 한다는 점을 강조했다. 이러한 주장은 시간을 두고 점차 개선되었다.

이 책에 수록된 11편 중에서 위 2편을 제외한 9편은 이용교의 단독 논문이었다. 그중 가출청소년에 대한 사회적 서비스는 청소년쉼터의 설치, 청소년의 성에 대한 상담원의 태도는 상담원의 역량개발, 이촌청소년의 도시 정착 연구는 주거지원 등을 강조하여 독창적인 연구로 평가받았다. 1992년에 중앙대학교 사회복지학과는 창설 30주년 기념으로 2권의 총서를 개발하였는데, 그 책에 투고한 글이 청소년복지의 현실, 청소년복지의 연구동향이었다.

필자는 다양한 계기에 쓴 글을 모아서 한국 청소년복지의 현실을 진단하고 대안을 제시하는 마음으로 출판하였다. 세미나, 학회, 특강 등에서 발표한 논문을 모아서 단행본으로 엮었다. 한 편의 글은 그 자체로 의미가 있지만, 그것들을 모아 단행본으로 출판하면 사회에 지속적인 영향력을 미칠 수 있다. 이 책은 좋은 책을 만들어 보급하면 언론을 통한 사회운동, 출판을 통한 복지운동을 할 수 있다는 것을 보여주었다.

또한, 이 책을 발간한 '은평천사원출판부'는 "사회복지 실천정신을 다 함께 일구어 그 빛 속에서 온 누리가 평안을 취하도록, 또 사회복지 실무분야의 전문화 현대화를 촉진하는 출판사업을 위하여 사회복지법인 은평천사원(현 엔젤스헤이븐)에서 1993년에 설립한 출판사"인데, 등록한 첫해에 이 책을 출판하였고 이후 '인간과복지'와 함께 창대하게 발전하였다.

"네 시작은 미약하였으나 네 나중은 심히 창대하리라(욥 8:7)"

청소년복지론

김성이 외, 한국청소년개발원, 1993.

1991년에 체육청소년부는 한국청소년기본계획을 수립하고, 그해 연말 청소년육성법을 폐지하고 청소년기본법을 제정하였다. 청소년기본계획은 청소년육성을 위해 청소년수련시설의 설치, 청소년단체의 육성, 청소년지도자의 양성, 청소년수련거리의 개발이 필요하다고 인식하고 관련 정책을 담았다.

1991년 12월에 여야 합의로 제정된 청소년기본법은 1992년 12월 대통령선거를 마친 후인 1993년 1월 1일부터 시행하기로 되었다. 박철언 체육청소년부 장관은 김대중 민주당 대표를 만나 청소년기본법의 제정에는 정치적 의도가 없다는 것을 강조하면서 합의를 이끌었다.

청소년기본법을 제정한 정부는 '청소년지도자의 양성'을 하루라도 빨리 이행하고 싶었다. 정부는 청소년육성기금 등을 활용하여 한국청소년연구원에게 '청소년지도자의 연수'를 의뢰하였다. 이에 전국 청소년시설과 청소년단체에서 일하는 시설장과 직원을 대상으로 '청소년지도자 연수'를 한 달가량 숙박형으로 진행했다. 한국청소년연맹에서 연수를 진행한 경험이 많은 함병수 연구위원이 중심이 되어 지도자 연수과정을 운영했다. 즉 청소년기본법은 1993년부터 시행되지만, 그 이전에 체육청소년부장관이 인정하는 연수를 받고 소정의 시험에 합격한 사람에게 청소년지도사 자격증을 부여할 수 있도록 계획하였다.

당시 최윤진 박사 연구팀은 '청소년지도자 양성방안'을 연구하였고, 청소년지도사 국가시험 과목을 제안하였다. 이에 1992년부터 한국청소년연구원은 체육청소년부의 재정지원을 받아서 '청소년지도자 연수교재'를 개발하였다. 최윤진 연구위원이 연구책임자이고 이용교 선임연구원과 김혁진 연구원 최영신 임시연구원이 개발진으로 참여했다. 당시 체육청소년부 관계자는 '당해연도에 사용할 수 있는 청소년지도자 연수교재'를 개발할 것을 주문하였고, 개발진은 연수교재를 넘어 '청소년학의 기초가 되는 교재'를 개발하고자 했다.

담당 공무원은 매년 청소년 관련 주요 잇슈, 청소년문화와 청소년문제, 관련 행정과 법률 등이 달라지기에 최신 정보를 담은 '당해연도 연수교재'만 개발하면 되는데, 더 많은 사업비가 들어가는 교재를 개발해야 하는지에 의문을 제기했다. 필자는 대학교에 청소년지도학과, 청소년학과 등이 개설되었지만 적절한 교재가 없기에 '청소년학 교재 수준'으로 개발하고, 그중 일부 내용을 '연수용 워크북'에 담는 것이 좋겠다고 설득했다.

1992년에 청소년심리학, 청소년문화론, 청소년문제론, 청소년지도론, 인간관계수련활동, 전통문화활동 등 6종을 개발하고, 1993년에 청소년복지론, 청소년 관계법과 행정, 청소년활동론 3종 합계 9종의 '청소년지도자 교재총서'를 개발하였다. 교재총서는 5년 계획으로 추진되고, 이후 다른 연구팀에 의해 개발되었다. 교재총서의 개발과정은 '발간사'에 잘 담겼다.

> 각 교재의 내용은 청소년의 이해를 돕고 실제 현장지도를 담당하기 위해 청소년지도자들이 우선 습득해야 될 것으로 사료되는 영역들을 선별해서 기본적인 내용을 중심으로 편성되었습니다. 본 개발원의 연구개발진에 의해 교재의 영역과 분야가 체계적으로 구분되었고, 각 교재별로 다루어질 내용과 집필 방향 및 방법에 관한 세부적 지침이 개발되었습니다. 집필 지침에 따라 각 분야별로 국내의 유수한 전문가들께서 집필을 맡아 주셨습니다. 분야별로 청소년지도에 필요한 이론과 기술을 총망라하여 보다 깊이 있고 전문적인 내용이 수록되도록 노력하였습니다. 따라서 본 지도총서는 일반 연수원의 단기 연수교재로 뿐만 아니라 각 대학 관련 강좌 등 보다 장기교육의 기본교재로도 활용될 수 있을 것이며, 더 나아가서 청소년학 제분야의 기초적이고 기본적인 이론서로 활용될 수 있으리라 기대됩니다(김성이 외, 1993: 머리말).

1991년에 창립된 한국청소년학회에 참여한 주요 회원들도 청소년학의 정립과 연관하여 청소년지도자 교재총서의 개발에 깊은 관심을 가졌다. 이에 교재총서 연구개발진은 먼저 어떤 종류의 교재를 개발할 것인지를 선택한 후에 해당 분야를 대표하는 학자에게 대학교 한 학기 강의계획서를 구상하고 이에 맞는 원고를 집필하도록 하였다. 연세대 윤진 교수(심리학), 서울대 문용린 교수, 김신일 교수(교육학), 고려대 김준호 교수(사회학), 이화여대 김성이 교수(사회복지학) 등을 자문위원으로 위촉하여 전문가의 의견을 들었다.

적은 예산으로 좋은 책을 개발하기 위해 해당 교재의 조정자 역할을 할 집필자에게 필자 추천을 의뢰하고, 회의비를 제공하며,

전체 원고를 감수하도록 하였다. 예컨대, 청소년심리학의 경우 연세대 윤진 교수가 중심이 되어 교육과정을 짜고 해당 내용을 쓸 필자를 추천받았다. 1장부터 10장까지 집필자는 윤진 교수, 김태련 교수(이화여대), 곽금주 교수(오산전문대, 후에 서울대), 서봉연 교수(서울대), 이춘재 교수(성심여대), 정진경 교수(충북대), 문용린 교수(서울대), 윤진 교수, 오경자 교수(연세대), 심응철 교수(강원대)이었다. 해당 학문을 대표하는 학자가 집필하고 젊은 세대도 일부 원고를 집필하도록 하였다.

각 교재는 대학교 해당 강좌의 교재로 활용될 수 있도록 체계적으로 개발되었다. 모든 단원은 제목, 개관, 주제어, 본문, 본문요약, 연구과제, 참고문헌으로 구성하도록 하고, 본문의 체계도 표준화시켰다. 교수가 강의용 교재로 쓸 수 있고, 청소년지도자가 독학하기에도 유용하도록 하였다. 교재총서 개발진은 해당 책이 시중 서점에 널리 보급되어 대학교 교재로 활용될 수 있도록 민간 출판사와 협약하여 같은 원판으로 출판하도록 하여 경비를 낮추었다.

두 번째 해인 1993년에는 최윤진 연구위원이 연구책임자를 맡고 이용교 선임연구원이 개발진으로 참여하여 청소년복지론, 청소년 관계법과 행정, 청소년활동론 3종을 개발하였다. 그중 청소년복지론은 필자의 전공 영역이었기에 보다 적극 참여할 수 있었다.

청소년복지론은 청소년복지의 기초, 청소년복지의 방법론, 청소년복지의 실제, 청소년복지의 전망과 과제 등 4부로 나뉘었다. 장별 내용과 집필자를 보면, 제1부 청소년복지의 기초(김성이 이화여대 교수)는 청소년복지의 개념과 의의, 청소년복지이론, 청소년복지의 주체와 대상, 청소년복지의 전개 방향이고, 제2부 청소년복지의 방법론은 개별사회사업(나동석 청주대 교수), 집단사회사업(남세진 서울대 교수), 지역사회조직사업(김성이), 통합적 방법론(조흥식 서울대 교수)이며, 제3부 청소년복지의 실제는 청소년복지서비스 전달체계(이용교 선임연구원), 가족과 청소년을 위한 복지사업(이용교), 장애청소년을 위한 복지사업(나동석), 근로청소년을 위한 복지사업(조흥식), 교정사회사업(최윤진 연구위원), 여성청소년을 위한 복지사업(김성천 원광대 교수)이고, 제4부 청소년복지의 전망과 과제는 외국 청소년복지의 현황과 전망(김형식 호주 에디스 코웬대 교수), 한국 청소년복지의 전망과 과제(김영모 중앙대 교수)이었다.

이 책은 한국에서 최초로 개발된 '청소년복지론'이었고, 여러 대학교에서 교재로 널리 활용되었다. 이전까지 대학교 사회복지학과에서 청소년복지는 아동복지론에서 부분적으로 다루어졌고, 독립과목으로 분류되지 않았는데 이 책이 출판된 이후에는 청소년복지론이 별도로 개설되었다.

현대 청소년복지론

이종복, 이소희, 오영재, 이명숙, 이용교, 방은령, 양서원, 1998.

이 책은 1987년에 청소년육성법의 제정을 계기로 한국사회에서 청소년에 대한 사회적·학문적 관심이 높아졌고, 1989년에 한국청소년연구원이 설립되며, 1991년에 청소년기본계획의 수립과 청소년기본법의 제정 이후 학계 변화 속에서 집필되었다. 정부는 청소년육성을 체계적으로 수행하기 위해 청소년지도자의 양성에 깊은 관심을 가졌고, 여러 대학교는 청소년지도학과(명지대 등), 청소년학과(중앙대 등) 등을 개설하였다. 이러한 사회적 분위기 속에서 1991년에 한국청소년학회가 창설되었고, 1998년에 한국청소년복지학회가 창설되었다.

당시 대학교 청소년복지론 교재는 한국청소년개발원이 1993년에 제작하고, 인간과복지가 1994년에 출판한 '청소년복지론'이 독보적이었다. 청주대 사회복지학과 표갑수 교수가 쓴 '아동·청소년복지론'(1994)이 있었지만, 각 대학교에서 청소년복지론을 강의하는 교수들은 저서를 공동으로 개발하고자 하였다. 숙명여대 아동복지학과 이소희 교수가 중심이 되어 한국청소년복지학회의 창설을 준비하면서, 청소년복지론을 공동으로 집필할 것을 제안하였다. 현대청소년복지론은 1998년 9월 11일 학회의 창설을 앞둔 8월 30일에 출판되었다는 점이 그 증거이다.

이 책의 필자들은 한국청소년복지학회의 창설 주역이었다. 창설을 주도한 교수들의 소속은 사회복지학과, 아동복지학과, 청소년학과, 교육학과 등 다양하였다. 숙명여대 아동복지학과 김광웅 교수가 초대 회장을 맡았지만, 이소희 교수가 준비를 주도하였다. 이 책의 집필은 저자의 전공과 관심 영역을 고려하여 청소년복지의 실천방법은 이종복 평택대 사회복지학과 교수, 미혼 청소년부모의 복지·청소년가정복지·장애청소년복지는 이소희 교수, 근로청소년복지·비행청소년복지는 오영재 고려대 서창캠퍼스 교직과정 교수, 청소년복지제도는 이명숙 한국청소년개발원 박사, 청소년복지의 이해·청소년복지의 전망과 과제는 이용교 광주대 사회복지학과 교수, 청소년의 개념 및 발달특성·일반 청소년복지는 방은령 한서대 청소년학과 교수가 담당하였다.

이 책은 "청소년복지의 학문적 발전에 일익을 담당하고자 하는 관점에서 평소 청소년과 청소년복지에 특별한 관심을 가지고 연구해 왔던 저자들이 모여 엮었다"는 장점이 있었다. 저자들은 심리학, 교육학, 아동복지학, 사회복지학 등 다양한 배경을 가졌기에 해당 분야의 연구를 중심으로 집필하였다. 머리말에 언급된 것처럼 "의욕은 충천하였으나, 아직 청소년복지에 대한 연구기반이 약하여 알찬 책으로 엮지 못했다"는 아쉬움이 있었고, "공동 저술인 관계로 체계상의 통일을 기하기 어려운 점이 없지 않았다".

일부 한계는 있었지만, 이 책은 청소년복지학의 학문적 지평을 연 작품이라고 평가할 수 있다. 이소희 교수는 한국청소년복지학회

2대 회장, 오영재 교수는 3대 회장, 이용교 교수는 4대 회장으로 학회를 반석 위에 올려놓았다. 이 학회는 매년 정기적으로 학술대회를 개최하였고, 학술지 '청소년복지연구'를 발간하였다. 방은령 교수는 9대 회장으로 봉사하였으니 6명의 집필자 중 4명이 회장으로 청소년복지학계를 이끌었다고 볼 수 있다.

이 책의 다수 필자는 이후 청소년복지론을 단독으로 집필했다는 점도 특기할 점이다. 오영재 교수는 '뉴 밀레니엄시대의 청소년복지론'(양지, 2001), 이용교 교수는 '디지털 청소년복지'(인간과복지, 2004), 이소희 교수는 '청소년복지론'(나남, 2005)을 발간했다. 공저를 발간한 경험을 바탕으로 체계적이고 완성도 높은 저서를 집필한 것이다.

또한, 출판사 양서원이 1997년 외환위기 직후임에도 이 책을 발간하고, 상당 기간 한국청소년복지학회의 학술활동을 지원했다는 점에 감사드린다. 당시 청소년학 혹은 청소년복지학은 새로운 학문이었고, 사회적 수요가 늘었기에 주요 출판사는 집필자를 선점하기 위해 노력하였다. 출판사들은 학회의 학술대회나 학술지 발간을 후원하고, 학자들은 해당 출판사에서 책을 발간하는 방식으로 협력하였다. 한국청소년복지학회의 창설과 동시에 발간된 현대청소년복지론은 그 본보기라고 할 수 있다.

디지털 청소년복지

이용교, 인간과복지, 2004.

이 책은 2004년에 초판이 발간되었고, 20년이 지난 후에도 알라딘, 교보문고 등에서 널리 판매되고 있다. 2024년 2월 15일 알라딘에서 '청소년복지'로 검색된 책(정확도순)은 남미매·홍봉선(공동체, 2018년 제5판), 정익중(학지사, 2021년), 정규석 외(학지사, 2017년 제2판), 조성연(창지사, 2021년), 이용교(인간과복지, 2021년 제4판)이다. 이 책은 오랫동안 대학 교재로 활용되고 있다.

이 책은 한국사회복지교육협의회가 만든 청소년복지 교과목 지침서를 존중하고, 모든 청소년을 위한 복지를 추구하면서 소수 요보호청소년을 배려하는 방식으로 집필되었다. 대학교 한 학기가 15주인데, 이 책은 중간고사와 기말고사 기간을 고려하여 13주간 학습할 수 있도록 구성되었다.

이 책은 모두 13개 장이고 크게 3영역으로 구성되었다. 제1장에서 제5장까지는 청소년의 개념, 발달이론, 청소년복지의 역사, 청소년복지의 실천방법, 청소년복지 관계법 등 청소년복지에 관한 기본적인 사항을 다루었다. 제6장에서 제9장까지는 청소년의 생활환경인 가정, 학교, 여가공간, 직장에서 청소년의 생활과 복지를 다루었다. 제10장부터 제13장까지는 청소년의 성과 성문제, 가출과 청소년 쉼터, 비행과 복지 등 대표적인 청소년문제와 복지서비스를 다루고, 청소년정책과 청소년행정을 정리하였다.

필자는 1993년에 '한국청소년복지의 현실과 대안'(은평천사원 출판부)이란 단행본을 발간하였고, 같은 해에 한국청소년개발원에서 우리나라 최초 '청소년복지론'을 기획한 경험을 바탕으로 이 책을 집필하였다. 필자가 청소년복지에 관심을 가진 계기는 대학교 2학년 때인 1980년에 '다울중학원'(야학)에서 근로청소년을 만나면서 청소년의 욕구를 충족시키고, 청소년문제에 대한 대책으로 청소년복지를 구상하면서였다. 대학원에 다닐 때부터 한국복지정책연구소 연구원으로 일하였고, 1988년에 '한국 청소년정책에 관한 연구'를 통해 체육부에 청소년정책 전담부서를 설치하는 방안을 제안하였다.

이러한 연구업적을 바탕으로 1989년 7월부터 한국청소년연구원(이후 한국청소년개발원, 한국청소년정책연구원)에서 주임연구원(이후 연구위원)으로 일하면서 청소년정책을 개발하고 청소년학과 청소년복지학을 정립하는 데 매진하였다. 이 기간에 필자가 연구하여 국가정책으로 제도화시킨 것이 적지 않았다. 대표적으로 청소년상담사업 활성화 방안 연구는 한국청소년상담복지개발원-시·도청소년상담복지센터-시·군·구청소년상담복지센터의 설립·확대와 청소년상담사의 국가자격으로 제도화되었다. 가출청소년을 위해 청소년쉼터를 설립하자는 제안은 청소년쉼터(130개소)로 구현되었고, 청소년자원봉사센터의 설치방안 연구는 시·도청소년자원봉사센터로 제도화된 후 시·도청소년활동진흥센터로 발전되었다. 청소년육성법과 청소년종합계획에 대한 연구를 바탕으로 한국청소년기본계획을 수립하고, 이후 청소년기본법, 청소년보호법, 청소년복지지원법의 제정(과 개정)에 다양한 방식으로 참여할 수 있었다.

필자는 그동안 연구한 내용을 집대성하여 '디지털 청소년복지'에 담았고, 이후 20여 년간 청소년복지 분야의 변화를 반영시킬 수 있었다. 이 책을 꾸준히 개발·발전시킬 수 있었던 것은 1997년부터 광주대학교에서 청소년복지론을 강의하고, 2003년부터 경희사이버대학교에서 강의한 덕분이었다. 필자는 2002년에 '디지털 사회복지'를 개발한 이후 '디지털 청소년복지'를 준비하였는데, 경희사이버대학교 사회복지학과장인 엄규숙 교수가 2003학년 2학기부터 '청소년복지론' 강의를 요청하였다. 엄규숙 교수와는 참여연대 사회복지위원회에서 실행위원으로 활동하면서 알게되었다. 2001년부터 한국디지털대학교(현 고려사이버대학교)에서 사회복지개론을 강의하면서 '디지털 사회복지'를 개발한 경험이 있었기에 청소년복지론 강의안으로 동영상을 촬영한 후에 단행본으로 발간하였다. 통상 교재를 집필하고 주요 내용을 ppt로 제작하여 동영상을 촬영하는데, 필자는 강의안 ppt를 제작하면서 단행본을 집필하였다. 이후 3번 개정판을 냈기에 서점에 판매되는 책은 제4판이다.

디지털 청소년복지는 다른 교재와 달리 몇 가지 특징이 있다. 이 책은 이름 그대로 '디지털 방식'으로 개발되었다. 활자본 책이 나오기 전에 한국복지교육원 홈페이지에서 한글파일로 서비스되었고, 경희사이버대학교와 광주대학교에서 각각 전자책으로 출간되었다. 활자본 책의 개정판만큼이나 전자책도 여러 차례 개정되었다. 현재 이 책은 한글파일, pdf 파일, 단행본, 전자책, 동영상 등이 활발하게 유통되고 있다. 또한, 이 책은 학습자의 입장에서 집필되었다는 장

점도 있다. 본문에 관련 사이트를 자세히 소개하고, 각 장마다 자기평가와 과제, 단원 정리, 용어정리 등을 하여 독자가 체계적으로 학습할 수 있다. 학습자가 지식정보화사회에 맞는 방식으로 청소년복지를 공부하고, 청소년이 행복한 세상을 열어가는데 기여할 수 있도록 하였다.

이 책은 필자가 인간과복지에서 발간한 사회복지학의 대표적인 교재이고, 인간과복지가 사회복지학 전문출판사로 성장하는데 기여한 점에서 감사할 따름이다. 필자는 인간과복지에서 디지털 사회복지학개론, 디지털 청소년복지, '디지털 복지시대'를 출판하였다. '디지털 청소년복지'는 필자와 출판사가 동반 성장할 수 있는 기회를 준 책이다.

청소년문제와 청소년복지

이용교 외, 인간과복지, 2003.

필자는 광주대학교 사회복지학과(후에 학부)에서 전임 교수로 매년 1학기에는 사회복지학개론, 사회보장론, 2학기에는 청소년복지론 등을 강의하였다. 같은 학기에 학부에서 주간반, 야간반, 대학원에서 강의하면 학교에서 정한 최소 강의 시간을 훌쩍 넘겼다. 하지만, 다른 대학교에서 출강을 요청할 때 거절하기 어려운 경우가 많았다. 광주대학교 사회복지학부는 교수가 20명이 넘었지만, 다른 대학교 사회복지학과는 10명 미만인 경우가 많았다. 사회복지학 내에서 세부 전공을 한 교수진을 모두 갖춘 학교는 많지 않기에 품앗이로 강의하는 풍토가 있었다.

동신대학교 사회복지학과 조원탁 교수와의 인연으로 사회개발대학원에서 청소년복지론을 몇 학기 강의하였다. 양철호 교수가 관장으로 있는 동신대 종합사회복지관(월산동 소재)에서 강의하거나, 본교에서 강의하였다. 일주일에 한 번씩 나들이하면서 다른 학교의 학풍을 느낄 수 있는 좋은 기회였다.

2002학년도 제1학기에 사회개발대학원에서 '청소년복지론'을 강의하면서 박사과정 대학원생들과 '청소년문제와 청소년복지'를 함께 연구하기로 했다. 먼저 한국 사회에서 중요한 청소년문제이면서 사회복지사의 개입이 절실한 소재를 토론하였다. 많은 사람이 청소년문제를 "청소년이 일으키는 문제"로 보는 경향이 있는데, 청소년이 처한 어려운 상황, 청소년이 문제라고 인식하는 것도 청소년문제이다. 어떤 청소년문제는 청소년이 일으키는 문제이면서 청소년이 처한 상황이고, 청소년이 호소하는 문제와 연결될 수도 있다. 청소년문제에 대한 많은 연구가 청소년문제의 실태와 원인을 밝히는 데 집중하였는데, 우리는 청소년문제를 해결하거나 완화하여 청소년이 보다 행복하게 사는 세상을 열어가는 방안을 찾고자 했다.

수강생들은 논의를 거쳐서 청소년의 가출(김형수 광신대학 외래교수), 성매매(임성욱 광주광역시장애인종합복지관 관장), 집단따돌림(조준 동신대 외래교수), 학업 중퇴(남국희 쌍촌시영사회복지관 관장), 아르바이트(이형하 동신대 외래교수), 정신건강(박영석 광주 남구보건소 근무), 약물 오남용(김영자 목포과학대 교수), 자원봉사(정광익 광주보훈병원 의사) 등으로 주제를 압축하고 집필하였다. 대학원생 중에는 사회복지사뿐 아니라 보건소에서 일하는 공무원, 재활의학과 의사, 임상병리과 교수 등도 있었기에 선택한 주제를 보다 전문적으로 집필할 수 있었다.

과제물을 잘 수행하려면 담당 교수가 모범을 보여야 할 때가 많다. 필자는 2002년 청소년문화복지아카데미에 참석한 80여 명 대학생들에게 강의하면서 얻은 정보를 바탕으로 '청소년문제와 청소년복지'를 정리하였다. 전국에서 모인 대학생들이 생각하는 청소년문제는 무엇인지를 토론하고, 다양한 청소년문제를 해결하기 위한 복지정책이나 사업을 모색하였다. 또한, 2001년에 한국청소년학회에서 발제한 것을 수정하여 '소외 청소년의 인권문제와 개선 방향'으로 수록하였다.

필자는 참여연대의 창립 초기부터 사회복지위원회의 실행위원으로 참여하였다. 실행위원은 사회복지정책에 대한 의제를 제안하고, 이를 정책화시키는 일에 역점을 두고 활동했다. 평소에는 사회복지에 대한 다양한 담론을 형성하였고, 지방선거, 총선, 대선에서는 복지정책을 제안하였다. 2002년 지방선거를 앞두고 필자가 참여연대 사회복지위원회를 통해 제안한 아동·청소년복지분야 '지방선거 공약'과 2002년 대선 때 제안한 '사회복지정책 개혁안'도 첨부하여 책의 내용을 풍성하게 하였다.

과제물을 부과할 때는 단행본으로 출판을 다소 의심하던 사람들도 출판이 구현되면서 열심히 참여했다. 수강생들은 매주 돌아가면서 자신이 연구한 내용을 발표하고 토론한 후 학기 말에 최종보고서를 제출하였다. 이후 대학원생으로 구성된 편집위원들이 문장을 다듬고 인간과복지에서 출판했다. 집필자들은 대학교에서 전임교수로 일하거나 외래교수로 강의하였기에 이 책을 청소년복지론의 교재 혹은 부교재로 널리 활용하였다. 이 책의 발간은 집필자들 사이에 오랫동안 멋진 추억거리로 회자되었다.

한국청소년복지

이용교, 학현사, 2004.

이 책은 필자가 쓴 '한국 청소년복지의 현실과 대안'(1993년)이 출판된 지 10여 년이 지난 후에 발간되었다. 그 10년 사이에 한국 청소년복지계는 큰 변화가 있었다. 1998년에 창설된 한국청소년복지학회는 매년 봄과 가을에 학술대회를 개최하고, 학술지에 수많은 논문을 게재하였다. 학회는 각 시기마다 이슈가 되는 주제를 잡아서 학술토론회를 개최하고, 이때 나온 의제를 정책화시켰다.

2004년에는 청소년복지지원법이 제정되었고, 청소년쉼터를 포함한 청소년복지시설에 대한 정부의 지원도 보다 체계화되었다. 이러한 환경 변화로 사회복지학을 공부하는 대학생을 위한 교재로 청소년복지론이 여러 종이 발간되었고, 필자도 '디지털 청소년복지'(2004년)를 발간하였다.

하지만, 한국 청소년복지의 상황을 체계적으로 살피고 그 대안을 제시한 책은 그리 많지 않았다. 필자는 정부와 연구기관, 청소년기관·단체와 학술단체의 요청으로 청소년복지에 관한 다양한 연구를 수행하였다. 이렇게 발표된 글은 해당 행사의 참가자나 관련 전문가가 아니면 찾아보기 어렵다는 아쉬움이 컸다.

이에 필자는 '한국 청소년복지의 현실과 대안' 이후에 집필한 논문을 모아서 '한국청소년복지'로 출판하였다. 이 책에서는 저소득층 청소년을 위한 공부방, 가출청소년을 위한 쉼터, 대리양육이 필요한 아동·청소년을 위한 그룹홈, 아동양육시설의 퇴소자 등을 다루었다. 또한, 학업 중단 청소년의 학습기회 제공, 아르바이트 청소년의 노동권 보장, 청소년 봉사활동, 청소년 문제행동과 예방대책, 원조교제, 대선에서 주요 정당의 아동·청소년복지 공약, 청소년복지 지원법의 한계와 과제 등도 다루었다.

이러한 글은 청탁으로 작성되었는데, 연구비와 발표할 기회를 준 기관과 단체 그리고 관계자 여러분께 다시 한번 감사드린다. 필자는 한국적 상황에 맞는 대안을 찾고자 노력했다. 미국이나 일본 등 다른 나라의 책에 나온 이야기가 아닌 한국 상황을 분석하고 대안을 모색하고자 했다. 그러한 노력으로 가출청소년을 위한 청소년 쉼터를 제안하였고, 청소년쉼터의 설립 이후에는 일시·단기·중장기 보호를 위한 발전방안을 제시하였다. 한때 정부가 비인가시설이라고 규제했던 소규모 아동·청소년복지시설인 공동생활가정의 역할을 공표하고, 시범사업과 법령의 개정을 통해 예산 지원을 받을 수 있도록 하였다. 청소년이 행복하게 살 수 있도록 함께 연구하고 정책을 제안하며, 열정적으로 실천한 사회복지사, 청소년지도사, 청소년상담사 여러분의 덕분이었다.

연구보고서, 학술지, 발표자료집 등에 흩어져 있는 자료를 잘 모아서 단행본으로 발간하게 된 것은 '학현사'의 공헌이 컸다. 필자는 출판사에 대학생을 위한 교재만 발간할 것이 아니라, 논문을 모아서 연구서를 출판하며, 일반 시민을 위한 대중 서적도 발간할 것을 요구하였다. 연구서는 지금 당장 많이 판매되지 않지만, 오랫동안 팔릴 수도 있고, 학문 발전을 위한 주춧돌이기 때문이다. 전문 서적과 대중 서적이 공존해야 독자를 늘리고, 두터운 독자층을 바탕으로 해당 학문과 실천 영역이 발전할 수 있기 때문이다. 예컨대, 교육학 책이 대학생을 위한 교재만 있고, 교육의 역사와 실천을 연구한 서적이 별로 없고, 사람들이 손쉽게 읽을 수 있는 교육 도서가 없다고 가정할 수 있을까? 의학책이 의과대학생만을 위한 교재만 있고, 연구서나 건강에 관심 있는 시민이 읽을 수 있는 건강 서적이 없다고 가정할 수 있을까?

그런데, 2000년대 초반만 하더라도 대형서점에서 '사회복지학 코너'를 보면 대학 교재와 사회복지사 1급 수험서가 대부분을 차지했다. 사회복지학을 공부하는 대학생조차도 읽을 만한 연구서나 대중서도 많지 않았다. 이때 필자가 쓴 '한국청소년복지'는 한국 청소년복지계가 직면한 다양한 이슈를 다룬 연구서라는 점에서 의미가 컸다. 이 책을 발행해준 학현사와 관계자 그리고 독자 여러분께 다시 한번 감사드린다.

청소년쉼터

이용교 외, 광주대학교 출판부, 2006.

필자는 '청소년쉼터'와 깊은 인연이 있다. 1991년 서울 YMCA가 개최한 '가출청소년 어디로 가는가?'란 세미나에서 가출청소년을 위해 청소년쉼터를 설치·운영할 것을 대한민국 최초로 제안했다. 이후 청소년쉼터의 설립과 발전을 위해 다양한 연구를 수행했다.

Albert R. Roberts가 쓴 Runaways and Non-Runaways를 청주대학교 나동석 교수와 번역하여 '가출청소년연구'로 출판하면서 청소년쉼터를 한국에도 설치하면 좋겠다고 생각했다. 한국청소년연구원에서 '한국청소년기본계획'(1991)의 수립에 참여하고, 청소년복지 향상을 위해 청소년쉼터의 설립 계획을 집필하였다. '청소년쉼터'란 낱말조차 생소할 때, 청소년쉼터를 제안하고, 이를 국가 계획에 반영시켰고 마침내 청소년복지시설의 하나로 정립시켰다.

청소년기본계획의 수립을 주도한 체육청소년부 청소년정책조정실 조영승 실장은 "쉼터라는 것이 길가의 작은 공원 혹은 그늘막 같은 것인데, 청소년용을 따로 만들 필요가 있느냐?"라고 물었다. 이에 필자는 "쉼터는 영어의 shelter를 번역한 낱말로 피난처, 은신처

라는 뜻인데 한국에는 매 맞는 여성을 위한 쉼터는 있지만 가출청소년을 위한 쉼터는 아직 없다"고 답변하였다.

당시 서울YMCA 청소년상담실(한명섭 실장, 이명희 간사)은 가출청소년을 보호하고 지원하기 위해 청소년쉼터의 설립에 깊은 관심을 가졌다. 1992년에 체육청소년부로부터 청소년육성기금을 지원받고 자체 예산을 포함하여 종로구 가회동에 단독주택(2층집)을 임대하여 청소년쉼터(한명섭 소장)를 개설하였다. 이는 민간기관이 청소년 가출과 비행을 예방하고, 가출청소년의 긴급생활지원, 상담과 교육, 가정·사회로의 복귀 등을 위해 최초로 설립한 것이었다.

1992년에 설립된 청소년쉼터는 한동안 1개소 밖에 없었는데, 몇 년 후부터 수도권에 주로 종교기관에 의해 몇 개 설립되었고, 1997년 외환위기 이후에 전국 주요 도시에 설치되었다. 서울YMCA 청소년쉼터는 1층에 사무실과 여자 숙소, 2층에 여가 공간과 남자 숙소가 배치되었다. 운영하는 도중에 남녀 청소년이 한 공간에서 살 때 생활지도에 어려움이 생겨 여자청소년쉼터로 한정되고, 이후 청소년쉼터는 여자청소년쉼터와 남자청소년쉼터로 구분하여 개설되었다.

또한, 초기에 청소년쉼터는 10일 이내로 짧게 보호하고 가정 복귀를 우선으로 하였다. 시간이 갈수록 부모의 이혼, 별거, 사망 등으로 사실상 돌아살 집이 없는 청소년이 늘어나면서 학업이나 취업을 통한 자립 시까지 보호하는 중장기청소년쉼터가 늘어났다. 중장기청소년쉼터는 국가와 지방자치단체가 설립하고 청소년단체 등에 위탁한 경우가 일반적이었다. 따라서 청소년쉼터는 각 시·도에 4가지 유형을 한 개씩만 설치되어도 전국에 60여 개소가 되고, 수도권 등

인구가 많은 지역은 더 필요하게 되었다.

국가는 가출청소년을 제도적으로 지원하기 위하여 청소년기본법에 청소년쉼터의 설립과 운영에 관한 조항을 신설하였고, 2004년에 청소년복지지원법을 제정하였다. 때마침 2005년 4월에 국무총리 청소년보호위원회와 문화관광부 청소년국이 통합되어 청소년위원회(이후 국가청소년위원회)가 발족되었다. 이에 청소년위원회는 '청소년보호시설 설치 및 운영기준 마련을 위한 연구'를 의뢰하였다.

연구진은 이용교 교수가 연구책임자를 맡고, 부산광역시청소년종합지원센터 소장을 겸한 신라대 홍봉선 교수, 광주광역시청소년쉼터 책임상담원으로 일한 바 있는 초당대 정경은 교수, 대전광역시 남자·여자 청소년쉼터 소장으로 일하며 최초로 드롭인 센터를 운영한 적이 있는 대전상담연구소 윤현영 소장이 공동연구원으로 참여했다. 연구진은 청소년쉼터의 상황을 잘 알고, 전국 청소년쉼터와 관계망이 좋은 사람들이었기에 실질적으로 연구하였다.

2005년에 전국 청소년쉼터에 설문조사를 하고 우수 쉼터를 방문하여 자료수집을 하며, 국내외 문헌을 검토하여 연구보고서를 제출하였다. 청소년쉼터의 유형을 크게 3가지(일시청소년쉼터, 단기청소년쉼터, 중장기청소년쉼터)로 나누고 중장기쉼터는 전환형쉼터(중기쉼터), 가족형쉼터(장기쉼터), 자립형쉼터, 치료형쉼터 등으로 세분할 것을 제안하였다. 청소년쉼터의 시설, 인력, 서비스, 전달체계, 평가 등에 대한 기준을 모색하며 종합적인 발전방안을 제시하였다.

이 연구는 청소년위원회가 위기청소년을 돕는 다양한 정책을 수립하고 집행하는데 크게 기여하였다. 당시 가출청소년 중 지적장애 혹은 정신질환을 가진 청소년은 개별 청소년쉼터에서 감당하기 어려운 상황이었다. 이에 전국적인 수준에서 치료형쉼터가 필요하다는 여론이 조성되었다. 청소년복지지원법에 청소년치료재활센터가 규정되었지만, 2005년 4월에야 국가청소년위원회의 추진과제로 채택되고 상당 기간 진척되지 않았다. 정부(여성가족부)가 2010년 9월부터 2012년 6월까지 국립중앙청소년디딤센터를 건립하였고, 그해 7월에 한국청소년희망재단이 수탁 운영한 것은 현장의 목소리를 반영한 결과물이다.

이 책은 청소년위원회에 보고서로 제출한 내용 중에서 가출청소년의 복지에 관심 있는 연구자와 실무자에게 꼭 필요한 자료를 재구성하여 광주대학교 출판부에서 발간되었다. 필자는 연구용역사업을 수행하면 발주처에 보고하는 것으로 종료하는 것을 안타깝게 여기고 단행본으로 발행한 경우가 많았다. 돈이 더 들더라도 단행본을 발행하면 좀 더 많은 사람이 읽고 해당 분야를 발전시킬 수 있기 때문이다.

한국청소년복지론

이용교, 정민사, 2012.

이 책은 필자의 행복한 연구 생활의 결과물이었다. 필자는 2004년에 학현사의 요청으로 '한국청소년복지'를 발간하였는데, 이 책에는 청소년복지를 연구하고 정부에 청소년정책을 제안한 글이 많이 실렸다. 이 출판사는 시간이 많이 지났으니 변화를 반영하여 개정판을 내면 좋겠다고 제안하였다.

이에 필자는 2004년 이후에 쓴 글을 모아 새 책으로 내는 것이 좋겠다고 답변했다. 청소년복지의 환경이 크게 바뀌었기에 기존 책을 개정하는 것보다 새 원고로 단행본을 내는 것이 유의미했기 때문이었다. 예컨대, 2004년에 아동복지법이 개정되어 '지역아동센터'가 법제화되었고, 폭발적으로 늘어 전국에 약 4천 개소가 되었다. 아동양육시설은 점차 소규모화되고 공동생활가정, 가정위탁, 국내입양과 같은 가정형 복지도 주목을 받았다. 청소년복지 관련 이슈도 성폭력 생존자, 미혼모 교육권, 새터청소년, 무직청소년, 유해환경으로부터 청소년보호 등으로 다변화되었다.

한국 사회는 1997년 외환위기를 겪으면서 가정이 많이 해체되었고, 2008년 세계 금융위기로 학대받는 아동, 학교폭력의 피해자 등 복합적인 욕구를 가진 아동·청소년이 더욱 늘었다. 이러한 아동·청소년을 학교에서 통합 관리해야 한다는 목소리를 반영하여 참여정부는 '교육복지투자우선지역지원사업'(이후 교육복지우선지원사업)을 기획하고, 시범 학교에 지역사회교육전문가(이후 교육복지사, 학교사회복지사 등으로 불림)를 배치하였다. 또한, 이명박 정부는 정권 초기에 보건복지가족부에 아동정책과 청소년정책을 통합하고, 이를 위해 아동복지법과 청소년기본법, 청소년복지지원법 등을 통합하여 아동·청소년기본법, 아동·청소년복지법 등으로 개정을 준비하였다. 필자는 다양한 청소년복지정책이나 사업을 기획하거나 평가하는 데 참여하였고, 이를 관련 단체와 전문가들에게 발표와 토론을 통해 알릴 기회가 많았다.

이 책에 담긴 글은 필자가 그 역사적 현장에서 발표한 내용이다. 책으로 엮으면서 가급적 원문을 살리고 중복된 내용을 다듬었다. 이러한 활동이 계기가 되어 청소년쉼터가 전문화되고, 지역아동센터 인력의 역량이 강화되었으며, 아동복지시설에서 권리에 기반한 서비스가 확충되고, 학교에서 교육복지가 더욱 발전되었다. 이 모든 것은 이 땅의 아동·청소년의 행복 증진에 크게 기여하였고, 연구자에게도 행복감을 안겨주었다.

필자에게 연구비를 주고 발표할 기회를 준 기관과 단체, 관계자 여러분께 다시 한번 감사드립니다. 연구비를 지원한 한국청소년정책연구원(전 한국청소년개발원), 1318해피존사업단, 보건복지부, 국가인권위원회, 광주광역시 등에 감사드리고, 발표할 기회를 준 지역아동센터 중앙지원단, 한국아동단체협의회, 한국아동청소년그룹홈협의회, 광주광역시교육청, 한국청소년복지학회, 한국시민청소년학회, 사회복지공동모금회 등에 감사드린다. 언급하지 않은 수많은 기관과 단체가 물심양면으로 지원하였는데, 특별히 함께 행사를 준비한 관계자 여러분에게 감사드린다.

필자의 '한국청소년복지'(2004)를 출판한 학현사와 '한국청소년복지론'(2012)을 출판한 정민사는 양서원과 뿌리를 함께 하고, 공동체 등도 한 근원에서 나왔다. 지난 반세기 이상 출판사 관계자들이 연구실에 찾아와서 발간한 책을 소개하고, 원고를 청탁하며, 원고를 멋진 책으로 출판해준 것에 대해 감사드린다. 교재 원고는 출판사의 수익에 도움이 되지만, 논문을 엮은 책은 수요가 많지 않은데도 출간해준 것은 "출판을 통해 육영사업을 하겠다"는 출판인들의 의지 덕분이다. 어떤 출판사가 연구서 등을 발간해주면 대학 교재나 일반인도 볼 수 있는 단행본으로 보답하였지만, 교재를 집필하기는 쉽지 않기에 빚을 제대로 갚지 못한 경우도 많았다.

사회복지학

한국 사회보장제도의 재조명

중앙대학교 사회복지학과 편, 한국복지정책연구소, 1992.

이 책은 중앙대학교 사회복지학과 창설 30주년을 맞이하여 학과 교수진과 졸업생들이 만든 것이다. 중앙대 사회복지학과는 사회복지정책을 중심으로 한국형 사회복지의 틀을 제시한 것으로 유명했다. 학과 창설 30주년을 기념하여 복지국가의 초석을 놓는 자세로 이 책을 발간하였다. 주요 내용과 집필자는 다음과 같다.

이 책은 서론, 사회보험, 공공부조, 사회복지서비스, 사회복지 관련 사업, 각국의 사회보장 등 6편으로 구성되었다. 제1편 서론은 사회보장제도의 발달과 과제(김영모 중앙대 교수); 제2편 사회보험은 의료보험(이광찬 원광대 교수), 연금제도(김근조 중앙공무원교육원 교수·오근식 국민연금관리공단 기획조사실장), 산업재해보상보험(심재호 중앙대 강사), 고용보험(이근창 경기대 교수); 제3편 공적부조는 생활보호(원석조 원광대 교수), 의료보호(조원탁 중앙대 박사과정)로 구성되었다. 제4편 사회복지서비스는 아동복지(표갑수 청주대 교수), 청소년복지(이용교 한국청소년연구원 주임연구원), 노인복지(최경석 중앙대 교수), 장애인복지(나동석 청주대 교수), 여성복지(이근홍 협성신학대 교수), 모자복지(김성천 원광대 교수), 부랑인복지(정종우 성공회신학대 교수), 교정사회사업(김형방 상지대 교수), 산업복지(함철호 국립사회복지연수원 교수); 제5편 사회복지 관련 사업은 사회복지시설(권오구 대한기독교신학대 교수), 사회복지관(김종길 북부종합사회복지관 관장), 지역사회복지협의회(정철수 한국사회복지협의회 사무총장), 공동모금(권오득 노동부 인천직할시 지방노동위원회 부위원장), 상호부조(최현숙 상지대 교수), 퇴직금제도(이근창); 제6편 각국의 사회보장은 Social Welfare in North Korea(김형식 호주 Edith Cowan대 교수), 한·일 사회보장제도의 비교연구(송정부 상지대 교수), 영국과 한국의 사회보장제도 비교(인경석 보건사회부 국장), 영국 복지국가의 이상과 현실(이효선 중앙대 교수), 미국과 한국의 사회보험제도(최우길 한신대 교수)로 구성되었다.

중앙대학교 사회복지학과 창설 30주년 기념으로 만든 다른 한 권은 '한국 사회복지학의 평가'이다. 두 권은 대학교에서 사회복지정책이나 사회복지세미나 강좌의 교재로 널리 활용되었고, 한국 사회보장제도의 재조명은 1993년에 재판이 발간되었다.

한국 사회복지학의 평가

중앙대학교 사회복지학과 편, 한국복지정책연구소, 1992.

중앙대학교 사회복지학과는 창설 30주년을 기념하여 두 권의 책을 발간하였다. 첫 번째 책은 '한국 사회보장제도의 재조명'이었고, 두 번째 책은 '한국 사회복지학의 평가'이었다. 중앙대 사회사업학과(이후 사회복지학과로 개칭)는 1963년에 첫 입학생이 들어온 이후 한국형 사회복지를 개척하였다.

대표적으로 1960년대 아동복지제도(아동보호소, 탁아소)의 개선, 1970년대 사회복지학과로 개칭, 새마을운동의 한국형 지역사회개발로, 1980년대 한국사회복지학회의 창설, 통합주의 의료보험제도의 개발, 낭비적인 생활보호제도의 개선, 사회복지전달체계(복지사무소)의 구현 등을 위한 개척자적 노력과 지도적 역량을 발휘하였다. "중앙대학교 하면 사회복지정책"이라 할 정도로 새로운 학풍을 형성하였다.

학과 창설 30주년을 맞이하여 학과 교수와 동문이 사회복지학의 학문적 성과를 성찰하고 연구 동향을 분석하여 방향을 모색하고자 이 책을 집필하였다. 사회복지학의 모든 분야를 포괄하고자 했지만, 해당 분야 연구가 일천하거나 집필자가 마감을 지키지 못하여 15개 장으로 제작되었다.

각 장의 내용과 집필자는 사회복지학의 발전과 과제(김영모 중앙대 교수), 의료보험(원석조 원광대 교수), 의료보호(이경민 상지전문대 강사), 사회복지서비스의 제견해(송정부 상지대 교수), 아동복지(표갑수 청주대 교수), 청소년복지(이용교 한국청소년연구원 주임연구원), 여성복지(임미순 청주대 강사), 부랑인복지(정종우 성공회신학대 교수), 의료사회사업(나동석 상지대 교수), 자원봉사(조휘일 서울여자대 교수), 주택정책(김종천 협성신학대 교수), 노사협의체(지은구 중앙대 대학원 졸업), 사회복지관(이영철 광주대 교수), 사회복지교육(김병무 공주대 교수), The Community Approach to Problems of Urban Poverty(지양진 중앙대 교수) 등이었다.

필자는 '청소년복지'를 집필하였고, 이 원고 작성을 계기로 이후 '한국의 아동복지학'(2000)을 기획할 수 있었다. 이 책은 한국의 아동복지학의 연구성과를 분석하고 대안을 모색한 것이다. 한편, 한국 사회복지학의 평가에 수록된 청소년복지와 한국 사회보장제도의 재조명에 수록된 청소년복지는 필자가 만든 '한국 청소년복지의 현실과 대안'(1993)에 수록되었다.

제2기 사회복지학교

조흥식 외, 참여민주사회시민연대 사회복지위원회, 1995.

1994년 9월 10일에 창립된 참여민주사회시민연대(현 참여연대)는 정책실에 사회복지위원회를 두고 '국민생활최저선 확보 운동'을 열정적으로 수행했다. 회원과 시민을 위한 제2기 사회복지학교는 1995년 8월 26일부터 11월 11일까지 입학식과 졸업식을 제외하고 하루 2시간씩 12회 강의와 토론으로 이루어졌다. 다룬 주제와 교수진은 다음과 같고(자료집 내용에 따름), 주로 참여연대 사회복지위원회 실행위원이 강의하였다.

우리의 사회복지 현실과 국민생활최저선 보장(조흥식 서울대 교수, 위원장), 생활보호(김인숙 가톨릭대 교수), 연금제도(김연명 상지대 교수), 산재보험(정무성 서울신학대 교수), 수당제도(윤찬영 전주대 교수), 보건의료부문의 국민생활최저선(조홍준 울산대 교수), 고용보험(문진영 성공회대 교수), 주거보상(서종균 한국도시연구소 연구원), 복지지향 교육정책과 교육보장(이기범 숙명여대 교수), 사회복지학교에 대한 중간평가(조흥식 교수 등), 사회복지 서비스- 영·유아복지서비스(황병순 경주전문대 교수), 아동과 청소년복지(이용교 한국청소년개발원 연구위원), 여성복지 최저선(남윤주 펜실바니아대 석사과정), 노인복지(김동배 연세대 교수), 장애인복지(김정열 장애우권익문제연구소 실장), 사회복지시설(정병오 중앙대 강사), 사회복지예산의 현황과 과제(이영환 성공회대 교수), 국민생활최저선 실현을 위한 사회복지전달체계의 완비(이인재 한신대 교수), 사회복지법(이찬진 변호사), 사회복지운동의 의의와 과제(김기식 부장) 등으로 구성되었다.

필자는 '어린이와 청소년이 더불어 사는 사회'를 만들기 위해 우리 아이들의 삶의 질은 어떤 수준인가, 가난한 아이들도 꿈을 펼 수 있는 사회, 적성에 맞는 공부를 할 수 있는 사회, 아이들의 인권이 존중되는 사회, 아이들의 생활공동체를 존중하는 사회를 제안하였다. 이 주제를 우리복지시민연합(대구), 참여자치21(광주) 등 지역복지운동단체가 주최한 아카데미 등에서도 강의하였다.

참여연대 사회복지학교는 국민기초생활보장법의 제정 등에 원동력이 되었다. 이후 참여연대는 대학생과 청년 사회복지사를 위한 '청년사회복지학교'를 개설하였다. 한국복지교육원은 복지학교를 후원하고 그 강의 영상으로 온라인학교를 운영하였다.

1994년에 304명의 회원으로 출발했던 참여연대는 2024년에 1만7천 명의 회원과 함께 창립 30주년을 맞아 향후 5대 주요 의제로 권력기관 권한 오남용 저지와 주권자가 참여하는 정치, 불평등 완화와 돌봄복지, 평화실현과 다양성 보장, 기후위기 대응과 정의로운 전환, 디지털 자본주의와 빅테크 감시 등을 공표했다.

재미있는 자원봉사 길라잡이

이용교, 이혜연, 서울미디어, 1996.

필자가 한국청소년개발원 복지환경실장으로 일할 때 이혜연 연구원과 함께 이 책을 집필하였다. 1995년 5·31 교육개혁은 서울특별시교육청 등에서 시범적으로 장려한 중·고등학생 봉사활동을 1996년부터 의무화하는 내용을 담았다. 1994년 중앙일보에서 시작한 자원봉사캠페인은 미국의 봉사학습을 한국에 도입하도록 촉발시켰다. 필자는 1996년부터 중·고등학생의 봉사활동이 의무화될 것에 대비하여 청소년기본법을 개정하여 국가와 지방자치단체가 '청소년자원봉사센터의 설치·운영'을 지원하도록 제안하였다.

필자는 중·고등학생이 일회성 캠페인활동이나 사회복지시설을 방문하는 봉사활동을 넘어 지속 가능한 활동을 하도록 이 책을 집필하였다. 1994년에 '지역사회봉사활동'을 연구한 이혜연 연구원과 함께 청소년이 봉사활동을 통해 '공동체 의식'을 형성할 계기를 만들고자 했다. 입시 위주의 교육환경에서 중·고등학생이 보다 체계적으로 봉사활동을 할 수 있도록 다음 네 가지에 역점을 두었다. '컴퓨터 서당'과 같이 중·고등학생이 어른보다 잘 할 수 있는 봉사활동, 지역사회에 관심을 가지고 아동·주부·노인 등 다른 세대를 돕는 봉사활동, 지속적으로 할 수 있는 봉사활동, 청소년과 청소년을 지도하는 교사나 학부모와 함께 할 수 있는 봉사활동을 제안하였다.

이 책은 6개 장으로 구성되었다. 1장 '되로 주고 말로 받는 봉사활동'에서 봉사활동의 개념과 의미를 다루었다. 2장부터 5장까지는 학교에서, 복지시설에서, 동네에서, 자연 속에서 할 수 있는 봉사활동을 담고, 6장은 '해외 자원봉사활동 현황'을 소개하였다. 그동안 중·고등학생의 봉사활동은 교내에서 하거나 사회복지시설을 방문하는 것이 대부분이었는데, 이 책은 지역사회와 자연 속에서 실천할 수 있는 봉사활동을 널리 소개했다. 예컨대, 청소년이 동네에서 봉사활동 지도 만들기, 어머니 컴맹에서 탈출하기, 책을 읽어 주는 청소년, 청소년 봉사활동 신문 등을 제안하였다. 자연 속에서 할 수 있는 봉사활동으로 생명의 젖줄 살리기, 푸른 산 깨끗한 바다 등을 제안하였다.

이 책의 발간을 계기로 필자는 교육방송EBS의 '청소년 자원봉사대' 프로그램의 패널로 참여했다. 또한, 보건복지부의 지원으로 한국사회복지협의회가 '자원봉사프로그램백과'를 발간할 때 연구개발진과 집필자로 참여했다. 필자는 시·도청소년자원봉사센터의 직원을 교육하고, 자원봉사센터협의회가 주최한 행사의 단골 발표자가 되었다. 청소년 봉사활동의 붐이 일어나면서 사회 각 분야로 널리 확산되었다. 1996년부터 행정안전부 산하의 자원봉사센터가 일부 기초자치단체에 설립되었고, 점차 전국 모든 자치단체에 설립되며, 한국중앙자원봉사센터가 설립되는 등 자원봉사활동이 제도화되었다.

사회사업사전

중앙사회복지연구회 역, 이론과실천, 1996.

미국인 Robert L. Barker는 사회사업에 관한 용어와 개념, 조직, 역사적 사건 그리고 가치관 등을 간결하게 이해할 수 있도록 '사회사업사전Social Work Dictionary'을 간행하였다. 이 사전에 수록된 3,000개 이상의 용어들은 사회사업 행정, 조사, 정책개발과 계획, 지역사회조직, 인간성장과 발달, 건강과 정신건강, 거시적 또는 미시적 사회사업, 임상적 실무 이론과 실무에서 사용되는 사회사업의 가치와 윤리 그리고 역사의 발전 등과 관련된 것들이었다.

미국에서 1987년에 발간된 사회사업사전을 중앙대학교(대학원 포함)에서 사회복지학을 공부한 학자 모임인 중앙사회복지연구회가 1995년에 번역하였다. 송정부 상지대 교수가 제안하고, 표갑수 청주대 교수가 번역을 지휘하였으며, 김형방 상지대 교수가 위원장을 맡아서 여러 회원이 번역하였다. 김형식 중앙대 교수가 원고를 교열하고, 최경석 중앙대 교수가 전반적인 과정을 챙겼다. 필자는 중앙사회복지연구회 총무로서 전체 원고 간의 통일을 기하고, 이론과실천에서 만든 교정지를 여러 차례 교정하여 단행본으로 출간하도록 뒷받침했다.

소규모 아동복지시설 연구

이태수, 함철호, 이용교, 인간과복지, 1997.

이 책은 천주교 살레시오수도회의 지원으로 1996년부터 연구되어 1997년 3월에 최종보고서로 발간되었다. 살레시오수도회는 보호가 필요한 아동과 청소년을 위해 서울·광주·대전 등에서 '나눔의집'을 운영하고, 살레시오여자수도회도 서울·전남 장성 등에서 '나자렛집'을 운영하였다.

보호자가 없는 고아 등 요보호아동은 생활보호법, 아동복지법에 따라 아동양육시설에서 보호받을 수 있었지만, 명목상 보호자가 있으면 사회복지시설 입소가 거의 불가능했다. 즉, 부모의 이혼과 별거, 장기 입원, 수감생활 등 다양한 이유로 보호가 필요한 아동은 아동양육시설에 입소가 어려웠다.

여러 가지 이유로 부모(보호자)의 양육을 받지 못한 아동을 교회, 성당, 사찰 등 종교시설에서 혹은 종교인이 소규모로 돌보는 경우가 많았다. 이러한 곳은 그룹홈, 아동그룹홈, 아동·청소년그룹홈, 소공동체, 소규모시설 등으로 불렸다. 법적으로 '무허가 시설' 혹은 '비인가 시설'로 인식되었지만, 정부가 해야 할 일을 대신한다고 본 시민들이 후원금을 내거나 일손을 도와주었다.

그런데, 원주 치악산 밑에 세워진 '소쩍새마을'이 1992년에 언론(SBS 등)에 소개되어 많은 후원금을 모았고, 1995년 7월 4일 MBC PD수첩에 '소쩍새마을의 진실'이 방영되면서 무허가 시설의 후원금 횡령이 사회문제화되었다. 이에 정부는 비인가 시설에 대해 일제조사를 하고, 시설 운영자에게 법적 기준을 갖추어서 인가를 받거나 자진 폐쇄하도록 '계고장'을 발송하였다.

가정형 아동복지시설은 법적으로 부모가 있다는 이유로 아동양육시설의 입소를 거부당했거나 입소가 가능하더라도 살고 싶은 아동을 보호하길 희망하였다. 나눔의 집을 운영하는 살레시오수도회는 이태수(국립사회복지연수원 교수, 연구책임자)·함철호(연수원 교수)·이용교(한국청소년개발원 연구위원) 연구팀에게 소규모 아동복지시설의 실태와 발전방안 연구를 의뢰했다.

최종보고서는 제1편에서 한국의 소규모 아동복지시설을 연구하고, 제2편에서 외국의 소규모 아동복지시설을 소개하였다. 연구진은 연구계획서를 쓸 때 소규모 아동복지시설의 운영실태를 파악한 후에 활성화 방안을 제시하고, '나눔의집'을 사례 연구하며 일본, 미국, 영국, 호주 등 외국의 관련 제도를 소개하고자 하였다. 소규모 아동복지시설에 대한 실태조사는 운영자용 설문지와 아동용 설문지를 통한 자기 응답식으로 설계되었다.

그런데, 연구진 회의에서 함철호 교수가 아동용 설문시에 '사회적 거리감' 문항을 추가하고, 같은 내용을 법인이 운영하는 아동양육시설 아동에게도 물으면 좋겠다고 제안했다. 설문조사 결과 양육의 기본 조건인 의식주, 일상생활, 공부 면에서 소규모 시설의 아동이 법인 시설 아동보다 더 '긍정적'인 것으로 나타났다. 아동의 생활

만족도와 '의지할 사람의 존재 여부'에서 소규모 시설 아동이 법인 시설보다 높다는 것은 아동복지를 어떻게 실천할지에 대한 영감을 주었다.

외국의 소규모 시설에 대한 연구는 주로 문헌 연구로 이루어졌다. 필자는 일본의 아동양호시설과 공동생활가정을 탐방한 경험을 바탕으로 소규모 아동복지시설의 활성화 방안을 구체적으로 제시하였다. 1994년 1월에 일본의 아동양호시설(한국의 아동양육시설)인 '희망의집'을 방문하여 10여 일간 살면서 부설 가정형 아동시설(한국의 공동생활가정), 지역사회에 있는 아동관, 모자원, 아동상담소, 동경도청 등을 방문하여 시설·기관 간 협력관계를 파악하였기에 이 책에 수록하였다.

연구진은 살레시오수도회와 함께 서울 명동성당 옆 카톨릭회관에서 전국 소규모 아동복지시설 시설장 등을 초대하여 정책토론회를 개최하였다. 지정토론자로 참석한 보건복지부 복지정책과 장재혁 사무관은 소규모 시설의 아동이 '시설 성원 간의 응집력'이 높다는 연구 결과에 깊은 관심을 갖고 소규모 시설에 대한 지원사업을 시범적으로 추진하겠다고 약속했다. 보건복지부는 이 정책토론회를 계기로 '나눔의집' 등에 시범적으로 예산 지원을 시작했고, 2004년 아동복지법을 개정할 때 '공동생활가정'을 아동복지시설의 하나로 제도화시켰다.

이처럼 '소규모 아동복지시설 연구'는 비인가 아동복지시설을 폐쇄하려는 정부의 시책이 계기가 되어 살레시오수도회의 용역사업으로 시작되었다. 연구진은 소규모 아동복지시설에 대한 연구에 한정하지 않고, 법인이 운영하는 아동복지시설과 비교연구를 하였다. 이 연구를 계기로 정부는 소규모 아동복지시설에 대한 시범사업을 시작하고, 아동복지법을 개정하여 공동생활가정을 제도화시켰다. 아동을 위한 공동생활가정은 이후 장애인공동생활가정, 노인공동생활가정, 노인요양공동생활가정의 제도화에도 많은 영향을 주었다.

이 연구진은 살레시오수도회와 협의하여 통상적인 '연구보고서' 대신에 단행본을 납품했다. 단행본의 일부는 서점에서 판매되었기에 수많은 독자가 이 책을 읽고 활용할 수 있었다. 연구비를 지원해준 살레시오수도회와 단행본을 출판한 인간과복지에 감사드린다. 정부의 지원이 없는 상태에서 소규모 아동복지시설을 헌신적으로 운영한 시설장과 설문조사에 응답해준 아동·청소년 덕분에 이 연구가 가능했다. 이 연구로 말미암아 소규모 아동복지시설이 정부의 지원을 제도적으로 받게 되고 공동생활가정의 아동·청소년이 보다 행복하게 살게 된 것을 큰 보람으로 생각한다.

* 이 연구 중 일부는 학회지에 수록되었다. 함철호, 이태수, 이용교, 아동복지시설의 양육상태와 심리적 환경에 대한 비교-소규모시설 아동과 법인시설 아동 간의 태도 차이-, 한국사회복지학 제31권, 한국사회복지학회, 1997. pp. 459-488.

한국 사회복지와 불평등

고헌 김영모 박사 화갑기념논문집간행위원회, 일조각, 1997.

고헌 김영모 박사는 1966년에 중앙대학교 사회사업학과(이후 사회복지학과) 교수로 취임하여 학문연구와 후진 교육에 전념하였다. 김영모 박사의 회갑을 기념한 논문집은 사회복지와 불평등의 관계를 사회보험, 공적부조, 사회서비스 등에서 체계적으로 분석하고 대안을 모색했다는 평가를 받았다.

이 책은 간행사(최경석 중앙대 교수), 김영모 교수의 회갑을 축하하며(최재석 고려대 명예교수), 축사(어윤배 숭실대 총장), 고헌 김영모 박사 연보가 게재되고, 다양한 논문으로 구성되었다.

제1편 총론은 사회복지와 불평등(김형식 중앙대 교수), 한국의 사회복지와 불평등에 관한 논의(원석조 원광대 교수), 한국 사회보험의 확대 과정과 불평등(김연명 상지대 교수), 사회복지서비스 발달과정과 불평등(이용교 광주대 교수)로 구성되고, 제2편 사회보험과 불평등은 의료보험(조원탁 동신대 교수), 의료보험제도의 불평등구조와 통합방안(차흥봉 한림대 부총장), 국민연금제도(오근식 국민연금관리공단 전남지부장), 특수직역연금제도(김근조 중앙공무원연수원 교수), 산업재해보상보험(심재호 한서대 교수), 고용보험제도와 불평등(류만희 중앙대 강

사)으로 구성되었다. 제3편 공적부조와 불평등은 생활보호사업(허선 서울시립대 강사), 의료보호(이재완 중앙대 강사), 주택보호와 불평등(박윤영 제주전문대 교수)으로, 제4편 사회복지사업과 불평등은 장애인복지(나동석 청주대 교수), 노인복지(이근홍 협성대 교수), 영유아보육사업(표갑수 청주대 교수), 정신장애인(김종천 협성대 교수), 보건의료체계(선우덕 한국개발연구원 책임연구원), 범죄피해자 처우와 불평등(김형방 상지대 교수·문성호 서울시립대 강사)으로 구성되었다. 제5편 지역복지와 불평등은 지방자치와 지역복지의 불평등(송정부 상지대 교수), 사회복지시설과 불평등(함철호 국립사회복지연수원 교수), 사회복지관 사업과 불평등(이영철 광주대 교수)으로, 제6편 성, 인종, 사회보장과 불평등은 한국 사회보험제도의 성불평등(장영인 중앙대 강사), 한국 사회복지서비스의 남녀 불평등(김성천 원광대 교수), 외국인 노동자와 불평등(모지환 중앙대 강사)으로, 제7편 불평등의 기타 쟁점과 불평등 해소방안은 기업복지와 불평등(정병오 국가보훈처 보훈연구실 연구원), 조세지원제도와 불평등(백선희 성균관대 강사), 한국사회의 불평등 해소와 사회복지의 역할(이광찬 원광대 교수)로 구성되었다.

필자는 아동복지가 노인복지나 장애인복지보다 먼저 도입되면서 불평등하고, 시설보호가 재가복지보다 먼저 개발되었으며, 생활보호대상자 등에게 복시서비스가 중복되어 불평등한 측면이 있다는 점을 밝혔다. 보편적 서비스를 개발하고, 시설보호와 재가보호를 조화시키며, 대상별로 분절된 서비스 체계를 가족 중심의 서비스와 조화시켜 불평등을 완화해야 한다는 점을 강조했다.

자원봉사 프로그램백과

한국사회복지협의회, 보건복지부·한국사회복지협의회, 1997.

한국사회복지협의회는 보건복지부의 지원을 받아 자원봉사활동에 필요한 정보와 프로그램을 망라한 '자원봉사 프로그램백과'(1질 10권)를 발행했다. 이 책은 백과 총론(1권), 자원봉사의 기초(2권), 자원봉사의 주요 대상인 아동·청소년(3권), 노인(4권), 장애인(5권), 여성(6권), 주요 활동 영역인 지역사회(7권), 보건·의료, 환경·교통(8권), 문화·예술·생활체육·스포츠 이벤트(9권), 국제협력(10권)으로 구성되었다.

필자는 '재미있는 자원봉사 길라잡이'를 집필하였기에 1996년부터 프로그램백과 기획팀으로 참여했다. 기획팀은 중앙일보 이창호 전문기자, 주성수 한양대 교수, 필자로 구성되었다. 기획팀은 전체 목차를 조율하고 집필 지침을 만들었으며 수집된 원고를 교열하였다. 필자는 집필 지침을 제안하고, 지침에 맞추어 아동·청소년 원고를 본보기로 작성한 후 다른 집필자들에게 배포하고 23명이 집필한 원고를 교열하였다. 이 책은 전국 시·군·구청, 한국자원봉사협의회 회원단체, 사회복지관 등 주요 사회복지시설, 초·중·고등·대학교 등에 무상으로 배포되어 자원봉사활동의 지침서로 활용되었다.

사회복지학

이영철, 박미은, 윤동성, 엄기욱, 이용교, 양서원, 2000.

'사회복지학'은 광주대 이영철 교수가 주도하여 광주지역 사회복지학과 교수들이 쓴 사회복지학 개론서이었다. 한국인이 쓴 최초 '사회복지학 개론서'는 1955년에 김학묵 (명예)박사가 쓴 '사회사업개론'이었다. 초창기 개론서는 미국, 일본 등 외국의 문헌을 번역하거나 몇 권의 책을 번역하여 편집한 책이었다. 1980년대에 출판된 '사회복지학 개론서'는 사회복지 이론은 미국, 일본 등 다른 나라의 책을 참고하면서도 아동복지, 노인복지 등 분야론에서 한국 사회복지의 현황을 소개하고 과제를 제안하였다.

1987년에 별정직 7급으로 사회복지전담공무원이 도입되면서 사회복지사의 인기가 높아지고 수많은 대학교에서 사회복지학과를 신설하였다. 광주·전남지역의 대학교는 서울, 대구 등에 비교하여 수십 년이 늦은 1990년에야 사회복지학과를 개설했다. 광주지역 4년제 대학교 중 최초로 설치된 광주대학교에 근무한 이영철 교수는 지역 대학교 교수진과 함께 개론서를 집필하였다.

당시 출판계도 특정 지역 대학교 혹은 친분이 있는 교수진이 함께 교재를 내는 문화가 확산되었다. 이전에는 대표적인 학자가 교재를 집필하였지만, 점차 여러 사람이 함께 교재를 집필하고 저서로 강의하였다. 교재를 발간하는 출판사들이 선수금을 지불하면서 원고 집필을 독려하였다.

이영철 교수는 머리말을 통해 한국은 외환위기의 후유증으로 대량실업과 빈곤계층의 증가로 기존 복지정책으로 감당하기 어렵기에 새로운 복지 패러다임이 요구된다고 주장했다. 이어서 지난 10여 년간 이 지역에 14개 대학교에 사회복지학과나 학부로 개설되고, 대학원 7개교에 전공이 개설되었기에 늦었지만, 광주지역 교수들이 함께 개설서를 냈다는 것에 의미를 부여하였다.

이 책은 사회복지 이론, 사회복지실천, 사회복지 분야론, 사회복지의 과제와 전망 등 4부로 구성되었다. 공저자들은 관심 분야를 집필했다. 이영철 교수는 제1부(사회복지 이론)와 지역복지, 자원봉사, 사회복지의 과제와 전망; 호남대 박미은 교수는 가족복지, 의료사회사업; 광주여대 윤동성 교수는 장애인복지, 사회복지행정; 광주여대 엄기욱 교수는 노인복지, 사회복지정책, 사회보장, 사회복지 전문직성; 광주대 이용교 교수는 제2부(사회복지 실천)와 아동복지, 청소년복지를 집필하였다. 2003년 개정판에서 합류한 남부대 정민숙 교수는 여성복지를 집필하였다.

이 책은 2000년부터 10여 년간 광주지역 대학교에서 대표적인 사회복지학 개론서로 활용되었다. 공저서는 시간이 갈수록 개정판을 내기 어렵고, 저자들이 단독으로 저서를 출판하면서 그 생명력이 쇠하였다.

한국의 아동복지학

이용교, 정혜선, 유한규, 권지은, 김경륜, 윤재정, 서지영, 김혜영, 성윤숙, 양서원, 2000.

이 책은 필자가 1999년 1학기에 숙명여자대학교 대학원(박사과정) 아동복지학과에서 '아동복지연구방법론'을 강의하면서 수강생들과 함께 쓴 책이다. 필자는 1989년 7월부터 1997년 2월까지 한국청소년개발원에서 청소년복지를 주로 연구하였다. 1991년에 한국청소년학회를 발기하고, 1996년 11월 20일에 한국아동권리학회의 창립에 적극 참여하였다. 1998년 9월에 한국청소년복지학회(회장 김광웅)의 창립을 준비한 숙명여대 이소희 교수의 요청으로 1999년 1학기에 숙명여대에서 강의하였다.

광주에서 매주 출강하면 많은 에너지가 소요되었지만, 서울에서 20여 년간 살다 이사하였기에 학회 활동 등을 위해 수락했다. 아동복지학을 연구하는 데 도움이 되는 연구 방법을 가르치고, 학위논문으로 쓸 주제를 찾아서 선행연구를 하도록 안내하고자 했다.

연구방법론에 도움이 되는 책으로 영국 학자인 Colette McAuley가 쓴 Children in Long-term Foster Care: Emotional and social development(1996)를 채택하여 수강생들이 매주 번역·발표하고 '가정위탁보호'(2001)를 출판했다. 또한, 해방 후 반세기 동안 한국에서 아동복지 분야별로 연구 동향을 살펴보고 새천년에 부응하는 과제를 제안하였다. 각 영역별로 단행본, 연구보고서, 학술지의 논문, 석사·박사학위논문 등을 꼼꼼히 살펴서 시기별 동향을 분석하고 연구과제를 발표하도록 하여 그 보고서를 평가하였다.

수강생들은 전공과 관심 분야 등을 고려하여 집필하였다. 아동의 성장과 복지에 꼭 필요한 요소인 아동권리(정혜선 국민대 강사)와 영양(유한규 동덕여대 전임교수)을 비롯하여, 아동복지학의 주된 관심사인 입양(권지은 숙명여대 박사과정), 영유아보육(김경륜 숙명여대 부설 이촌어린이집 원장), 방과후 아동지도(윤재정 순천향대 강사), 가출아동(김혜영 그리스도신대 강사), 장애아 통합교육(서지영 서원대 강사), 인터넷 음란물(성윤숙 한국방송진흥연구원 연구원) 등을 발표하였다. 연구자들은 대학교 전임교수 혹은 강사이었고, 지침에 맞추어 잘 집필하였다.

필자는 아동복지학의 전체적인 동향을 연구하여 본보기 보고서를 집필하였다. 즉, 서론, 1970년대 이전의 아동복지학, 1980년대의 아동복지학, 1990년대의 아동복지학의 동향을 분석하고 아동복지학의 과제를 제시했다. 별도로 청소년복지의 연구성과도 소개하였다. 젊은 연구자들과 함께 '아동복지를 연구하는 아동복지학'을 넘어서서 '아동복지학을 연구하는 학문'을 시도하였다. 이들은 한국 아동복지학을 발전시킨 중진 학자로 성장하였다.

가정위탁보호

이용교 외 역, 인간과복지, 2001.

이 책은 콜레트 맥컬리Colette McAuley의 'Children in Long term Foster Care: Emotional and social development'를 번역한 것이다. 북아일랜드에서 1988년 7월부터 1989년 1월까지 장기위탁에 보내진 아동 중에서 배치 시기에 4~11세이었던 아동 16명을 표본으로 하여 심층 연구를 한 결과물이다. 연구자는 위탁된 아동의 적응과정을 이해하기 위해 1988년 11월부터 위탁 배치된 후 4개월, 1년, 2년이 되는 시점에 반구조화된 조사표로 면접조사를 하였다. 아동의 적응과정을 정확히 파악하기 위해 위탁부모에 대한 조사, 통제집단과 비교를 통한 교사의 평가조사를 병행하였다.

저자는 북아일랜드 보건사회보장부가 퀸스대학 사회사업학부에 의뢰한 '위탁보호연구'에 참여하면서, 아동이 위탁가정에 배치된 후 5년 안에 50% 정도가 파기되고, 그중 절반이 초기 2년 안에 위기를 겪었기에 '위탁과정'에 관심을 가졌다고 한다. 1987년에 북아일랜드에서 보호 중인 아동 2,607명의 55%가 가정위탁보호를 받기에 아동이 위탁가정에 더 잘 적응할 수 있는 방안을 연구하고자 한 것이다.

이 책은 아동의 관점에서 연구했다는 점이 돋보였다. 아동의 의사를 정확히 파악하기 위해 '면접조사'를 선택했고, 어린 아동이 쉽게 이해할 수 있도록 그림 카드를 이용하기도 했다. 이들은 가정에서 학대받아 보호아동이 되었는데, 아동의 상황이나 의사보다는 아동을 받을 준비가 된 위탁가정에 배치되는 경우가 많았다. 따라서 배치된 아동은 원가족뿐 아니라, 갑자기 헤어진 친구, 좋아했던 반려동물은 잘 지내고 있는지에 대해 궁금한 경우가 많았다. 아동복지기관의 담당자는 아동이 위탁가정에 잘 적응하는지에 관심을 갖는데, 아동은 새로운 위탁가정뿐 아니라 바뀐 학교와 환경에 적응하는 것이 쉽지 않다고 표현했다.

필자가 1999년에 숙명여자대학교 대학원에서 '아동복지 연구방법론'을 강의할 때 이 책을 번역하였다. 대학원생에게 각 장의 발표를 분담하고, 주요 용어를 통일시킨 후에 번역하였다. 번역은 머리말(이용교), 아동보호 연구와 아동법(권지은), 아동의 욕구와 장기위탁보호(서지영), 아동의 사회적 관계와 발달(성윤숙), 아동연구의 배경과 방법론(정혜선), 사회적·정서적 관계에 대한 아동의 관점(유한규, 김현주), 위탁가족 내의 관계 발달에 대한 아동의 인식(윤재정), 위탁기간 동안의 아동의 적응(김혜영), 결과의 논의(김경륜), 위탁아동의 면접 목록(이용교)으로 분담되었다.

이 책이 발간된 이후 정부는 가정위탁보호를 채택하였다. 단행본과 pdf파일로 공유된 이 책은 시·도 가정위탁지원센터와 중앙가정위탁지원센터 직원들의 역량 강화를 위해 널리 활용되었다.

디지털 사회복지

이용교, 인간과복지, 2002.

필자는 1986년 8월에 중앙대학교 대학원 석사과정을 졸업하고 1987년 9월부터 대학교에서 사회복지학을 강의하였다. 성결교신학교(현 성결대학교)에서 '산업복지론'을 처음 강의한 이래로, 중앙대, 청주대, 중앙승가대, 동국대 대학원 등에서 사회복지학을 강의하였고, 1997년 3월부터 광주대학교에서 교수로 일했다.

사회복지학의 여러 과목을 강의하면서 경제학과는 경제학원론을, 사회학과는 사회학개론을 가르치는데, 사회복지학과는 '사회복지학개론'을 가르치지 않는지에 의문을 가졌다. 경제학원론은 수요와 공급이 만나는 점이 가격이라고 주요 개념을 중심으로 가르치는데, 사회복지개론은 '사회복지는 인간의 욕구에 대한 서비스이고, 사회문제에 대한 대책'이라고 가르치면서 인간의 욕구, 사회문제, 서비스 등에 대한 개념 설명이 충분하지 않는 점에 의문을 품었다. 많은 사회복지개론은 한글로 쓰여져 있을 뿐 영국이나 미국의 복지역사를 자세하게 다루고 외국의 사회문제를 한국의 사회문제인냥 다룬 경우도 적지 않았다.

필자는 한국 상황에 맞는 '사회복지학개론'을 가르치고 집필하고 싶었다. 한국에 사회복지학이 도입되기 전에도 사회복지의 원형은 있었다. 어려운 이웃을 돕는 '환과고독'과 품앗이, 계, 향약을 통해 서로 돕고 사는 것이 사회복지의 본질이라고 인식했다. 필자는 1997년부터 광주대에서 사회복지개론을 강의하면서 강의안을 개발하였다. 2001년에 설립된 한국디지털대학교(현 고려사이버대학교)에서 사회복지개론을 강의하면서 지식정보화사회에 맞는 '디지털 사회복지학개론'을 개발하기로 서원하였다.

이 책은 한국사회복지교육협의회가 제시한 '사회복지개론'의 지침을 따르면서도 기존 책과는 차별화하였다. 매 단원에서 사회복지학의 중요한 개념을 다루며 10개 내외의 '용어정리'를 수록하였다. 한국 사회복지의 현황과 과제를 폭넓게 다루었다. 미국, 일본 등 다른 나라의 복지정보도 한국에 꼭 필요한 내용을 중심으로 다루었다. 학생이 더 많은 정보를 얻으려면 관련 웹사이트를 바로 검색할 수 있도록 했다. 영화로 복지를 배우도록 '복지영화제'를 수록하고, 학생들이 현장을 탐방하는 과제가 많기에 '사회복지실천 현장 탐방과 보고'를 담았다. 본문으로 공부한 후에 정리할 수 있도록 '자기평가와 과제', 단원정리, 참고문헌, 관련 사이트, 용어정리를 수록하였다. 교수가 강의하기 좋고, 학생이 학습하기에도 좋다는 평가를 받았다.

2005년 개정판을 낼 때 책 이름을 '디지털 사회복지개론'으로 바꾸었다. 필자가 서울 영풍문고 사회복지학 코너에서 '디지털 사회복지'를 찾을 수 없어서 직원에게 물었더니 '컴퓨터 서적'에서 찾아주는 것을 보고 깜짝 놀랐다. '디지털'로 시작된 책을 '컴퓨터 책'으로 오해한 것인데, 이 사건으로 계기로 사회복지개론을 명시했다.

'복지영화제'를 빼고 각 단원에 '추천 영화'로 대체하며, '여성복지의 이해' 단원을 추가하였다.

2011년에 제3판을 낼 때 판형을 크라운판으로 키우고 본문 활자도 키워서 가독성을 높였다. 책 내용에 바뀐 법령, 제도, 사업, 통계 등을 최대한 반영하였다. 2017년에 제4판을 출판하였고, 2021년에 제5판에서 '디지털 사회복지학개론'으로 바꾸었다. 2002년에 '사회복지학개론'을 출판하고자 했던 꿈이 19년만에 결실을 맺었다. 이는 2019년 8월 12일에 개정된 사회복지사업법 시행규칙에 따라 사회복지개론이 사회복지학개론으로 바뀐 것을 반영한 측면도 있었다. 여러 대학교에서 이 책으로 강의한 교수진과 수강한 대학(원)생들 덕분이다. 알차게 책을 만들어서 착한 가격으로 공급하는 인간과복지 이명묵 대표와 직원들의 헌신에 감사드린다. 디지털 사회복지학개론은 디지털 청소년복지, 디지털 사회보장론과 함께 디지털 복지시대를 이끌고 있다.

디지털 사회복지학개론은 종이책으로 출판되었을 뿐만 아니라, 한국디지털대학교, 광주대학교에서 전자책과 동영상 강좌로 개발되었고, 시각장애인을 위해 점역본이 제작되었다. 책의 한글 파일이 '시민과 함께 꿈꾸는 복지공동체- 한국복지교육원'에 공개되어 누구나 무료로 내려받을 수도 있다. 단행본에 담긴 내용을 독자의 편의를 위해 '사회복지학도를 위한 추천 영화', '추천 노서' 파일로 만들어져 제공되고 있다.

사회보장론

모지환, 박상하, 안진, 엄기욱, 오근식, 이용교, 이형하, 장현, 조원탁, 학지사, 2003.

이 책은 2003년에 학지사에서 초판이 발간된 후 여러 차례 개정되었고 현재 판매 중이다. 오랫동안 대학교 교재로 활용될 수 있었던 것은 한국의 사회보장제도를 가장 잘 안내하기 때문일 것이다.

사회보장기본법은 사회보장을 공공부조, 사회보험, 사회서비스로 규정하지만, 한국사회복지교육협의회가 만든 '사회복지학 교과목 지침서'는 '사회보장론'의 내용을 사회보험과 공공부조로 한정시킨다. 사회서비스는 아동복지, 노인복지, 장애인복지 등 다른 교과목에서 다루어지기 때문이다.

기존 사회보장론 교재는 공공부조와 사회보험의 발달과정을 소개하고, 주요 국가의 사회보장제도에 많은 분량을 할애하여 한국 사회보장제도를 구체적으로 다루는데 다소 소홀하였다. 저자들은 사회보장의 역사와 이론을 간략히 소개하고, 한국의 사회보장제도를 체계적으로 안내하기로 했다. 사회복지사가 사회보장을 공부하는 이유는 국민이 사회보험을 통해 사회적 위험에 대비하고, 빈곤에 빠지더라도 공공부조 등을 활용하여 기초생활을 보장받을 수 있도록 지원하는 데 있다. 저자들은 독자들이 사회보장제도를 쉽게 이해할 수 있도록 표와 그림으로 요약하고, 참고문헌과 관련 웹사이트를 제공하였다.

이 책은 동신대 조원탁 교수가 대학교에서 사회보장론을 강의하는 교수들로 집필진을 모았다. 전체 분량은 13개 장, 그중 1~5장은 사회보장의 이론, 6~11장은 우리나라 사회보장제도, 12~13장은 사회보장의 행정과 전망으로 구성되었다. 각 장의 제목과 집필자는 사회보장 개념(조원탁), 사회보장의 주요 형태와 기능·원리(엄기욱), 사회보장과 사회변화(안진), 사회보장과 재원조달(조원탁), 사회보장과 경제, 사회구조(박상하), 국민연금(오근식), 건강보험(조원탁), 산업재해보상보험(이용교), 고용보험(장현), 요양보험(모지환), 공공부조(이형하), 사회보장 행정체계(엄기욱), 한국 사회보장의 전망과 과제(조원탁)이다. 각 장에서 개별 제도는 의의와 역사, 적용대상, 급여, 재원조달, 관리운영 등으로 기술되었다.

집필자들은 사회보장제도의 변화와 최신 통계를 반영하여 여러 차례 개정판을 냈다. 2012년 개정판에는 김동원 교수가 2008년에 도입된 '노인장기요양보험'을 새롭게 집필하였다. 조원탁 교수는 개정판을 낼 때마다 전체 원고를 읽고 수정·보완할 사항을 점검하였다. 조원탁 교수와 집필자 여러분께 감사드린다.

한국 사회복지의 과제

이용교, 학현사, 2004.

유럽에서 '복지국가welfare state'에 대한 담론은 '전쟁국가warfare state'에 대비하여 형성되었다. 2차 세계대전이 한창인 1942년 영국에서 베버리지 보고서가 만들어졌다. 전후 많은 나라는 복지국가를 추구했지만, 한국은 전쟁국가에 속했다. 1950년부터 3년간 한국전쟁을 겪었기에 경제개발에 밀려 복지국가의 담론을 형성하기가 어려웠다. 경제가 어느 정도 성장한 시기에 집권한 김영삼 정부는 경제협력개발기구OECD에 가입하고, 선진국 흉내를 내다 1997년 연말에 외환위기를 맞이했다.

외환위기를 겪은 한국 정부는 국제통화기금IMF의 요구에 따라 파산 위기에 처한 기업을 구조조정하고 우량 기업의 주식을 외국 자본에 싼값으로 팔 수밖에 없었다. 그 과정에서 실업이 대량으로 발생하고 노동력이 있고 노동할 의사가 있는 국민도 빈곤에 빠지게 되었다. 생활보호법은 18세 미만 아동, 65세 이상 노인과 같이 노동능력이 없거나 약한 사람에게 생계보호를 주고, 노동능력이 있는 사람에게 생계보호를 주지 않았다. 이에 1997년 연말 당선된 김대중 정부는 노동능력이 있는 사람도 일을 조건으로 공공부조를 받을 수 있도록 국민기초생활보장법을 제정(1999년)하고 시행(2000년 10월)하였다.

국민의 정부는 외환위기를 극복하면서 '생산적 복지'를 추구하기 위해 노력하였다. 이어서 집권한 노무현 정부는 '참여정부'라 칭하고 선택적 복지를 넘어 보편적 복지를 추구하고자 했다. 복지 예산은 국민의 삶의 질 향상을 위한 투자이고 일자리를 창출하는 측면이 있다고 강조했다. 국가가 공공부조와 사회보험을 발전시키고, 지방정부가 사회복지서비스를 집행하도록 사회복지사업의 지방이양을 적극 추진하였다. 지방정부가 지역 실정에 맞추어 주민의 욕구를 반영한 서비스를 설계하도록 하자는 취지이었다. 지방이양사업은 세금을 많이 걷는 부자 지역은 복지예산을 많이 쓰고 가난한 지역은 복지예산도 줄어든다고 반대가 적지 않았지만 제도화되었다.

사회복지에 대한 국민적 관심이 커지면서 '국민연금의 비밀'과 같이 복지제도를 왜곡한 글이 인터넷에 회자되기도 했다. 한국의 사회복지가 일부 국민을 위한 복지에서 전체 국민을 위한 복지로 패러다임이 바뀌고 있는데도 대응능력이 떨어진 일부 복지제도와 담당 공무원의 인식도 문제가 되었다.

이에 필자는 한국 사회에서 사회복지를 총체적으로 다시 설계하고 실천해야 함을 역설했다. 모든 국민이 사회적 위험으로부터 적절히 보장받고, 행복하게 살 수 있도록 사회보장제도를 정비하고, 정부와 민간이 협력하여 복지공동체를 구축해야 한다고 강조했다. 2000년 이후에 공무원교육원, 지방정부, 비정부기구, 대학교 등에서 강의한 원고를 취합하여 '한국 사회복지의 과제'를 발간했다. 이 책은 참여복지와 지방자치단체의 역할, 기초생활보장제도, 세계화와 사회서비스, 소규모 사회복지시설, 자원봉사 프로그램의 개발, 기업의 자원봉사활동, 디지털시대 복지인의 정보관리 등을 분석하고 발전방안을 제안하였다.

필자가 학현사 관계자에게 "사회복지학 교재만 출판하지 말고, 사회복지사와 일반 국민이 읽을 수 있는 교양서적도 발간해야 한다"고 설득하여 발간되었다. 당시 사회복지학 책을 제작하는 출판사들은 기본 부수는 팔리는 '대학 교재'와 외국에서 나온 유명한 책을 '번역서'로 출판하는데 집중하였다. 경제학, 사회학, 심리학, 교육학 등은 시민이 교양으로 읽을 수 있는 책이 많이 출판되었지만, 사회복지학 교양서적은 거의 없었다.

필자는 공무원교육원 등에서 강의하거나 각종 행사에서 발표할 기회가 있을 때마다 쉽게 원고를 작성하였다. 필자가 운영자인 다음 카페 '시민과 함께 꿈꾸는 복지공동체'에 원고를 게시하고 회원들에게 전체 메일로 보내기로 했다. 카페 회원이 꾸준히 늘어서 5만 명 이상이기에 행사에 참석하지 않은 사람들도 원고를 읽고 담론을 형성할 수 있었다.

집필한 원고를 주기적으로 모아서 주제별로 단행본을 발간하였다. '한국 사회복지의 과제'는 문고판으로 만들어졌고, 학현사에 의해 필자의 책은 문고판 교양서로 여러 권 제작되었다. 이후 많은 출판사들이 사회복지학 교양서를 발간하였다. 이 책은 사회복지학 교양서란 새로운 장르를 개척하는데도 기여하였다.

학교사회복지의 이론과 실제

성민선 외, 학지사, 2004.

한국학교사회복지학회 초대(1997~2000) 회장을 역임한 성민선 교수가 책임을 맡아 학회 임원과 이사진이 중심이 되어 이 책을 집필하였다. 학교사회복지의 이해, 학생청소년과 학교교육 환경, 학교사회복지의 이론, 학교사회복지의 실제, 학교사회복지의 제도화 등 5부로 구성되었다. 주요 내용과 집필자는 다음과 같다.

제1부 학교사회복지의 이해는 학교사회복지의 개념(이상균 가톨릭대 교수·성민선 가톨릭대 교수), 한국 학교사회복지의 발달(성민선·윤철수 성균관대 강사), 외국의 학교사회복지(성민선·조미숙 삼육대 교수)로 구성되고, 제2부 학생청소년과 학교교육 환경은 학생청소년의 이해(이용교 광주대 교수), 학생인권과 복지를 위한 서비스 현황(홍봉선 신라대 교수·윤찬영 전주대 교수), 학교조직에 대한 이해(김혜래 꽃동네현도대 교수), 교육 및 청소년 관련 정책과 법의 이해(소홍식 서울대 교수·진혜경 가톨릭대 강사)로 구성되었다. 제3부 학교사회복지의 이론은 학교사회복지의 이론적 근거(홍금자 동경복지대 교수), 학교사회복지의 접근 모델(노혜련 숭실대 교수·윤철수), 학교사회복지의 사정 및 개입기술(노충래 이화여대 교수)로 구성되고, 제4부 학교사

회복지의 실제는 학교사회복지의 실천전략(김상곤 안산1대학 교수), 학교상주형 사례(최경일 성원중 학교사회복지사), 지역중심형 사례(안정선 태화기독교사회복지관 연구원·김영화 가양4종합복지관 과장), 특수학교와 대안학교 사례(오승환 호남대 교수·김경숙 양업고 연구부장)로 구성되고, 제5부 학교사회복지의 제도화는 학교사회복지제도화를 위한 인식 제고 방안(정규석 경성대 교수), 학교사회복지사의 교육훈련과 자격(오창순 한남대 교수), 학교사회복지의 입법 방향(조흥식·윤찬영)으로 집필되었다.

한국학교사회복지학회가 기획한 이 책은 대학교와 대학원에서 학교사회복지론의 교재로 가장 널리 활용되었다.

2006년도 사회복지학 교과목지침서

김영종 외, 한국사회복지교육협의회, 2006.

한국사회복지교육협의회(회장 권복순, 대구가톨릭대 교수)는 2006년에 '사회복지학 교과목지침서'를 다섯 번째 개정판으로 발간하였다. 협의회는 1998년에 사회복지학 교과목지침서 초판을 낸 이후로 2000년, 2002년, 2004년, 2006년에 개정하였다. 교육분과위원회 김영종 위원장(경성대 교수)과 박명숙 상지대 교수, 박병현 부산대 교수, 이봉주 서울대 교수, 한혜경 호남대 교수가 위원으로 이 책을 기획하였다.

교육분과위원회는 법정 과목별로 책임검토위원 30명을 추천하고, 비법정과목 4과목(가족상담 및 가족치료, 빈곤론, 복지국가론, 사례관리론) 위원을 추가하였다. 필자는 청소년복지론 책임검토위원으로서 손병덕 총신대 교수, 노혁 나사렛대 교수, 홍봉선 신라대 교수, 김형모 경기대 교수, 정익중 덕성여대 교수, 최영숙 수서청소년수련관 관장과 함께 교과목지침서를 개정하였다.

이후 필자는 청소년복지론 지침서의 개정, 국제사회복지론 지침서의 개발과 개정에도 참여하였다. 이러한 활동으로 국제사회복지론은 법정 과목으로 지정될 수 있었다.

한국사회복지론

이용교, 한국학술정보, 2012.

이 책은 필자가 이명박 정부 시기에 쓴 글을 묶은 것이다. 필자는 대통령선거, 지방선거, 국회의원선거를 계기로 복지 의제를 제안하고 주요 정당의 복지공약을 평가하며 대안을 제시하는 사회운동을 했다.

한국 사회에서 복지수급자가 가난한 사람에서 노동자와 그 가족을 포함한 전체 국민으로 확대되면서 사회복지는 사회적 관심사가 되었다. 공공부조를 충실하게 하여 사각지대를 줄이고, 사회보험의 적용대상을 확대하고 급여를 충실하게 하며, 사회서비스를 보편적으로 제공하는 방식으로 발전해야 한다. 정부는 매년 복지예산을 늘리고 있지만, 국민의 욕구에 부응하는 사회복지를 구현하기에는 늘 부족하다. 노무현 정부에서 복지재정의 일부를 지방으로 이양하였지만, 지방정부는 전국적으로 표준화된 사업비를 충당하다 보면 지역 특성을 살린 사업을 수행하기 어렵다.

이 책은 국가와 지방자치단체, 사회복지법인과 사회복지시설 등이 주로 세금이나 사회보험료로 하는 사회복지뿐 아니라 비정부기구와 비영리단체 그리고 시민이 자발적으로 수행할 수 있는 복지도 제안하였다. 사회복지는 궁극적으로 '세금으로 사는 국민을 세금을 내는 국민으로' 전환시켜야 한다. 일생 동안 어느 시기에는 도움을 받던 사람이 어느 시기에는 도움을 주는 '품앗이' 양식을 구축하는 것이 중요하다.

이 책은 '대선후보의 사회복지 비전'부터 '세상을 바꾸는 사회복지사'까지 21편을 담았다. 필자는 대한민국 전체 혹은 특정 지역을 복지공동체로 만드는 방안을 제시했다. 자치단체장의 복지공약을 분석하고 이행과정을 모니터링하여 대안을 제시하였다. 한편씩 집필할 때는 땀을 흘렸지만, 책으로 낼 때는 가을걷이를 하는 기분이 들었다.

필자는 한국의 복지수준을 한 단계 높이려면 "행복한 세상을 열어가는 사회복지사"의 역할이 중요하다고 본다. 사회복지는 결국 사회복지사가 어떻게 하느냐에 따라 서비스의 내용과 질이 달라질 수 있다. 시민이 복지서비스를 알고 신청해야 헌법상 규정된 '행복추구권'과 '인간다운 생활을 할 권리'를 누릴 수 있다. 어느 시대보다 시민의 참여와 시민을 위한 복지교육이 중요하다. 모든 시민이 이 책을 읽고 "시민과 함께 꿈꾸는 복지공동체"를 구현하길 기대한다.

한국학술정보(주)가 필자에게 먼저 출판을 제안하였다. 2009년에 "대한민국 지식 콘텐츠 분야의 대표기업"을 표방하며 설립된 한국학술정보KSI는 각 분야에서 저자를 발굴하여 수많은 책을 출판하였다. 이 책은 '출판권'과 함께 ebook '전송권'을 계약했다.

사회복지 현장실습

이영철, 이용교, 조미경, 이경철, 윤일현, 형설출판사, 2015.

사회복지현장실습은 대학생이 사회복지사를 취득하기 위한 사회복지학 필수과목 10개 중의 하나이다. 석사과정 대학원생은 이 과목을 포함하여 6개 이상 필수과목을 수강해야 사회복지사를 취득할 수 있다. 현장실습은 학교에서 배운 것을 사회복지시설·기관·단체인 현장에서 실천을 통해 배우는 강좌이다.

현장실습은 학기 중 실습과 방학 중 실습으로 이루어져 왔다. 학기 중 실습은 매주 특정 요일에 하루 이상 이루어졌고, 방학 중 실습은 3주 이상 진행되었다. 현장실습 시간이 120시간 이상에서 160시간 이상으로 바뀌면서, 방학 중에 현장실습을 하고 학기 중에 실습세미나를 하는 것이 일반적이다. 대학생은 실습을 나가기 전에 준비하고, 실습하면서 공부할 만한 책이 필요하고, 지도교수와 실습지도자도 참고할 만한 책이 필요하다. 이 책은 이러한 필요에 부응하여 만들어졌다.

이 책은 3부 8장으로 구성되었다. 제1부 사회복지실습지도 일반론은 사회복지실습의 개념과 목적, 실습 지도방법, 실습 내용 및 기술을 담았다. 그중 실습의 지도방법은 직접적인 접근방법, 간접적인 접근방법, 실습교육의 기준을 다루고, 실습의 내용 및 기술은 실습지도의 내용, 실습교육 내용 및 기술을 다루었다. 제2부 사회복지의 현장은 실습의 진행과정, 실습생의 자세, 실습기록과 평가를 다루었다. 그중 실습의 진행과정은 준비, 초기, 중간, 종결 및 평가단계로 소개되었다. 실습생의 자세에서 실습태도, 실습복장 및 휴대품, 실습분야별 실습자세 등을 담고, 실습기록과 평가에서 실습기록, 실습의 반성과 평가, 실습의 자기평가를 다루었다. 제3부 실습지도의 대상별·분야별 실천기술은 클라이언트 원조에 필요한 실천기술, 실습과 슈퍼비전을 다루었다. 그중 클라이언트 원조에 필요한 실천기술은 대상별, 분야별 실천기술로 소개되고, 실습과 슈퍼비전에서는 실습 슈퍼비전의 개념 및 목적, 기능, 유형, 슈퍼바이저 유형, 슈퍼비전 모델이 소개되었다.

2006년 초판 저자는 이영철, 정민숙, 이용성, 윤일현이었는데, 개정판에서 이영철, 이용교, 조미경, 이경철, 윤일현으로 바뀌었다. 남부대 정민숙 교수, 이용성 관장이 빠지고, 광주대 이용교 교수, 조미경 교수와 명신대 이경철 교수가 추가되었다. 많은 대학교는 실습을 담당하는 겸임교수를 쓰거나, 학과 교수진이 돌아가면서 실습을 담당한다. 윤일현 교수와 이영철 교수가 집필을 주도하면서 교재 활용도를 높이려고 다른 교수들을 포함시킨 것이다.

조례제정을 통한 복지혁명

이용교, 광주대학교 출판부, 2015.

'사회복지법제와 실천'은 사회복지사업법과 같은 법 제2조 1호에서 명시된 법률 등을 다룬다. 2024년 5월에 이 법에 명시된 법률만 27개이므로 헌법, 사회보장기본법, 국민연금법 등 사회보험 관련 법률, 사회복지사 등의 처우 및 지위 향상을 위한 법률 등을 포함하면 사회복지사가 꼭 알아야 할 법률은 40개가 넘는다. 대부분 법률은 시행령, 시행규칙이 있기에 사회복지사가 공부해야 할 사회복지법령이 100개가 넘는다. 사회복지시설·기관·단체에서 일할 때는 해당 지방자치단체의 조례도 살펴야 한다.

필자는 청소년육성법, 청소년기본법의 제정과정을 연구하여 박사학위를 취득하였다. 청소년기본법, 청소년보호법, 청소년복지지원법의 제정과 개정 과정에 참여하였고, 아동복지법과 청소년 관련 법령을 통폐합하는 방안을 연구한 적도 있었다. 이 과정에서 법령의 제정과 개정이 국가정책과 행정에 미치는 영향이 매우 크다는 것을 배웠다.

또한, 2003년부터 광주광역시사회복지사협회 회장을 할 때 사회복지 관련 8개 조례를 제정하거나 개정할 때 관련 정책토론회에 발제자나 토론자 등으로 참여하였다. 이를 바탕으로 '조례제정을 통한 복지혁명'을 집필하였다.

조례는 없는 것보다 있는 것이 훨씬 좋기에 제정해야 하고, 현실에 맞지 않은 조례는 내용을 고치면 된다. 모든 조례는 의제 설정, 선행 사례연구, 거버넌스 형성, 정치력 발휘, 시행과 평가로 이루어진다. '조례제정을 통해 복지혁명'을 꿈꾸는 사회복지사라면 각 단계에서 필요한 역할을 적절하게 해야 한다.

필자는 8개 조례제정을 위해 다양한 역할을 하면서 기록하였다. 협회 회장으로 일할 때, 강은미 의원, 조오섭 의원, 김선호 의원, 전진숙 의원, 정병문 의원 등 여러 시의원과 협력하고, 강운태 시장, 윤장현 시장, 장휘국 교육감 등과 소통하여 사회복지 관련 조례를 제정하는 데 관여할 수 있었다. 조례는 의원이 발의하지만, 사전에 집행부와 시민사회와 충분히 협의하면 원안대로 통과되거나 논란이 되는 문구는 수정될 수도 있다.

필자는 '행복한 세상을 열어가는 사회복지사의 길'을 제안하는 뜻에서 이 책을 출판하였다. 조례제정으로 인연은 맺은 시의원, 행정공무원, 시민사회단체 관계자 등에게 이 책을 기증하고, 한국사회복지사협회와 시·도협회에도 기증하였다. 사회복지사 보수교육에서도 관련 주제로 강의하여 정책형성가로서 사회복지사의 역할을 구체적으로 제시하였다. 누구든지 내려받을 수 있도록 카페에 원문을 제공하였다.

아동보호제도 평가 및 개편방안 연구

이용교, 김형태, 오승환, 정경은, 정민기,
광주대학교 출판부, 2015.

이 책의 집필 과정은 이야기거리가 있다. 필자는 어느 날 한 공동생활가정의 시설장으로부터 하소연을 들었다. "교수님, 제가 공동생활가정을 시작할 때 5천만 원은 쓸 각오를 했습니다. 지금 다 쓰고 적자가 났는데 언제 지원받을 수 있을지 걱정입니다." 일반적으로 사회복지시설은 신고한 당해연도와 다음 해에는 지원받기 어렵다. 설립한 지 3년째에는 지원받는 관행이 있는데 이 공동생활가정은 3년을 넘겼지만, 지원을 받지 못했다. 공동생활가정의 최소 직원은 시설장을 포함하여 2명이고, 시설장이 인건비를 받지 않더라도 직원 한 명의 인건비와 운영비로 5천만 원을 준비했는데, 빚까지 내서 아동복지사업을 해야 할 판이었다.

필자는 한국아동청소년그룹홈협의회 광주지부(지부장 강남수) 차원에서 시의원을 설득하여 '정책토론회'를 개최하고 '공동생활가정 지원 조례'를 제정하면 좋겠다고 제안하였다. 조오섭 의원과 강은미 의원의 주선으로 2014년 2월 19일에 정책토론회를 개최하고, 4월 1일에 '광주광역시 아동공동생활가정 지원 조례'를 제정한 후, 추경에 관련 예산을 확보했다. 정책토론회에 참석한 한국아동청소년그룹홈협의회 안정선 회장이 전국적으로 확대하는 방안을 찾았다.

안정선 회장은 새정치민주연합 박지원 국회의원의 협조를 받아서 2014년 8월 22일에 국회의원회관에서 '그룹홈 운영지원 이대로 좋은가'라는 세미나를 개최하였다. 필자가 주제발표를 하였고, 서울기독대 김형태 교수가 좌장을 보며 한국청소년정책연구원 김지연 박사, 보건복지부 아동복지정책과 송준헌 과장, 안정선 회장이 지정토론자로 참여했다. 필자는 공동생활가정이 아동복지시설임에도 불구하고 아동양육시설과 동일한 기준으로 지원받지 못하여 형평성에 맞지 않고, 시설장과 직원들에게도 큰 상실감을 주고 있기에 개선이 꼭 필요하다고 역설했다.

세미나를 마치고, 송준헌 과장이 "교수님, 아동보호제도 전반을 평가하고 개편하는 방안을 연구해줄 수 있습니까?"라고 물었다. "연구비만 있으면 할 수 있다"고 답변하자, "연말에 불용액이 생기면 연구비를 조성하겠다"고 말했다. 며칠 후 송 과장이 전화로 "9월부터 12월까지 연구하고, 보고서 납품은 다음해 2월말까지 해달라"고 말했다. 연구 기간이 너무 짧다는 필자의 의견에 "연말까지 핵심적인 연구 결과만 알려주시면 된다"고 말했다. 필자는 김형태 교수(서울기독대), 오승환 교수(울산대), 정경은 교수(초당대), 정민기 선임연구원(한국복지교육원)으로 연구진을 짰다. 계약서도 쓰기 전부터 연구진에게 문헌 연구 등을 부탁하고 광주대 산학협력단의 이름으로 보건복지부와 용역연구 계약을 체결하였다. 송 과장은 "대학생 시절에 아동복지시설에서 봉사활동을 할 때와 30년이 지난 지금이 큰 틀에서 변화가 없어요. 아동복지 전반이 아닌 보호 대상 아동의 보호제도를 평가하고 개편하는 방안을 집중적으로 연구해달라"고 당부했다.

그런데, 막상 계약할 때부터 절차가 쉽지 않았다. 보건복지부 실무자는 12월에는 예산을 집행하기 어렵기에 "연구 기간은 2014년 9월 30일부터 11월 29일까지로 하고, 11월 말까지 최종보고서를 제출해 달라"고 말했다. 실무자의 입장을 이해하지만, 국가정책을 2개월 만에 연구할 수는 없기에 송 과장에게 전화하자, "일단 그렇게 계약하고 내년 2월 말까지 최종보고서를 제출하면 됩니다. 11월 말에 최종보고서에 준하는 보고서를 제출해주세요"고 말했다. 정부 예산은 연말까지 기안하고 2월 말까지 정산하는 경우도 있다. 연구진은 최종보고서(안)를 11월 말에 제출하였다. 이후 각계 전문가의 의견을 수렴하고 문장을 교열하여 2월 말에 최종보고서의 납품을 협의하는데 담당자로부터 "보고서의 납품이 완료되었고, 연구비도 정산되었다"는 답변을 들었다. 필자는 완성도가 높은 최종보고서를 제출하고자 했고, 보건복지부로부터 '발간등록번호 11-1352000-001494-01'을 받아 2015년 11월 3일에 광주대학교 출판부에서 인쇄하여 납품하였다.

필자가 연구 과정을 밝힌 것은 이 연구가 한국의 아동보호제도의 패러다임을 바꾸었기 때문이다. 아동보호제도는 해방과 한국전쟁을 거치면서 고아와 혼혈아동 등을 보호하기 위해 설계되었다. 이후 보호대상아동이 미혼부모가 출산한 아동, 부모로부터 학대받은 아동, 양육을 거부당한 아동으로 바뀌었지만, 아동양육시설 중심으로 짜인 틀은 크게 바뀌지 않았다. 그 사이에 공동생활가정, 아동보호전문기관, 가정위탁지원센터 등이 새로 만들어졌지만, 시설과 제도 간 체계성이 미흡했다. 이에 본 연구는 아동권리협약에 맞고, 유엔아동권리위원회가 한국에 권고한 사항을 이행할 수 있도록 아동보호제도의 발전방안을 제안하였다. 보호가 필요한 아동이 발생하지 않도록 원가정 지원을 강화하고, 보호대상아동이 발생하면 원가정(가정 복귀 촉진)이나 대안 가족(입양, 가정위탁)이 보호하고, 불가피하면 가정형 아동복지시설(공동생활가정)에서 우선 보호하며, 복합적인 지원이 필요한 아동은 아동양육시설 등에서 보호받도록 제안하였다. 기존 아동복지시설에 대한 차별은 생활하는 아동에 대한 차별로 이어지기에 아동복지서비스간 차별을 철폐할 것을 강력하게 촉구하였다.

송준헌 과장은 이 보고서의 핵심 내용을 '제1차 아동정책기본계획(2015~2019)'에 담고 육아휴직에 들어갔다. 이 기본계획은 보건복지부장관이 중앙행정기관의 장과 협의하여 '아동정책의 효율적인 추진을 위하여 5년마다 수립하고, 아동정책조정위원회의 심의를 거쳐 확정'되는 정부 계획이다. 필자 등이 연구한 것의 핵심 내용이 기본계획에 담기면서 아동보호제도의 청사진이 되었다. 혼신을 다해 연구해준 연구진과 연구비를 지원하고 열정을 나누어준 송 과장에게 감사드린다.

또한, 이 연구 결과는 2016년 3월 2일 국회 본회의에서 통과된 아동복시법 일부 개정 법률에 포함되있다. 이 법은 아동이 태어난 가정에서 건강하게 성장할 수 있도록 지원하고, 학대피해 등으로 보호가 필요한 아동에 대한 지방자치단체의 보호조치를 강화하기 위한 내용을 담았다. 즉, 국가와 지방자치단체는 아동이 태어난 원가정에서 성장할 수 있도록 지원하고, 원가정에서 성장할 수 없는 아동에 대하여는 가정과 유사한 환경을 제공하도록 한다. 시·도지사 또는 시장·군수·구청장이 보호대상아동의 보호조치를 하기 전에 아동에 대한 상담, 건강검진, 심리검사 및 가정환경에 대한 조사를 실시한다. 보호조치를 받는 아동의 양육 상황을 매년 점검하고, 해당 보호조치가 적절하지 아니하다고 판단되는 경우 지체없이 보호조치를 변경하도록 한다. 기존에는 아동복지시설의 장도 보호 중인 아동의 귀가조치를 할 권한이 있었으나, 이 법은 시·도지사 또는 시장·군수·구청장에게만 아동의 귀가조치 권한을 부여한다.

필자는 이 연구의 최종보고서를 넉넉하게 만들어서 한국아동청소년그룹홈협의회, 한국아동복지협회, 아동보호전문기관, 가정위탁지원센터, 한국입양홍보회 등에 기증하였다. 아동복지 관계자를 만날 때마다 작은 차이를 극복하고 아동이 보다 행복하게 사는 세상을 열어가자고 제안하였다. 누구든지 쉽게 내려받을 수 있도록 다음 카페에 파일로 게시하였다. 한 사람 혹은 소수가 꿈꾸면 단지 꿈에 불과하지만, 다수가 꿈꾸면 변화의 바람을 일으킬 수 있다. 배워서 남 주는 사회복지사, 세상을 바꾸는 사회복지사, 행복한 세상을 열어가는 사회복지사가 마땅히 해야 할 일이었다.

시설 퇴소청년 자립연구

이용교 외, 드림미디어, 2019.

이 책은 광주광역시의 용역사업을 광주연구소(이사장 나간채)가 수탁하여 수행한 결과물이다. 필자가 책임연구원을 맡고, 안희란 광주연구소 연구위원, 김선희 무등육아원 사무국장, 김순자 (전)광주애육원 자립지원팀장, 정민기 한국복지교육원 선임연구원이 함께 연구했다.

광주광역시 아동양육시설에서 퇴소 후 10년 이하 청년 56명을 면접조사하였다. 녹음한 자료의 전사본을 반복해서 읽고, '퇴소 청년이 자립하는 과정에서 겪은 어려움은 무엇이고 지지가 되었던 것은 무엇인가?'와 관련된 의미 있는 진술을 찾아내어 의미 단위로 묶어 축고딩하였다. 의미 단위를 통합하여 71개의 개념과 24개의 범주, 그리고 5개의 주제를 도출했다. 5개의 주제는 '퇴소 후 진로 찾기', '퇴소 후 주거양태', '퇴소 후 인간관계', '결혼에 대한 두려움의 내용', '자립교육에 대한 요구' 등이었다.

진로찾기에서 만족하는 직업 또는 학과를 찾지 못하게 된 요인은 진로정체감 미형성, 빨리 자리를 잡아야 한다는 조급함, 진로·학과에 대한 이해 부족, 기초학습 능력 부족, 목적 부재의 대학진학,

직업세계에 발을 들임에 대한 두려움, 대학 재학 중의 재정적 어려움 등이고, 만족하는 직업 또는 학과를 찾게 된 요인은 진로정체감 형성, 다양한 원내 프로그램, 학교·보육원 교사의 개별화된 조언과 지지, 목적이 뚜렷한 대학진학 등이었다.

주거양태에 따라 퇴소 청년이 느끼는 편익과 불편은 타인의 주거에 얹혀 살기, 원가족과의 합가, 시설동기들과의 동거, 나 홀로 사는 월세방, 퇴소 전에 살던 보육시설(보호연장), 자립생활관, 광주도시공사와 한국토지주택공사LH 지원 주택, 일반 전세 주택에 따라 다양했다.

시설, 학교와 사회에서 만난 이들의 표상과 의미는 시설에서 만난 어른들, 시설에서 만난 친구·선후배, 학교와 사회에서 만난 이들 간에 상당한 차이가 있었다.

결혼에 대한 두려움은 내가 결혼할 수 있을까?, 나를 오해하지 않을까?, 내가 부족하지는 않을까?, 배우자가 나를 이해해 줄 수 있을까? 등으로 요약된다.

자립교육에 대한 요구는 교육자의 외연 확대, 퇴소 후에도 자립교육을 몸에 배도록 습관들이기, 퇴소 후와 같은 상황 속에서의 훈련, 금융교육, 법률교육, 어른이 되어야 하게 되는 행동에 대한 교육 등이었다.

이를 바탕으로 연구진은 퇴소 청년의 자립 지원방안을 제안하였다. 제안된 정책은 이후 보건복지부가 관련 정책을 혁신하는데 크게 기여하였다.

활기찬 노년생활

이용교, 학지사, 2020.

필자는 노인이 전체 인구의 20%를 넘는 초고령사회에 '노인'이 되므로 2020년에 '활기찬 노년생활'을 집필하였다. 과거 노인복지는 심각한 빈곤에 빠진 노인의 최저생활을 보호하거나 질병에 걸렸지만 돈이 없어 치료받기 어려운 노인을 치료하는 것이 중심이었다. 대한민국은 1인당 국민소득이 3만 달러가 넘지만, 경제협력개발기구 회원국 중에서 노인빈곤율과 노인자살률이 가장 높다. 많은 노인이 가난과 질병 그리고 외로움 속에서 살다 스스로 생명의 끈을 놓기 때문이다.

모든 노인이 헌법상 규정된 '인간다운 생활'과 '행복추구권'을 누릴 수 있도록 노년생활에 중요한 요소인 소득, 건강, 노동, 주거, 학습, 여가, 인간관계, 죽음에 관한 책을 집필하였다. 노인이 활기 있는 인생을 보상받고, 자신의 권리를 완벽히 누릴 수 있도록 노년생활백서를 출간하고자 했다. 이 책은 노인이 일상생활 속에서 8가지 권리를 누리는 구체적인 방안을 담았다.

첫째, 모든 노인은 소득을 가질 권리가 있다. 노인은 자신과 배우자의 연금이 얼마인지를 점검하고 지속 가능한 소득을 창출해야 한다. 돈이 돈을 벌기에 퇴직연금과 연금저축을 활용하여 세금을 줄이고, 가구 소득인정액을 확인하여 기초연금을 신청하며, 위기에 처하면 긴급복지 등을 활용한다.

둘째, 모든 노인은 건강하게 살 권리가 있다. 건강관리 3대 요소인 영양 식사, 운동, 인간관계를 잘해서 건강수명을 늘린다. 2년에 한 번씩 국가건강검진을 받고, 암검진도 받아서 질병을 예방하거나 관리한다. 건강보험의 본인부담금 한도액 제도를 활용하고 고혈압과 당뇨병과 같은 만성질환이 있다면 단골 의원을 지정하여 본인부담금을 낮춘다. 치매를 예방하고 의심되면 조기에 진단받아서 약물관리를 하고 노인장기요양보험을 잘 활용한다.

셋째, 모든 노인은 일할 권리가 있다. 나이가 들수록 근로·사업소득보다 이전소득의 비중이 커진다. 괜찮은 일자리를 찾아서 오랫동안 일하고, 노인 일자리와 사회활동 지원사업에 참여하여 용돈도 벌고 다른 사람과 교류할 기회를 가진다. 옛말에 항산이 있어야 항심이 생긴다고 했는데, 보람 있는 일거리를 찾는다.

넷째, 모든 노인은 쾌적한 집에서 살 권리가 있다. 나이가 들면 부부만 살다 배우자와 헤어지면 혼자 사는 삶이 대세이다. 내 집으로 주택연금을 받거나, 거주공간을 줄여 나머지 공간으로 임대 수입을 얻을 수 있다. 가구 소득과 재산이 낮으면 주거급여 등을 신청하고, 공공임대주택에 입주하여 살 수도 있다.

다섯째, 모든 노인은 학습할 권리가 있다. 공교육을 받고 싶으면 초·중등학교 '성인반'에서 공부하고, 국가장학금을 활용하면 대학교육이 사실상 무상이다. 지식정보화사회에서 삶의 질을 높일 수 있는 다양한 학습에 참여할 수 있다.

여섯째, 모든 노인은 편안하게 쉴 권리가 있다. 노인은 지하철 무료와 각종 교통수단의 할인을 활용하여 여행을 즐길 수 있다. 젊을 때보다 여가시간이 많기에 다양한 문화활동에 참여할 수 있다. 소득이 낮은 노인은 문화누리카드를 이용한다.

일곱째, 모든 노인은 인간관계를 맺을 권리가 있다. 좋은 인간관계는 삶을 풍요롭게 하기에 가족, 친구, 친지와 관계에 힘쓴다. 친밀한 관계에서 말과 행동을 조심하고, 다른 사람의 자기결정권을 존중한다. 인간관계는 품앗이 같아서 대접받고 싶은 대로 하면 된다. 나이가 들수록 행동반경이 줄고 사람과 접촉이 줄기에 반려동물이나 식물과 더불어 사는 것도 중요하다.

여덟째, 모든 노인은 존엄하게 죽을 권리가 있다. 정신이 총총할 때 삶의 흔적을 기록한다. 어떻게 임종을 맞이할 것인지를 성찰하고 존엄한 죽음에 대비하여 연명치료와 장례 방식을 가족에게 미리 알린다. 자신의 묘비명을 써보는 것도 좋다.

대한민국은 2024년에 노인이 1천만 명을 넘었고, 2024년 12월 23일에 노인이 전체 인구의 20%를 넘겨 초고령사회가 되었다. '활기찬 노년생활'을 실천하면 삶의 질을 유지할 수 있고, 그렇지 않으면 세월은 노인을 빈곤과 질병 그리고 외로움으로 옥죌 것이다. '활기찬 노년생활'은 인간다운 생활을 할 권리를 추구하면서 세월과 씨름하는 것이다. 필자는 개정판을 내면서 초고령사회 대한민국 노인의 행복추구권을 기록할 작정이다.

디지털 사회보장론

이용교, 학지사, 2020.

필자는 광주대학교에서 1학기에는 사회복지학개론, 사회보장론, 2학기에는 청소년복지론을 강의했다. 사회보장론은 초기에는 다른 학자들이 쓴 교재로 강의하고, 2003년 이후에는 조원탁 교수 등과 함께 쓴 사회보장론을 사용했다.

'디지털 사회보장론'은 코로나19가 널리 퍼진 2020년에 발행되었다. 2020년 1학기부터 모든 강좌를 온라인으로 진행해야 했다. 20여 년 전부터 사회복지학개론, 청소년복지론의 온라인강좌를 운영하였기에 바로 대처했지만, 사회보장론은 새로 PPT를 만들고 영상을 찍어야 했다. 필자는 학기 중에 강의안을 만들고 여름방학에 수정 보완하여 출판했다.

기존 사회보장론은 사회보험, 공공부조 중심으로 쓰였지만, 사회복지사가 알아야 할 급여 내용이 빈약했다. 사회복지사가 사회보장론을 공부하는 이유는 시민이 사회적 위험에 대비하여 사회보험을 잘 활용하고, 위기에 빠졌을 때 공공부조를 통해 기초생활을 보장받을 수 있는 방법을 찾기 위해서이다. 필자는 사회보장제도의 역사와 각국의 사회보장 특징은 사회복지역사 과목에서 다루기에 간략히 다루었다. 한국의 5대 사회보험(국민연금, 건강보험, 노인장기요양보험, 고용보험, 산업재해보상보험)과 공공부조(기초생활보장제도, 긴급복지)를 체계적으로 작성했다. 각 제도는 적용대상, 재원, 급여, 관리운영, 제도의 활용과 과제 등을 집필하고, 적용대상자가 어떤 상황에서 어떤 급여를 받을 수 있는지를 구체적으로 기술하였다.

이 책은 기존 책과 달리 공무원연금 등 직역 연금제도, 사회적으로 영향력이 커지는 사회수당(기초연금, 아동수당 등)을 다루고, '사회보장과 사회복지사의 역할'을 수록하였다. 독자를 위해 각 장의 끝에 단원 정리와 용어정리, 참고문헌과 영화, 웹사이트를 정리했다.

이 책은 사회복지사 1급인 온 가족이 함께 작업했다는 점에서 의미가 크다. 사회복지학을 강의하는 아내는 쉽게 쓰도록 조언했고, 서울연구원 연구원인 승재는 초안을 꼼꼼히 다듬었으며, 다울이는 커피를 특송하여 면학 분위기를 조성했다. 이 책의 독자는 자신과 가족의 소득과 건강을 보장받고, 배워서 남 주는 사람이 되길 기원한다. 시민은 사회보장을 일상생활 속에서 활용하면서 배우는 경향이 있다. 자신이 알게 된 복지상식을 가족과 이웃과 나누면서 복지공동체를 형성할 수 있다. 사회보장은 일방적으로 주거나 받는 것이 아니라 주고받는 것이다. 모든 시민은 복지수급자이면서 동시에 복지제공자 혹은 복지기여자이기 때문이다.

필자는 이 책의 개정된 파일을 '시민과 함께 꿈꾸는 복지공동체'에 게재하였다. 최근 정보가 궁금한 사람은 이 파일을 활용하기 바란다.

복지사각지대 예방과 발굴

이용교, 인간과복지, 2023.

필자는 오랫동안 지역사회보장협의회(구 지역사회복지협의체, 약칭 지사협) 대표협의체 민간위원장으로 활동하면서 복지사각지대에 있는 시민이 꼭 필요한 복지급여를 받지 못한 것을 볼 수 있었다. 국가가 제공하는 복지급여만도 360가지(2024년에는 450가지) 이상인데, 여전히 복지사각지대에 빠진 사람이 있다.

많은 국민은 가구의 소득과 재산 등에 따라 자격이 되면 복지급여를 받을 것으로 기대하지만, 정부는 신청한 사람 중 기준에 맞으면 복지급여를 준다. 당사자가 알아야 신청할 수 있는데, 복지급여에는 어떤 것이 있고 어떤 상황에서 신청할 수 있는지를 정확히 아는 사람은 거의 없다. 위기가구를 발견하면 신고해야 할 의무가 있는 사회복지사, 교사, 의사, 간호사 등도 주요 복지제도를 잘 모른다. 이에 필자는 지사협 위원을 비롯하여 긴급복지 신고의무자가 복지사각지대를 예방하고 발굴할 수 있도록 단행본을 제작하였다.

이 책은 2023년에 처음 만들어져 지사협 위원 연수와 사회복지사 보수교육 등에서 많이 소개되었다. 출간 직후에 사회복지책마을이 주최하고 대구카리타스교육원이 주관하여 대구대교구 소속 성당의 사회복지위원회 위원을 위해 강연이 열렸다. 이후 대구, 서울, 부산, 광주, 인천, 경기, 대전 등 다양한 곳에서 온·오프라인 교육을 하였다.

이 책은 독자가 목차만 읽으면 긴급복지지원제도와 기초생활보장제도 등을 활용하는 방법을 안내했다.

- 모든 국민은 인간다운 생활을 할 권리가 있다.
- 당사자가 복지급여를 신청해야 받을 수 있다.
- 알아야 복지급여를 신청할 수 있다.
- 긴급복지는 129로 신청하세요.
- 생계급여로 매월 생계비를 받을 수 있다.
- 의료급여로 질병을 치료받을 수 있다.
- 주거급여를 받고 공공임대주택에서 살 수 있다.
- 교육급여와 국가장학금을 받을 수 있다.
- 자활사업과 직업훈련에 참여할 수 있다.
- 인구집단별로 복지제도를 이렇게 활용하세요.
- 복지사각지대를 이렇게 예방, 발굴, 지원할 수 있다.

필자는 '복지사각지대 예방과 발굴'을 지역사회보장협의체 위원과 전국 사회복지사에게 널리 알리고 있다. 서울시복지재단에서 '지역사회보장협의체 민간위원장'을 대상으로 온라인 교육을 하였고, 그 영상이 공유복지플랫폼을 통해 널리 알려졌다. 책 원고와 강의안을 다음 카페를 통해 널리 알렸다. 2024년 개정판을 냈고, 중위소득, 소득인정액의 산정방식, 복지수급자의 선정 기준, 복지급여의 세부 내용이 매년 바뀌기에 지속적으로 개정할 계획이다.

인권과 인권교육

청소년의 권리와 사회적 불평등

이순형 외, 한국청소년연구원, 1992.

한국청소년연구원이 발간한 '한국청소년연구'의 두 번째 기획주제는 '청소년의 권리와 사회적 불평등'이었다. 청소년연구는 청소년을 문제의 대상으로 보거나, 문제를 일으키는 사람으로 보는 경우가 많았다. 하지만, 청소년문제는 사회문제의 거울이고, 청소년은 사회문제의 희생자인 경우가 많다.

따라서 청소년의 권리를 다각적으로 조명하고, 일상생활 속에서 이를 보호할 수 있는 방안을 모색하고자 '청소년의 권리와 사회적 불평등'을 주제로 학자들에게 원고를 청탁하였다. 이 땅의 청소년이 성과 나이에 의해 어떻게 불평등하게 대접받고 그 해결책이 무엇인지를 다 학문적으로 접근하였다. 한국청소년연구 1991년 여름호부터 1년간 게재된 8편의 원고를 묶었다.

이 책에 담긴 원고는 사회적 불평등에 대한 청소년의 인지(이순형 서울대 교수), 한국 청소년의 연령별 불평등과 과제(최현 한국청소년연구원 연구위원), 한국 청소년의 성적 불평등과 과제(이덕주 전국교직원노동조합 여성국장), 학교교육과 불평등 문제(정환규 연세대 박사과정), 청소년의 평등한 삶을 위한 과제(조혜정 연세대 교수), 인권, 청소년, 그리고 청소년권(이봉철 한남대 교수), 청소년 기본권의 중요 과제(표시열 고려대 교수), 학생청소년 권리의 내용과 그 제한 근거에 관한 고찰(최윤진 책임연구원) 등이었다.

이윤구 원장은 권두언에서 "이 책은 우리 연구원이 지난 3년 동안 심혈을 기울여서 기획한 노력의 진수를 상징하는 것이 된다"고 평가했다. 필자는 편집후기에서 이 책의 기획의도와 성과로 "청소년연구가 청소년문제나 청소년비행에서 벗어나기 위해서는 청소년의 권리에 대한 성찰과 청소년이기 때문에 인간적인 대우를 받지 못하는 사회구조에 대한 연구가 절실했다. 청소년의 권리는 인권에 대한 철학적 논의에서 시작하여 학교현장에서 직면하는 구체적인 사안에 대한 판례까지 다루었다. 청소년의 사회적 불평등은 성별과 연령별 불평등의 구조 그리고 가족과 학교를 통한 불평등의 재생산을 논의하였다. 이러한 연구들은 청소년연구가 일부 문제 청소년에 대한 연구에서 벗어나서 모든 청소년을 연구해야 하고 또 할 수 있음을 보여준 것이었다"고 밝혔다.

한국청소년연구 편집위원회는 매년 기획주제를 다루고 그 논문들을 묶어서 단행본을 낼 계획이었다. '청소년연구의 동향과 과제'와 '청소년의 권리와 사회적 불평등'을 단행본으로 냈지만, 다음 기획 주제인 '청소년문화연구'를 발간하지 못했다. 누군가 땀 흘려 일해야 결실을 맺을 수 있다.

아이들에게도 인권이 있다

이배근, 이용교, 류은숙, 참여연대, 1997.

이 책은 대한민국 인권 분야에서 새로운 지평을 열었다. 인권에 대한 담론이 세계인권선언을 중심으로 논의되고, 국가보안법 폐지, 사형제도 폐지와 같은 거대 이슈에 머물러 있을 때 '아이들에게도 인권이 있다'는 아동의 권리에 대한 성찰의 계기를 주었다.

세계인권선언 제1조는 "모든 인간은 태어날 때부터 자유로우며 그 존엄과 권리에 있어 동등하다."고 되어 있지만, 제2조는 "모든 사람은 인종, 피부색, 성, 언어, 종교, 정치적 또는 기타의 견해, 민족적 또는 사회적 출신, 재산, 출생 또는 기타의 신분과 같은 어떠한 종류의 차별이 없이, 이 선언에 규정된 모든 권리와 자유를 향유할 자격이 있다."로 "연령차별"을 명시하지 않았다. 학교에서 인권을 "사람 위에 사람 없고, 사람 밑에 사람 없다"로 가르치지만, 집에서는 "찬물도 위아래가 있다"를 배운다. 성차별에 비교하여 연령차별은 평소 인식하지도 못한 채 살아간다.

이러한 상황에 참여연대 사회복지위원회가 기획하고, 필자와 유니세프 한국위원회 이배근 조정관, 인권운동사랑방 류은숙 교육부장이 함께 쓴 이 책은 아동권리 분야 책에 새로운 흐름을 만들었다. 필자는 참여연대 초기부터 사회복지위원회의 실행위원으로 참여하였는데, 어느 날 간사로부터 공보처의 '민주공동체 실천사업'에 참여하는데 어떤 소재가 좋을지를 물었다. 몇 차례의 전화 통화로 '아동권 캠페인: 평화가족 만들기'로 사업을 제안하였고 채택되어 재정지원을 받았다.

이때 필자는 아동권리협약의 핵심 내용과 유엔아동권리위원회가 한국에 권고한 사항을 시민들에게 널리 알리고, 부모가 자녀와 함께 '평화가족 만들기' 운동을 펼치면 좋겠다고 생각했다. 이 캠페인을 위한 안내책을 만들고 '평화가족 캠프' 형식으로 시범 적용하면 좋겠다고 제안했다. 세상의 많은 일은 제안한 사람이 감당해야 하듯이 집필진을 짜는 것은 필자의 몫이었다.

먼저 생각난 사람은 유니세프 한국위원회 이배근 조정관이었다. 유엔에서 아동권리협약을 만들 때 유니세프가 중심이었고, 이 협약을 한국에 널리 알린 단체도 유니세프이었으며, 이배근 조정관은 최고 전문가로 통했다. 전화로 요청하였더니 흔쾌하게 '제1장 아동의 권리에 관한 국제협약'을 집필하기로 했다. 아동의 권리를 소개하고, 어린이들이 왜 자신의 권리를 배워야 하며 누가 가르쳐야 하는지, 협약의 주요 내용, 우리나라의 과제, 가정과 학교와 사회에서 아동의 권리가 어떻게 침해되고 있는가를 기술했다.

인권에 대한 사회적 담론이 이론적인 논의나 특정 사건에 대한 논쟁이 많을 때, 인권운동사랑방은 사회 곳곳에서 일어나는 인권 현안을 널리 알렸다. 류은숙 인권교육부장은 사회복지사로서 인권 운동을 하는 젊은 활동가이었다. 아동, 청소년을 포함한 시민에게 인권교육을 실천한 경험이 많은 류 부장은 '제3장 게임으로 배우는 어린이권리교실'을 집필하였다. 그 내용은 권리와 책임에 대해 알아봅시다, 우리는 가족, 세계 속의 친구들 등이었다. 어린이가 인권을 소재로 게임을 하면, 부모와 교사가 도움을 줄 수 있는 형식으로 작성되었다.

필자는 '제2장 아동의 권리를 보장하는 '평화가족"'을 집필하였다. 아동의 권리를 존중하는 가족이 할 수 있는 다양한 활동을 제시했다. 국제사면위원회가 만든 '인권교육의 기법'을 참고하여 인권침해 사례연구, 평화가족 모임, 어린이 권리교실, 평화가족 캠프, 인권영상축전, 연대활동 등을 기술하였다. 필자는 '평화가족 수칙 10가지'(안)를 제안하였고, 사회복지위원회와 협의하여 확정되었다.

이 책의 발간으로 필자는 아동·청소년권리 분야의 전문가로 인정받았다. 한국청소년연구원 이윤구 원장(1989.7.~1993.1.)이 아동권

평화가족 수칙 10가지

- 평화를 가족공동체의 기본 가치로 삼는다.
- 가족회의를 통해서 살림살이와 생활방식을 의논한다.
- 어떠한 경우에도 폭언와 체벌을 하지 않는다.
- 가족 공동의 기록물을 소중히 여긴다.
- 부부, 부모자녀가 가사를 분담한다.
- 가족이 함께 운동이나 취미생활을 한다.
- 재산의 형성이나 관리에 가족이 함께 참여한다.
- 가족이 각자의 자아를 존중하고 실현하도록 돕는다.
- 가족간 갈등은 대화로 해결한다.
- 친척과 이웃의 어려운 일을 적극 돕는다.

리협약에 관한 각종 행사를 기획할 때 참여하면서 전문성을 키워왔다. 특히 1996년에 '청소년인권보고서'를 집필하고, '인권교육의 기법'을 번역하면서 전문성을 발휘했다.

'아이들에게도 인권이 있다'는 책의 발간은 저자들의 명성을 더욱 높여주었다. 이때 이배근 조정관의 협력이 컸다. 필자는 사업비의 인쇄비로는 납품할 부수 정도만 제작할 수 있는 형편임을 알리고, 유니세프 한국위원회의 사업비를 보태서 더 많은 부수를 찍어 알리면 좋겠다고 제안했다. 이 조정관도 흔쾌하게 동의하여 1,000부를 더 찍어서 유니세프 한국위원회와 참여연대의 배포망을 통해 무상으로 널리 알렸다. 이 책을 통해 아동권리협약과 유엔아동권리위원회가 한국에 권고한 사항, 아동의 권리를 보장하기 위해 아동과 부모 그리고 엔지오의 역할을 널리 알렸다. 이후 국가인권위원회가 설립되어 공공기관과 민간단체가 아동권리를 보호하거나 증진하려는 활동을 할 때 이 책은 지침서가 되었다.

아이들의 인권 세계의 약속

어린이·청소년의권리연대회의, 내일을여는책, 1997.

유엔은 1989년에 총회에서 아동권리협약을 만장일치로 채택했다. 대한민국은 1991년에 이 협약을 비준하고, 1994년에 유엔아동권리위원회에 '유엔아동권리협약 이행에 관한 대한민국 최초 보고서'를 제출하였다. 협약 당사국이 국가보고서를 제출하면 해당 국가의 민간단체가 '민간단체보고서'를 제출할 수 있다. 유엔아동권리위원회는 정부대표를 참석시켜 국가보고서를 심의할 때 민간단체보고서를 참고하여 질문하거나 답변의 신빙성 등을 확인할 수 있다. 민간단체 관계자는 회의장에 참석할 수 있지만 발언할 수는 없다. 다만 민간단체 관계자는 아동권리위원회 위원에게 서면으로 의견을 전달할 수 있고, 휴게시간에 자유롭게 대화할 수 있다. 이러한 방식으로 민간단체보고서와 민간위원은 국가보고서의 심의에 실질적인 영향력을 미칠 수 있다.

국가보고서를 제출한 직후에 아동인권에 관심이 있는 민간단체들이 모여 '어린이·청소년의 권리연대회의'를 구성하고 민간단체보고서를 작성하기로 했다. 전국교직원노동조합(전교조), 민주사회를 위한 변호사 모임(민변) 등 20여 개 단체의 실무자들은 용산역 앞 인권운동사랑방에 모였고, 필자(당시 한국청소년개발원 선임연구원)는 '개인 자격'으로 참여했다. 보고서 작성을 위한 최소한의 사업비는 참가단체들이 5~10만 원을 갹출하고, 참가자들도 짜장면 값을 내면서 밤늦게까지 보고서를 집필하였다.

이 민간단체보고서는 유엔아동권리위원회에 보내졌고, 자료를 설명하기 위해 숙명여자대학교 이기범 교수, 숭실대학교 노혜련 교수, 인권운동사랑방 류은숙 활동가가 자비로 스위스 제네바까지 갔다. 유엔아동권리위원회는 1996년 1월 18일과 19일에 대한민국 최초 보고서를 심의하였고, 결론적 의견을 채택하였다.

민간단체보고서의 제출과 민간 전문가들의 열정적인 활동으로 유엔아동권리위원회는 한국 정부에게 아동의 권리를 개선하기 위해 국가위원회를 두고, 아동 관련 정보를 집대성하며, 권리교육을 강화할 것 등을 권고하였다. 민간단체들이 협력하여 보고서를 만들고 국제무대를 통해서 한국의 인권상황을 개선하는 계기를 만든 것은 이후 다른 인권운동에도 귀감이 되었다.

연대회의는 활동을 기록으로 남기고 널리 알리기 위해 단행본을 발간하였다. 이 책은 청소년의 인권의 상황, 아동권리협약의 내용, 협약과 세계정상행동계획의 국내 이행 상황, 유엔아동권리위원회에 제출된 대한민국 최초 보고서, 아동권리협약에 관한 어린이·청소년의 권리연대회의의 의견 등을 담았다. 필자는 이 책에서 '청소년 인권의 상황과 제언'을 집필하였다.

청소년인권 보고서

이용교 외, 인간과복지, 1997.

필자는 1989년 7월부터 한국청소년연구원(이후 한국청소년개발원, 한국청소년정책연구원으로 바뀜)에서 청소년복지를 연구하였다. 1991년에 유엔아동권리협약이 채택되자 이를 널리 알리고 협약에 맞추어서 한국 사회의 제반 실태를 파악하고 대안을 모색하는 활동에도 참여하였다. 당시 한국 사회에서 사회문제로 인식된 것은 학교에서 교사에 의한 체벌, 학생의 의사에 반하는 야간자율학습, 용의 기준에 맞지 않다는 이유로 학생의 머리카락을 강제로 자르는 것 등이었다. 중·고등학생들은 체벌 금지, 0교시와 강제타율학습 폐지, 두발 자유 등을 외쳤다. 천리안, 하이텔, 나우누리와 같은 온라인공간이 발달하면서 청소년이 온라인 게시판에 인권침해 사례를 올리고, 그것이 사회문제로 비화되었다. 필자는 아동권리협약과 헌법 등에 비춰볼 때 교육적 훈계를 넘어선 인권침해라는 점을 밝히고 이를 개선하는 방안을 강구하였다.

1994년 대한민국 정부가 유엔아동권리위원회에 제1차 국가보고서를 제출하고, 이에 대응하여 아동권리에 관심 있는 민간단체들이 '어린이·청소년의 권리연대회의'를 구성하고 민간단체 보고서를 작성하여 유엔에 제출하였다. 필자는 보고서 중에서 '청소년인권의 상황과 제언'을 집필하였다. 정부출연기관의 연구원이 국가보고서를 반박하는 민간단체보고서를 쓰는 것에 대한 부담감으로 '개인 자격'으로 참여하고, 집필자 소개에도 '중앙대학교 강사'라고 쓸 정도로 조심스러웠다.

유엔아동권리위원회가 대한민국 최초 보고서를 심의할 무렵에 한국청소년개발원은 '청소년 인권증진 방안'을 연구하기로 결정했다. 필자는 권리연대회의에서 청소년의 인권상황을 점검하고 대안을 제시한 바 있었기에 연구책임자로 참여하였다. 아동·청소년권리 중 한국은 생존권과 발달권은 비교적 잘 보장되지만, 보호받을 권리, 참여권의 신장이 필요한 상황이었다. 청소년의 인권상황을 구체적인 자료를 통해 확인하고 증진방안을 제안하려면 신중하게 접근해야 한다. 예컨대, 부모에 의한 자녀 체벌을 '훈육'으로 인식하는 사람과 '신체적 학대'로 인식하는 사람이 공존한다. 교사에 의한 학생의 체벌은 단체생활에서 질서를 유지하기 위한 최소한의 조치라고 보거나 '사랑의 매'로 보는 사람도 있기에 현상을 파악하고 대안을 제시하려면 지혜가 필요하다.

필자는 아동권리협약에서 규정한 제반 권리에서 소재를 찾고, 협약에 근거한 청소년인권 증진방안을 제안하고자 했다. 학교에서 체벌 금지, 강제 이발 금지, 0교시와 강제 타율학습의 폐지, 청소년인권센터의 설치와 운영, 청소년인권에 대한 실태조사, 학생인권조례의 제정 등을 제안하였다. 인권에 대한 시각이 다양하기에 보수적인 사람도 공감할 수 있도록 신중하게 자료수집을 했다. 체벌에 대한 실태를 파악할 때는 '한겨레'보다는 '조선일보'의 기사를 인용하였다. 통계는 정부가 공식적으로 발표한 통계연보나 국정조사 등에서 공표된 것을 인용하였다. 민간단체나 전문가의 주장은 항목을 선정하는 데 참고하고, 아동권리협약과 헌법 등에 근거하여 청소년의 인권증진 방안을 제안하였다.

이 연구사업의 제목은 '청소년 인권증진 방안 연구'이었지만, 최종보고서를 '청소년인권보고서'라고 지었다. 대한민국 청소년의 인권을 최초로 진단한 보고서라는 점을 강조하여 사회적 관심을 끌기 위해서이었다. 가독성을 높이기 위해 단행본을 염두하여 신국판의 크기로 편집하였다. 사전에 인간과복지와 협의하여 두 기관이 거래하는 신흥인쇄주식회사에서 활판으로 조판하였다. 인쇄하기 직전에 뽑은 교정지로 기관 제출용 최종보고서를 만들고, 1997년에 수탁받은 인간과복지가 단행본을 제작하여 판매하였다.

이 책은 1997년 연말 대선에서 김대중 후보가 당선되고 1998년부터 국민의 정부가 출범된 후 청소년인권 분야에서 가장 주목받는 책으로 평가받았다. 이 책은 민주주의와 시장경제를 강조한 국민의 정부가 인권정책을 수립할 때 청소년인권의 선행연구 자료로 널리 활용되었다.

인권교육의 기법

이용교, 이희길 역, 한국청소년개발원, 1996.

필자가 1996년에 한국청소년개발원에서 '청소년인권증진방안 연구'를 수행할 때, '청소년인권보고서'를 쓰고, 번역한 것이 '인권교육의 기법'이었다. 정부출연기관의 연구사업은 '보고서'만 쓰는 것이 일반적인데, 필자는 청소년의 인권을 증진하기 위해 청소년과 청소년지도자에 대한 인권교육이 중요하다고 인식하여 이 책을 번역했다.

문헌 연구 과정에서 국제사면위원회Amnesty International 필리핀지부가 인권교육사업을 수행하면서 만든 'Shopping List of Techniques in Teaching Human Rights'(1994)을 번역하였다. 이 책은 인권을 단계별로 학습할 수 있도록 편성되었다. 즉, 자신의 권리 알기, 권리를 맥락 속에서 파악하기, 인권의 존중·보호 그리고 증진하기, 국제적 유대를 향하여 등 네 단계로 재미있는 활동으로 구성되었다. 청소년이 좋아하는 각종 놀이(그림 그리기, 노래 부르기, 보물찾기, 영화 보기, 역할 연기 등)를 통하여 자연스럽게 인권을 학습할 수 있도록 편성된 이 책은 표현의 자유, 집회 결사의 자유, 인간다운 최저생활을 할 권리 등이 취약한 한국 청소년에게 큰 도움을 줄 것으로 평가받았다.

아울러 이 책은 'Shopping List'에 1993년 캐나다 몬트리올에서 유네스코와 유엔인권센터가 공동으로 주최한 '인권과 민주주의 교육에 관한 국제회의'에서 채택한 '세계행동계획'을 첨부하였다. 이 행동계획은 우리나라 인권교육의 방향을 설정하는 데 큰 도움이 될 것으로 판단했다.

필자는 1996년 연말에 '청소년인권보고서'와 함께 '인권교육의 기법'을 최종보고서로 제출하였다. 다음 해 인간과복지가 한국청소년개발원으로부터 출판권을 수탁받아 두 권을 발행하였다. 1998년 집권한 김대중 대통령이 '민주주의와 시장경제'를 강조하면서 '청소년인권보고서'와 '인권교육의 기법'은 아동·청소년 인권교육의 교재로 널리 활용되었다.

한국의 사회복지와 인권

짐 아이프, 이예자, 박영란, 이용교, 임성택, 이찬진,
인간과복지, 2001.

한국사회에서 인권에 대한 사회적 관심이 높아질 때 호주 Curtin University 짐 아이프Jim Ife 교수는 '인권과 사회복지실천Human Rights and Social Work'을 출판할 예정이었다. 이 소식을 접한 중앙대 김형식 교수와 세종대 여지영 겸임교수가 한국어로 번역하여 인간과복지에서 출판하였다.

인간과복지는 동시에 '한국의 사회복지와 인권'을 단행본으로 기획하였다. 이 책은 한국 사회복지 인권 상황을 점검하고 대안을 제시했다. 6장으로 구성되었고, 짐 아이프 교수는 제1장 '사회복지와 인권의 세계적 동향'을 집필하였다. 이예자는 제2장 '여성장애인의 인권 현황과 과제'에서 여성장애인 인권의 현황, 여성장애인 성폭력의 피해실태, 여성장애인 가정폭력의 현황, 과제 등을 집필하였다. 박영란은 제3장 '한국 여성의 인권현황과 실천과제'에서 여성인권 증진을 위한 국제 동향과 한국의 여성정책 현황, 한국 여성인권의 현실: 빈곤과 폭력, 여성인권 향상을 위한 실천과제 등을 썼다. 필자는 제4장 '인권에 대한 사회복지계의 접근: 성과와 과제'로 사회복지학 교육에서 인권교육, 사회복지 현장에서 인권실태와 옹호, 사회

복지 근무자의 인권과 과제, 복지권 보장을 위한 과제 등을 다루었다. 국가인권위원회 임성택은 제5장 '사회복지시설의 인권 문제'에서 사회복지시설의 현황, 복지시설의 인권 현황, 복지시설 인권침해에 관한 사법기관의 판단사례, 복지시설 수용 절차의 위헌성에 대하여, 강제 불임시술과 인권, 복지시설의 생존권과 기타 인권보장 문제, 복지시설 인권 향상을 위한 대안 등을 집필하였다. 참여연대 사회복지위원회 위원인 이찬진 변호사는 제6장 '사회권 확보를 위한 공익법운동과 공익소송, 사회권 운동의 향후과제'로 헌법상 사회권의 의의와 법적 성격, 공익법운동과 공익소송, 사회권 확보를 위한 공익소송 사례, 사회권운동의 향후 과제 등을 다루었다.

인간과복지는 출판기념 학술행사를 통해 사회복지와 인권의 중요성을 널리 알렸다. 2001년 11월 25일에 국가인권위원회가 출범하여 인권에 대한 관심이 매우 높은 시기이었다. 한때 사회복지시설은 교도소, 군대, 정신병원 등과 함께 인권침해를 가장 많이 하는 곳이라고 오명을 받았다. 하지만, 사회복지사는 빈곤과 질병 그리고 차별로 인간다운 삶을 살기 어려운 사람의 인권을 보호하고 옹호하는 역할을 하는 최후 보루이다. 사회복지학도 혹은 사회복지사가 사회복지와 인권을 학습하는 것은 인권에 기반한 사회복지실천을 위해 필요하고, 인권교육자와 인권전문가로 성장하기 위해서도 필요했다. 필자는 사회복지와 인권 관련 연구, 집필, 교육, 정책 개발, 모니터링, 행사 기획, 홍보 등 다양한 활동을 꾸준히 실행하였다.

한편, 국가인권위원회는 인간과복지와 공동 기획하여 2006년 6월 23일에 서울여성프라자에서 '사회복지분야 인권관점의 도입·확산'을 위해 짐 아이프 교수를 초빙하여 워크숍을 개최하였다. 참석자는 대학교 사회복지학과 교수와 전공자, 보건복지부 등 관계기관 공무원, 한국사회복지사협회 등 관련 협회 임직원, 인권단체 활동가 등이었다.

짐 아이프 교수가 기조발제를 하고, 중앙대 김형식 교수의 사회로 보건복지부 권덕철 사회정책기획팀장, 서울사회복지사협회 이명묵 부회장, 한국보건복지인력개발원 이숙진 교수, 광주대 이용교 교수, 성공회대 이혜원 교수가 지정토론을 하였다. 이어서 아동, 노인, 장애(정신보건 포함) 분야별 토론회가 열리고, 분야별 토론내용 발표 및 정리 시간을 가졌다. 국가인권위원회는 같은 취지의 행사를 광주, 부산을 순회하면서 개최하였다.

국가인권위원회는 '사회복지와 인권' 연구용역사업을 발주하였고, 2007년 4월에 한국사회복지학회와 공동으로 '한국의 사회복지와 인권'을 주제로 학술대회를 개최하였다. 한국사회복지교육협의회는 '사회복지와 인권'을 교과목 지침서에 담아 교육과정을 표준화시켰다. 보건복지부는 2019년 8월 12일에 사회복지사업법 시행규칙을 개정하여 '사회복지와 인권'을 사회복지사 취득을 위한 법정 과목으로 규정하였고, 이것은 2020년 1월 1일부터 시행되었다. 2001년에 인간과복지 이명묵 대표와 필자 등이 '한국의 사회복지와 인권' 책에서 대학교 사회복지학 교육과정에 '사회복지와 인권'을 제안했는데 19년 만에 법적으로 제도화되었다.

인권동화 잘 읽기: "엄마 엄마"

이용교, 국가인권위원회·현암사, 2002.

이 책은 국가인권위원회가 '모두가 행복한 세상을 위한 특별기획; 아동인권' 총서의 하나로 개발되었다. 국가인권위원회는 아동 인권 보호를 2002년도 특별기획사업으로 추진하였다. 차별이나 편견의 시각에 젖어 있지 않은 어린이의 순수하고 깨끗한 마음이 인권을 지키는 힘이라고 생각하고, 어린이의 감수성에 눈높이를 맞춘 창작 동화집으로 "엄마, 엄마"를 발간하였다.

김창국 위원장은 발간사에서 "우리 사회의 인권상황은 그동안 민주화 진행과 함께 개선되어 왔습니다. 그러나 국민의 인권 감수성 측면에서 보면 아직 갈 길이 멀다고 생각합니다. 사회적 약자와 소수자, 그리고 소외계층이 누려야 할 권리 인식은 당사자뿐 아니라 사회 전체적으로 부족하고 부끄러운 관행은 여전합니다. 아동학대도 그중 하나입니다"라고 밝혔다.

조성자 작가는 '이 책을 읽는 어린이에게'란 머리말에서 제목을 "엄마, 엄마"라고 한 이유를 다음과 같이 밝혔다. "버림받고 상처받은 아이들이 정말 원하는 사람은 자신을 낳아준 엄마이지만, 자신을 키워 준 엄마 역시 엄마이기에 두 분을 모두 불러 보는 마음을 담아내기 위해서였습니다. 이 이야기를 쓰면서 상처를 당한 아이들의 상처를 씻어 주려면 우리 모두의 힘과 사랑이 필요하다고 생각했습니다".

"엄마, 엄마"는 한 공동생활가정(동화책에서 '놀이터 옆 콩나물집')에서 아이들의 엄마가 되어 준 노처녀 엄마의 사랑으로 자라는 왈가닥 '나영'의 시각에서 쓰였다. 함께 생활하는 세영이가 도둑질을 했고 결국 엄마에게 항복을 했다. 물건 훔치기는 관심을 받기 위한 행동인 듯하다. 나영은 노처녀 엄마에게 "나를 훔쳐 왔지?"라고 묻고, 어느 날 찾아온 낯선 사람을 본 후 "저분이 나를 낳아 준 엄마야?"라고 묻기도 한다. 그럼 아빠는 누구인가? 나영은 "우리 아빠 성은 '하', 이름은 '나님'이라고 생각한다. 이 책을 읽으면 나영이의 삶과 생각을 이해하고, 보호가 필요한 아동의 인권실태와 증진방안을 성찰할 수 있다.

필자가 쓴 '인권동화 잘 읽기 "엄마, 엄마"'는 인권의 관점에서 "엄마, 엄마"를 읽어보는 안내서로 개발되었다. 이 책은 모두 7개 장으로 구성되었다. 각 장의 제목은 1. 아동의 권리란 무엇인가?, 2. 요보호 아동의 인권실태, 3. 인권동화 들여다보기, 4. 아동인권 보호의 사회적 책임, 5. 아동인권 보호를 위한 실천, 6. 함께 이야기해 봐요, 7. 참고하세요이다. 필자는 "엄마, 엄마"를 읽으면서 '나영'이의 이야기를 통해 보호가 필요한 아동의 인권실태를 살펴보고 아동의 인권 보호를 위한 사회적 책임을 인식하며 실천할 것을 제안하였다.

인권동화 "엄마, 엄마"와 '인권동화 잘 읽기: "엄마, 엄마"'는 현암사에서 출판되었다. 정부기관은 자료를 자체적으로 발간하여 한정판으로 보급하는 경우가 많은데, 이 책은 사회적 인지도가 높은 현암사가 출판하여 서점에서 판매하였다. 인권동화와 인권동화 잘 읽기는 낱권으로 발간되어 구매자가 자유롭게 선택할 수 있도록 한 점도 돋보였다.

또한 국가인권위원회는 같은 해에 '흰둥이네 할머니'와 '인권동화 잘 읽기: 흰둥이네 할머니'도 함께 출간하였다. 노인인권을 다룬 '흰둥이네 할머니'는 당사자의 눈높이에서 쓰인 책이고, '인권동화 잘 읽기: 흰둥이네 할머니'는 교사, 학부모 등을 위한 인권교육 안내서이었다. 이후 국가인권위원회는 만화, 영화 등 다양한 장르를 통해 인권교육용 자료를 제작·보급하면서 인권교육의 지평을 넓혔다.

필자는 국가인권위원회의 지원을 받아 이 책을 집필한 후 아동인권의 실태를 파악하고 증진하기 위한 다양한 연구사업에 참여할 수 있었다. '아동복지시설 인권평가지표'(2006)를 개발하고, 아동복지시설에 대한 방문조사할 때 조사위원으로 참여하였다. 필자가 '어린이·청소년의 권리연대회의'에서 보고서를 작성하고, 참여연대에서 발간한 '아이들에게도 인권이 있다'를 집필하며, 한국청소년개발원에서 '청소년인권 보고서'를 집필한 경력이 국가인권위원회의 활동으로 이어졌다.

행정과 인권

이성훈 외, 국가인권위원회, 2003.

국가인권위원회(위원장 김창국)는 인권 관련 법·제도·정책 등의 수립에 직·간접적으로 간여하고 있는 행정공무원들이 정책형성, 정책결정, 정책집행 등의 행정의 전 과정에 있어서 인권의 중요성에 대해 다시 한번 생각할 수 있도록 인권교육교재인 '행정과 인권'을 발간하였다.

이 책의 장별 주제와 집필자는 인권일반(이성훈 국가인권위원회 본부장), 행정과 인권(김중섭 경상대 교수), 노동정책과 인권(박홍규 영남대 교수), 복지정책과 인권(김형식 중앙대 교수), 이동정책과 인권(이용교 광주대 교수), 여성정책과 인권(김선욱 이화여대 교수), 교육정책과 인권(김기수 변호사, 바른교육실천행동 대표), 환경정책과 인권(한면희 녹색대학 교수, 환경정의연구소 소장), 정보정책과 인권(이인호 중앙대 교수), 향후 과제: 인권보호 사회 구축을 위하여 등이었다. 필자가 집필한 '아동정책과 인권'은 아동의 인권상황과 인권이 침해받기 쉬운 사례를 점검하고 아동이 보다 행복하게 살 수 있는 행정을 제안하였다.

2004년 아동권리모니터링 보고서

한국아동단체협의회, 한국아동단체협의회, 2004.

한국아동단체협의회(한아협)는 한국아동권리학회(회장 이재연)와 협력하여 '아동권리 모니터링'을 실시하였다. 아동권리 모니터링 교육을 실시하고, 모니터요원들이 활동한 후 보고서를 제출하였다. '아동권리모니터링 모니터교육'은 2004년 6월 19일에 숙명여대에서 이루어졌다. 한아협 임송자 사무총장이 개회사를 한 후, 아동권리교육(안동현 한양대 교수), 아동권리모니터링의 내용(이재연 숙명여대 교수), 세부 관심 영역별 교육(교육- 이용교 광주대 교수, 가족- 황옥경 서울신대 교수, 문제행동과 사회적 환경- 서문희 한국보건사회연구원 연구위원), 모니터링 사례발표(정윤경 한국생활안전연합 팀장), 모니터 팀별교육(대학생- 이재연 교수, 이용교 교수; 교사- 황옥경 교수, 김영지 연구원; 부모- 안동현 교수, 양심영 교수; 실무자- 서문희 연구위원, 임송자 사무총장), 종합정리(이재연 교수), 임명장 수여 순으로 진행되었다.

아동권리모니터링은 관심 영역을 교육, 가족, 문제행동과 사회적 환경으로 나누고, 대학생, 교사, 부모, 실무자 팀별로 활동하였다. 서울, 경기, 광주 등에서 하였는데, 필자는 광주에서 모니터링을 지도하고 보고서를 제출하였다.

청소년인권과 인권교육

이용교, 인간과복지, 2005.

1991년에 대한민국이 아동권리협약을 비준한 후 아동권리에 대한 사회적 관심이 늘었다. 1998년에 김대중 대통령이 '국민의정부'를 표방하고 민주주의와 시장경제를 강조하면서 아동권리협약을 널리 알리고, 유엔아동권리위원회가 대한민국에 권고한 사항을 이행하려는 활동이 활발했다.

이 책은 필자가 청소년인권을 연구하고, 인권교육을 실시하며, 인권정책을 제안한 활동을 집대성한 것이다. '사람 위에 사람 없고 사람 밑에 사람 없다'는 표어이고, 생활양식은 '찬물도 위아래가 있다'이었다. 남녀차별적 생활양식은 '성차별'로 인식되었지만, 장유유서적 생활양식은 '연령차별'로 거의 인식되지 않았다.

필자는 청소년문제의 근원 중의 하나는 청소년을 인격체로 보지 않거나 덜된 인간으로 보는 관점이라고 주장했다. 청소년인권의 실태를 밝히고 발전방안을 모색하기 위한 다양한 활동을 시도했다. 특히 1998년 세계인권선언 50주년을 기념한 국제학술회의에서 한국 인권교육의 실태와 발전방안을 제시하였다.

이 책에 수록된 9편의 출처를 보면, '아동·청소년인권의 실태와 발전방안'은 국가인권위원회의 '행정공무원 인권교육교재'(2004)에 수록되고, '소외청소년의 인권과 개선방안'은 한국청소년학회(2001)에서, '학생권리를 존중하는 학교생활규정'은 광주청소년인권센터의 토론회(2003)에서 발표되었다. '청소년을 위한 인권교육의 모색'은 한국아동권리학회의 '아동권리연구' 창간호(1997)에 게재되고, '청소년 인권교육의 실태와 과제'는 유엔인권선언50주년기념사업회가 주최한 국제학술회의(1998)에서 발표되었다. '청소년 인권교육의 실제'는 한국아동권리학회에서 발표되고, '청소년인권센터의 운영모델'은 한국청소년개발원의 보고서(2003)에 수록되며, '역사적 맥락에서 본 광주청소년의 인권'은 무등청소년회의 '청소년인권 세미나'(2003)에서 발표되고, '영유아보육·교육에서 아동의 참여권'은 한국아동권리학회의 학술대회(2003)에서 발표되었다.

한국 청소년의 인권은 크게 신장되었지만 인권교육은 여전히 중요하다. 청소년인권의 보장을 위해 청소년에 대한 인권교육이 학교에서 제도적으로 이루어져야 한다. 부모와 교사를 포함한 어른들에 대한 인권교육도 이루어져야 한다. 어떤 사람의 인권은 그 사람과 가장 가까운 사람에 의해 침해되거나 보장될 수 있기 때문이다. 필자는 이 책을 통해 청소년인권과 인권교육에 대한 담론이 학술회의장을 넘어 일상생활 속에서 구현되길 희망하였다. 청소년인권의 보장은 행복하게 살기 위한 전제조건이고, 청소년은 내일의 주인공이면서 오늘의 주인이기 때문이다.

한국의 아동·청소년권리

이용교, 황옥경, 김영지, 김형욱, 이중섭, 인간과복지, 2005.

유엔은 1993년 세계인권회의 이후 각국에 범국가적 인권 종합계획인 국가인권정책기본계획NAP 수립을 권고하였다. 국가인권위원회는 제1차 국가인권정책기본계획(2007~2011)을 수립하기 전 2005년에 주요 영역별로 실태조사를 하고 발전방안을 제안받아 종합 정리하여 법무부에 NAP의 수립을 권고하였다. NAP는 5년 주기로 수립하는 인권정책 청사진이고, 법무부와 교육부, 국방부, 경찰청 등은 이를 따라 제도와 관행 개선에 나선다.

국가인권위원회는 노동권, 교육권, 보건의료권리, 아동인권, 노인인권, 여성인권, 장애인인권 등 다양한 영역별로 연구용역을 발주하여 수행기관을 선정했다. 아동인권은 신청기관이 없어서 필자가 연구책임자로 수의 계약하였다. 서울신학대 황옥경 교수, 한국청소년개발원 김영지 연구위원, 한국과 일본의 아동권리를 연구해온 김형욱 박사, 부산대 대학원에서 공부한 이중섭 선생으로 연구진을 구성했다. 기존 실태조사, 통계자료, 법령 등을 분석하여 아동·청소년의 권리 실태를 파악하고, 유엔이 한국정부에 권고한 사항 등을 고려하여 의제를 선정하였다. 아동·청소년권의 발달과 내용을 개관하고, 생존권, 보호권, 발달권, 참여권의 실태를 파악한 후 아동·청소년권과 국가인권정책을 담았다.

연구진은 이 보고서를 통해 아동·청소년의 권리증진을 위한 다양한 정책을 제안하였다. 국가인권위원회에 소위원회로 아동권리위원회를 두고, 학교운영위원회에 학생 대표의 참여를 보장하며, 이혼한 부모가 양육비를 지급하지 않으면 국가가 이행을 강제하는 제도를 도입할 것 등 인권정책을 발굴했다. 제안된 것은 다수가 제1차 국가인권정책기본계획에 담겼고 이후 국가정책으로 제도화되었다. 대표적인 사례는 2015년에 여성가족부 산하 '양육비이행관리원'의 설치, 2017년에 국가인권위원회의 소위원회로 '아동권리위원회'와 '아동인권전문위원회'의 신설 등이다.

필자는 연구사업 담당자에게 보고서를 단행본으로 만드는 것을 제안하고, 국가인권위원회의 설립 취지에 맞다고 동의받아 출판하였다. 이 책은 아동·청소년권리에 대한 단행본이 많지 않은 시기에 사회적 관심을 촉진하였다.

그런데, 제4차 NAP는 2024년 3월에야 뒤늦게 수립·공표되었다. 국가인권위원회는 2022년 8월 3일 향후 5년간(2023~2027년) 시급히 해결·개선해야 할 100대 핵심 과제를 선정해 제4차 NAP에 반영하도록 대통령에게 권고했다. 제4차 NAP는 6개 정책 목표를 중심으로 31개 분야, 271개 정책과제로 구성됐다. 여기에는 여성·아동·청소년·장애인·노인·외국인·재외동포·북한이탈주민 등 사회적 약자 및 소수자 보호 등이 담겼다.

아동복지시설 인권평가지표 연구

이용교 외, 광주대학교 출판부, 2006.

국가인권위원회법 제24조에 따라 국가인권위원회는 "필요하다고 인정하면 그 의결로써 구금·보호시설을 방문하여 조사할 수 있다". 국가인권위원회는 법령에 따라 소속 직원과 전문가에게 전국 교도소, 군대, 사회복지시설 등 구금·보호시설에 방문하여 조사하도록 하고 있다. 그런데, 사회복지시설은 그 대상자가 아동, 노인, 장애인, 정신질환자, 부랑인 등 매우 다양하고, 아동복지시설이라도 아동양육시설, 아동일시보호시설, 아동보호치료시설 등에 따라 여건이 다르다.

이에 국가인권위원회는 2005년에 사회복지시설을 방문조사할 때 확인해야 할 사항을 정하고자 '아동복지시설 인권평가지표 마련을 위한 연구'를 발주하였다. 광주대 산학협력단이 연구진을 꾸려 수의 계약하였다. 필자가 연구책임자를 맡고, 아동양육시설에서 총무로 일했던 이명묵 부장, 청소년쉼터에서 실무책임자로 일했던 정경은 교수, 여성쉼터에서 책임자로 일한 안경순 교수, 한국복지교육원 정민기 선임연구원으로 연구진을 구성했다.

연구진은 미국아동복지시설연맹의 '아동복지시설 서비스 기준'

과 일본 카나가와현의 '아동처우기준'을 참고하여 '아동복지시설 인권평가지표'(안)을 개발하였다. 지표(안)은 아동의 생존권, 보호권, 발달권, 참여권, 아동권리보장체계 등을 포함한 대분류(5개), 중분류(24개), 세부항목(89개)으로 개발되었다. 자문회의를 거쳐 아동복지시설의 유형에 따라 지표를 가감하여, 아동양육시설의 지표는 105개, 소규모 아동복지시설의 지표는 96개, 아동일시보호시설의 지표는 64개, 아동보호치료시설의 지표는 101개 문항으로 정리했다.

연구진은 인권평가지표(안)을 만들고, 2005년 11월에 전국 아동복지시설 70개소에 설문지를 우송하여 49개소로부터 답변받고(회수율 70.0%), 연구진이 20개소를 방문하여 시설장이나 사무국장에게 인권평가지표(안)의 타당성과 수정사항 등에 대한 의견을 청취하였다. 연구진은 지표(안)을 공개하고 아동복지시설의 시설장, 직원, 아동 대표의 의견을 광범위하게 수렴하였다. 설문조사, 현장방문조사, 심포지엄을 통해 아동복지시설 인권평가지표는 아동양육시설 97개, 소규모 아동복지시설 85개, 아동일시보호시설 59개, 아동보호치료시설 91개 문항으로 확정되었다.

이 연구는 국가인권위원회가 아동복지시설을 방문조사할 때 어떤 항목을 중심으로 조사해야 하는지에 대한 기준을 제시하고, 인권에 기반한 아동복지를 실천해야 하는 시설장과 직원 등에게도 기준을 제공하였다. 국가인권위원회가 모든 아동복지시설을 방문조사하기 어려운 상황에 개별 시설이 인권평가지표에 따라 자체 점검하고 보완하면 아동의 인권수준을 향상시킬 수 있었다.

또한, 아동복지시설 인권평가지표의 개발은 노인, 장애인, 부랑인 복지시설의 거주자 등 다수인 보호시설의 인권평가지표를 개발하는데 선례를 제시했다. 이후 국가인권위원회는 노인복지시설, 장애인복지시설의 인권평가지표를 개발하는 연구사업을 발주하였다.

연구진은 2005년에 국가인권위원회에 최종보고서를 제출하고, 2006년에 단행본으로 발간하였다. 연구내용을 바탕으로 아동복지시설의 시설장과 직원에게 인권평가지표를 설명하고, 이들이 인권평가지표를 학습할 수 있도록 교재로 제공하였다. 국가인권위원회는 연구사업 결과물을 배포하는 것은 위원회의 역할이기에 비매품으로 제공하는 것만 허용하였다. 이에 필자는 다음 카페에 연구보고서 파일을 탑재하여 원하는 사람은 누구든지 내려받을 수 있도록 하였다.

한편, 국가인권위원회는 2017년에 필자에게 2005년에 만든 '아동복지시설 인권평가지표'의 개정안을 연구해달라고 요청하였다. 정경은 교수, 안경순 교수, 정민기 선임연구원과 함께 연구진을 구성하여 아동복지시설과 아동 생활양식의 변화를 반영하여 개정한 인권지표를 제안하였다. 국가인권위원회는 연구진의 의견을 수용하여 아동복지시설 인권평가지표를 개정하였다.

한국의 유엔아동권리협약 이행 모니터링

보건복지부·한국아동단체협의회·한국아동권리학회,
보건복지부, 2006.

보건복지부는 2004년 아동복지법 개정으로 2005년에 '제1회 어린이주간행사 및 UN아동권리협약 이행 모니터링 위탁단체 공모'를 실시하였다. 어린이 주간행사(2천만 이내), 유엔아동권리협약 모니터링(1억 원 이내)이었다. 모니터링사업은 세부적 아동권리지표를 개발·선정하여 추진함이 바람직하나, 모니터링 범위의 방대성, 모니터링 기관의 제약성 등을 고려하여 2005년도에는 우리나라의 국가보고서(1차, 2차 보고서)와 민간보고서, 외국의 이행실태, UN아동권리위원회의 권고사항 등에 대한 이행상황을 점검하고, 2006년 이후로 개별지표를 통하여 모니터링 수준과 범위를 확대할 작정이었다.

한국아동단체협의회(한아협)와 한국아동권리학회는 이 사업을 수탁하여 '한국의 유엔아동권리협약 이행 모니터링'을 실시하였다. 학회장인 이재연 교수가 연구를 총괄하고, 학회 강현아 교수와 한아협 이용교 교수가 책임연구원으로 참여하였다. 연구비 1억 원은 협의회와 학회가 50:50으로 사용하기로 했다.

연구진은 연구책임자 이재연 교수, 책임연구원 이용교 광주대 교수, 강현아 숙명여대 교수, 공동연구원 김덕순 오산대 교수, 김영지 한국청소년개발원 부연구위원, 노경주 춘천교대 교수, 손병덕 총신대 교수, 연홍숙 한아협 전문위원, 황혜원 청주대 교수 등이었다. 보조연구원으로 김효진 숙명여대 박사寡정, 김형욱 와세다대 박사과정, 박경희 한국복지교육원 선임연구원, 이중섭 부산대 박사과정, 이혜진 한아협 과장이고, 보조원으로 숙명여자대학교 김젤나, 송미령, 노경, 김준미, 주성연 대학원생과 이혜경 학회 간사가 참여하였다.

연구팀은 아동권리협약, 국가보고서와 민간보고서, 유엔의 권고사항, 주요 국가의 아동권리협약 이행 모니터링을 참고하여 보고서를 제출하였다. 필자는 한아협 연구팀을 대표하고 한국아동권리학회 연구팀과 협력하였다. 영국의 정부 기관과 세이브더칠드런 등 민간단체를 방문하였고, 대영박물관, 옥스퍼드대학교, 바스 등을 탐방하였다.

한아협은 아동권리협약 이행 모니터링을 위한 민간기관으로 위상을 정립하였고, 한국아동권리학회는 전문성을 인정받았다. 이후 정부는 국가보고서를 준비하기 위해 협약 이행 모니터링도 한국보건사회연구원(보사연)에 위탁하였다. 2006년부터 보사연 김승권 박사팀이 수행할 때도 필자는 자문위원으로 관여하였다.

청소년생존권 연구

이용교, 광주대학교 출판부, 2008.

한국청소년개발원은 2007년에 '국제기준 대비 청소년 인권실태조사Ⅱ'를 수행하였고, 필자는 그중 생존권연구를 집필하였다. 2006년에 한국청소년개발원은 '국제기준 대비 청소년인권실태조사Ⅰ'에서 '청소년인권지표 개발'에 역점을 두었다. 청소년인권지표는 생존권, 보호권, 발달권, 참여권, 청소년인권 인프라와 같은 5개 범주별로 개발되었다.

필자는 2006년에 '청소년 생존권 현황과 지표개발'연구에서 청소년 생존권 지표를 3개 영역(고유의 생명권, 신체적 생존권, 질적 생존권)으로 나누고, 15개 세부 관심 영역과 36개 개별지표를 제시하였다. 2007년 연구에서는 국제기준으로 널리 활용되는 21개 지표를 선별하여 한국 청소년의 생존권 실태를 분석하고, 연도별 변화추이, 주요 외국의 지표와 비교하였다.

한국 청소년의 생존권을 기대여명과 복지정책, 유병률과 질병치료 대책, 결식 비율과 저체중·비만 대책, 정신건강과 규칙적 운동, 사회적 안전감의 수준과 향상 방안, 자동차 사고와 사고 방지책, 가난한 청소년과 복지정책, 생존권 보장을 위하여 등으로 정리하였다. 청소년의 생존권은 빈곤, 결식과 같은 결핍 문제와 함께 운동 부족, 비만, 자동차 사고와 같은 풍요로운 생활양식에서 비롯된 문제임을 확인할 수 있었다. 생존권의 위기는 빈곤에서 비롯된 결식과 함께 가공식품의 지나친 섭취로 인한 과체중과 비만의 문제로 나타날 수 있음을 확인하였다.

한국 청소년의 생존권은 주요 지표로 볼 때, 경제협력개발기구의 회원국 평균 수준이고, 시간이 지남에 따라 조금씩 향상되었다. 기대여명은 향상되고 있지만, 교통사고로 인한 사망자의 비율은 회원국 평균보다 높았다. 청소년의 생존권이 향상되는 것에 만족하지 말고 교통사고 사망자 수를 줄여야 할 것이다. 영양 결핍은 점차 감소하였지만, 과체중과 비만은 커지고 있다. 정부와 청소년단체 등은 청소년이 열량이 많은 즉석 음식과 청량음료를 덜 먹고 운동을 생활화하도록 장려해야 할 것이다.

필자는 한국청소년개발원이 발간한 '국제기준 대비 청소년인권 실태조사Ⅱ'에 쓴 '청소년생존권 연구'를 뽑아서 단행본으로 발간하였다. 연구보고서는 소수만 볼 수 있지만, 단행본을 발간하면 수많은 사람이 읽을 수 있기 때문이다. 필자는 "사람이 책을 만들고, 책이 사람을 키운다"는 신념으로 단행본을 발간하고 보급하였다. 연구비를 아껴서 책을 만들고, 때론 필자가 받은 연구비로 출판을 통한 복지운동을 실천하였다.

청소년인권과 참여

이용교, 천정웅, 김경준, 양서원, 2009.

한국은 아동·청소년의 생존권, 보호받을 권리, 발달권을 어느 정도 보장하지만, 참여권을 보장하는 수준은 낮다고 평가받고 있다. 아동과 청소년에 대한 기존 관점이 문제 중심적이었기에 당사자의 의견을 중시하고 참여권을 보장하려는 시각은 크게 주목받지 못했다. 그런데, 아동·청소년에 대한 긍정적 관점 혹은 적극적 관점positive perspective은 당사자의 참여를 강조한다. 청소년참여는 청소년이 유능하고 책임감 있는 성인으로 성장하도록 돕는 하나의 가치로 이해되면서 그들의 강점과 잠재력을 강조하는 데에서 출발할 때 가능한 것이다.

이 책은 2008년 7월 미국 캔사스대학교에서 개최된 아동과 청소년을 적극적 관점으로 성찰하는 국제학술모임의 성과 중 하나이다. 국제학술대회를 창립하고 기획한 천성웅 교수와 함께 준비한 한국복지교육원 이용교 원장은 학술발표에 참여했던 한국청소년개발원 김경준 박사가 함께 이 책을 편집했다.

이 책은 학술대회에 참여한 국내외 학자들의 글(12편)과 서론 그리고 결론으로 구성되었다. 제1부 아동·청소년인권에는 청소년생존권의 개념과 의의, 청소년생존권 지표: 국내·외 사례와 지표체계 개발, 청소년참여권: 유엔아동권리협약과 한국의 이행 노력, 아시아 아동·청소년의 인권과 평화, 미국의 아동·청소년인권, 인권적 관점에서의 청소년복지의 유형, 아동권리와 권리교육이 담겼다. 제2부 청소년참여에는 글로벌 시대의 청소년 사회참여, 청소년시민 참여 증진을 위한 성인의 역할: 청소년발언권의 향상, 한국 청소년의 여가생활과 참여활동, 미국 청소년의 생활과 참여활동, 청소년참여의 동향과 참여권 신장의 과제가 담겼다.

필자는 서론, 청소년 생존권 지표, 아시아 아동·청소년의 인권과 평화, 아동권리와 권리교육, 한국 청소년의 여가생활과 참여활동 등을 집필하였다. 청소년을 보호의 대상으로 보는 관점보다 참여의 주체로 인식하는 관점이 시대사조가 되면서 '청소년인권과 참여'는 주목받았다. 이 책은 청소년지도사 1급 시험과목인 '청소년인권과 참여'의 교재와 수험서로도 널리 활용되었다.

필자는 청소년지도사 1급 합격자 자격연수의 교수진으로 참여하고, 한국청소년단체협의회가 만든 '청협사이버평생교육원'에서 '청소년인권과 참여'를 강의하였다. 이 교육원은 청소년지도사와 청소년상담사 국가시험 과목의 강의 동영상을 제공하여 관련 대학생과 청소년지도자들이 이를 수강하고 있다.

아동·청소년 민간단체 실무자를 위한 아동·청소년 권리교육

한국아동단체협의회, 한국아동단체협의회, 2009.

한국아동단체협의회(한아협)는 아동권리협약을 널리 알리고, 협약 이행 모니터링을 수행하기 위해 아동·청소년 민간단체 실무자를 위한 아동·청소년 권리교육을 시행하였다. 한국은 1991년에 아동권리협약을 비준하고 이후 유엔에 국가보고서를 제출하였으며, 유엔아동권리위원회에서 권고한 사항을 이행해야 할 의무가 있다.

한아협은 아동권리협약의 이행 상태를 모니터링하고 관련 사업비를 보건복지부로부터 지원받았다. 2009년 9월에 하루 동안 오전 9시부터 오후 5시까지 8시간 동안 아동·청소년 민간단체 실무자에게 교육을 실시하였다. 교육내용은 학령기 아동·청소년의 발달 특성과 권리(안동현 한양대 교수, 한국아동권리학회 회장), 유엔아동권리협약의 이해(김형욱 아동권리협약종합연구소 연구원), 유엔아동권리협약의 현장 적용과 모니터링(이용교 광주대 교수, 한국아동단체협의회 부설 아동권리교육원 원장), 아동·청소년정책 통합과 권리정책(보건복지가족부 아동청소년권리과) 등이었다. 이 사업은 한아협의 대표적인 일로 정착되었다.

인권과 복지

이용교, 강용복, 김용목, 김은정, 김재곤, 김종호, 김철홍, 박종민, 이명묵, 정진모, 허창영, 광주대학교 출판부, 2014.

광주광역시는 사회복지시설 종사자에게 인권교육을 연간 4시간씩 받도록 하고 교육기관에 보조금을 지급하였다. 광주광역시사회복지사협회는 이 사업을 수탁받아 인권교육을 실시하고 그 교재로 '인권과 복지'를 개발하였다. 협회 회장이었던 필자는 사회복지시설 종사자의 다수가 아동복지시설, 노인복지시설, 장애인복지시설에서 근무하기에 이를 반영한 합동 교재를 기획하였다.

기존 인권교육기관은 2시간씩 2개 강좌로 하고, 담당교수에게 강의안을 받아서 수강생에게 복사본을 제공하였다. 하지만, 광주광역시사회복지사협회는 '인권과 복지'에 관한 교재를 기획했다. 연초에 인권일반, 아동인권, 노인인권, 장애인인권, 최고경영자가 알아야 할 인권 등 5개 영역별로 2~3개(전체 12개 장) 강좌 제목을 정하였다. 제1부 인권과 마음열기에서 인권의 개념과 역사 그리고 인권감수성, 인권전문가로서 사회복지사의 역할; 제2부 아동인권에서 아동권리협약에 기반한 아동정책, 아동복지시설 아동의 권리모니터링, 사회복지사의 인권적 복지실천; 제3부 노인인권에서 노인인권의 이해, 노인 인권법 제정에 관한 고찰; 제4부 장애인인권에서 유엔 장애인권리협약의 이해, 장애인분야 사회복지사로서 인권 찾기; 제5부 최고경영자가 알아야 할 인권에서 사회복지시설 사례를 통해 보는 인권 찾기, 최고경영자가 가져야 할 인권 마인드, 인권 친화적인 복지시설 만들기 등을 다루었다.

협회는 집필 지침을 주어 형식을 통일시키고 내용의 중복을 피하도록 하였다. 전문가로 알려진 사람을 집필자로 위촉하고, 광주에서 강의할 인사를 찾았다. 국가인권위원회 김철홍 인권교육과장, 서초한우리정보문화센터 정진모 관장, 사회복지법인 베타니아 김종호 이사장, 서부장애인복지관 이명묵 관장 등을 집필자로 위촉하였다. 인권운동을 꾸준히 실천한 광주장애인차별철폐연대 김용목 공동대표, 광주복지공감플러스 박종민 사무처장, 광주광역시교육청 민주인권교육센터 허창영 조사구제팀장에게 집필을 의뢰하고, 노인인권 분야에 전문성이 높은 호남대 김은정 교수, 동신대 김재곤 겸임교수, 장애인인권 분야에 실천 경험이 많은 귀일정신요양원 강용복 사무국장에게 의뢰하였다. 필자는 아동권리협약에 기반한 아동정책, 아동복지시설 아동의 권리모니터링 등을 집필하였다.

또한, 필자는 전체 원고를 읽고 교열하여 광주대학교 출판부에서 단행본으로 제작하였다. 4시간 교육과정을 짤 때 집필자를 교수로 위촉하여 저자 직강을 구현하였다. 서울 등 다른 지역에 거주한 교수는 일정을 잘 조성하여 출강하도록 협조를 구했다.

그해 인권교육을 신청한 모든 사람에게 '인권과 복지'를 교재로 배부하고, 수강생들은 저자로부터 강의를 들을 수 있었다. 이 책에는 12개 강의안이 담겼기에 수강생은 2명의 강의를 듣고 나머지 강의안을 교재로 읽을 수 있었다. 이 책은 교재로 활용될 뿐만 아니라

인권에 기반한 사회복지를 실천할 때 지침서로도 활용되었다. 사업 결과보고서와 함께 단행본을 받은 광주광역시청 담당자는 "교재 인쇄비도 드리지 못했는데, 책까지 만들어주어서 감사드립니다"라고 말했다.

협회는 집필자들에게 소정 원고료를 드리면서 "책이 발간되면 10권씩 구입해달라"고 요청하여 부족한 인쇄비를 조달했다. 교육할 때마다 쓸 수 있는 복사비로 책정된 예산과 저자들이 구입한 책값으로 책 인쇄비를 조달하였다. '인권과 복지'는 광주광역시사회복지사협회가 만든 '인권교육총서' 13권의 첫 번째 책이었다.

인권교육총서는 2014년에 1종이 개발되고, 2015년에 3종(장애인인권, 노인인권, 아동인권), 2016년에 3종(발달장애인의 인권, 치매노인의 인권, 사회복지사의 인권), 2017년에 3종(성폭력 피해아동의 인권, 와상노인의 인권, 사회복지사의 감정노동과 인권), 2018년 3종(고령사회와 노인인권, 광주 장애인인권 운동사, 여성인권과 성평등) 등 13종이 개발되었다. 광주광역시사회복지사협회는 인권교육총서를 교재로 활용하고 한국사회복지사협회와 시·도협회에 증정하여 인권도시 광주의 위상을 높였다. 인권교육총서의 발간은 일간신문 광주드림의 기사로 널리 소개되었다.

광주광역시사회복지사협회가 기획한 '인권교육총서'

1. 이용교 외 10인, 인권과 복지, 광주대학교 출판부, 2014.
2. 김용목 외 7인, 장애인인권, 광주대학교 출판부, 2015.
3. 김은정 외 8인, 노인인권, 광주대학교 출판부, 2015.
4. 이용교 외 7인, 아동인권, 광주대학교 출판부, 2015.
5. 김성민 외 7인, 발달장애인의 인권, 광주대학교 출판부, 2016.
6. 조유향 외 6인, 치매노인의 인권, 광주대학교 출판부, 2016.
7. 진재영 외 5인, 사회복지사의 인권, 광주대학교 출판부, 2016.
8. 구미희 외 5인, 성폭력 피해 아동의 인권, 오월숲, 2017.
9. 조미경 외 6인, 와상노인의 인권, 오월숲, 2017.
10. 이용교 외 7인, 사회복지사의 감정노인과 인권, 오월숲, 2017.
11. 김은정 외 7인, 고령사회와 노인인권, 오월숲, 2018.
12. 김용목 외 8인, 광주 장애인인권 운동사, 오월숲, 2018.
13. 강남식 외 4인, 여성인권과 성평등, 오월숲, 2018.

아동인권

이용교, 최강님, 정경은, 배은경, 전명훈, 하정호, 채현숙, 김요셉, 광주대학교 출판부, 2015.

광주광역시사회복지사협회는 광주광역시의 지원으로 '사회복지시설 종사자 인권교육'을 시행하였다. 수강생은 주로 아동복지시설, 노인복지시설, 장애인복지시설에서 근무하기에 '아동인권', '노인인권', '장애인인권'이란 전문과정과 교재를 개발하였다. 필자는 '인권'을 생각하면, "사람이 곧 하늘이다人乃天"라는 말이 떠오른다. 그런데, 주로 정부 보조금 등으로 운영되는 사회복지시설에서 정부(공무원)-사회복지시설(시설장)-시설직원-거주인(혹은 이용자) 순으로 위계화 된 경우가 많다. 사람이 곧 하늘이기에 사회복지시설의 거주자나 이용자는 인격적으로 대우받아야 하지만, 나이가 어리다는 이유로, 장애가 있다는 이유로 온전한 인간으로 대접받지 못하기도 한다.

인권의 관점으로 볼 때, "사람 위에 사람 없고 사람 밑에 사람 없다"라고 하지만, 현실은 아동 위에 어른 있고, 공무원 밑에 시민이 있는 경우가 많다. 예컨대, 한 자치단체에서 시민 500인 원탁회의의 날짜가 단체장의 회의와 해외 출장 때문에 변경되었다. 이러한 환경에서 "보호자가 없거나 보호자가 있어도 보호할 수 없는 경우"로 복지시설에서 생활하는 아동·노인·장애인은 자기결정권 등을 얼마나 누릴 수 있을까?

이 책은 아동인권의 이해, 아동학대의 이해, 아동의 생활 영역별 인권실태와 발전방안 등을 다루었다. 8개 장의 제목과 집필자는 아동권리협약과 유엔아동권리위원회의 권고사항(이용교 광주대 교수), 아동학대의 이해(최강님 큰꿈지역아동센터 대표), 아동보호제도의 발전방안(정경은 초당대 교수), 아동 건강과 인권(배은경 호남대 교수), 아동 노동과 인권(전명훈 광주청소년노동인권네트워크), 아동 문화와 인권(하정호 청소년플랫폼 '마당집' 대표), 청소년 성과 인권(채현숙 유쾌한가족과성상담소 소장), 프라이버시와 아동의 권리(김요셉 신애원 원장) 등이다.

필자는 협회 회장으로 3종 교재를 기획하고, 아동인권의 일부 원고를 집필하면서 전체 원고를 교열하였다. 집필자들과 단행본을 발간하느라 애쓴 광주협회 서상원 사무처장, 황지영·배은하 주임에게도 감사드린다. 인권교육총서의 발간은 광주광역시의 재정지원과 인권교육에 참여한 사회복지종사자의 덕분이다. 필자는 머리말에서 "열심히 배워서 남 주는 사회복지사, 행복한 세상을 열어가는 사회복지사로 거듭나자"고 제안하였다.

광주협회는 사회복지종사자 인권교육 자료와 사회복지사 보수교육 자료 등을 협회 홈페이지에 공지하는 관행을 만들었다. 누구든지 인권교육 자료를 내려받아서 학습하고 실천할 수 있도록 환경을 조성하였다. 인권교육총서는 사회복지사 보수교육에 '사회복지윤리와 인권'이 필수과목이기에 널리 활용되었다.

사회복지사의 인권

진재영, 김행란, 박미은, 채현숙, 이용교, 김동수,
광주대학교 출판부, 2016.

광주광역시사회복지사협회는 광주광역시의 재정을 지원받아 '사회복지 종사자 인권교육'을 실시하고 있다. 첫해에는 기본교육의 교재로 '인권과 복지'를, 두번째 해에는 아동인권, 노인인권, 장애인인권을 출판하였다.

사회복지시설 근무자들은 매년 4시간 이상 인권교육을 받기에 협회는 새롭게 교육과정을 개발했다. 2016년에 협회는 발달장애인의 인권, 치매노인의 인권, 사회복지사의 인권을 개발하기로 했다. 발달장애인은 인권을 침해받을 가능성이 높지만 스스로 인권을 지키기 어렵기 때문이었다. 치매노인은 노인요양시설 등에서 인권침해를 받을 수 있지만, 치매노인이 복지종사자를 폭행하거나 성추행할 수도 있기에 치매노인의 인권을 개발하였다.

한편, 인권교육을 할 때마다 종사자의 인권은 누가 지켜주냐는 질문을 받았다. 종사자는 낮은 임금과 장시간 노동 그리고 낮은 복지수준에서 일하는 경우가 많다. 과거에 비교하여 사회복지시설에서 서비스를 받는 사람은 인권을 보호받고 있지만, 종사자에게는 희생과 봉사를 요구하는 문화가 크게 바뀌지 않았다. 종사자들은 서비스 제공과정에서 언어폭력과 신체적 폭력, 성희롱 같은 인권침해에 노출되어도 체계적으로 대응하지 못하는 경우가 많았다. 종사자들의 인권이 나아져야 서비스의 질도 높아질 수 있기에 이에 대한 대책이 절실했다.

이 책은 머리말, 6개 장의 본문, 부록(사회복지사 윤리강령, 세계인권선언)으로 구성되었다. 본문 제목과 집필자는 사회복지사의 근로조건 실태와 개선방안(진재영 노무사), 사회복지사의 노동권과 노동조합(김행란 소화아람일터 원장), 위험에 노출된 사회복지사와 안전관리(박미은 한남대 교수), 일·가정 양립을 위한 사회복지사의 인권(채현숙 유쾌한가족과성상담소 소장), 인권 전문가로서 사회복지사의 역할(이용교 광주대 교수), 사회복지사 인권 가이드라인 개발(김동수 광주광역시사회복지사협회 회장) 등이었다. 전체적으로 사회복지사의 인권상황과 인권을 지키는 방안이 다루어지고, 인권전문가로서 사회복지사의 역할도 담겼다.

필자는 사회복지사는 사회적 약자의 인권지킴이, 인권옹호자, 인권교육자, 인권에 기반한 서비스 제공자 역할 등을 제시하였다. 사회복지사가 인권에 맞게 일하는 것은 존재 이유이고, 사회적 인정을 받을 수 있는 근거이다. 이 책은 한국사회에서 사회복지사의 인권상황을 종합적으로 다룬 단행본으로 평가받았다.

사회복지사의 감정노동과 인권

이용교, 정남일, 이혜경, 윤가현, 김윤배, 김수정, 김창곤, 형광석, 오월숲, 2017.

광주광역시사회복지사협회는 2017년에 인권교육총서로 성폭력 피해 아동의 인권, 와상노인의 인권, 사회복지사의 감정노동과 인권 등 3종을 개발하였다. 그중 '사회복지사의 감정노동과 인권'은 사회복지사가 사회적 약자를 돕는 과정에서 자신의 감정을 드러내기 어렵고, 복지서비스 이용자로부터 언어폭력·신체적 폭력·성폭력을 당해도 권리를 지키기 어렵다는 현실에서 개발되었다. 이 책은 감정노동의 개념을 정리하고 사회복지사가 자주 경험하는 감정노동의 실태를 파악하며 그 대안을 모색하였다.

이 책의 8개 장 제목과 집필자는 다음과 같다. 사회복지사 감정노동의 개념과 실태(이용교 광주대 교수), 복지서비스 이용자에 의한 언어폭력(정남일 여성긴급전화1366광주센터 상담원), 복지서비스 이용자에 의한 신체적 폭력(이혜경 건양대 교수), 복지서비스 이용자에 의한 성폭력(윤가현 전남대 교수), 민원인의 무리한 요구와 대처방안(김윤배 서영대 교수), 직장 내에서의 차별과 부당한 처우(김수정 국제사이버대 교수), 감정노동과 스트레스 관리(김창곤 광주대 교수), 감정노동자 보호법제와 복지제도(형광석 목포과학대 교수) 등이다. 필자는 감정노동의 개념, 감정노동과 사회적 인식의 변화, 사회복지사의 감정노동의 실태, 감정노동의 대안 모색을 집필하였다.

사회복지사의 감정노동에 대한 선행연구가 많지 않았기에 이 책은 이 분야의 발전에 기여하였다. 대인 서비스를 제공하는 과정에 감정노동은 피할 수 없겠지만, 인권에 기반한 복지서비스를 위해 관계자들이 지속적으로 연구하고 대안을 모색해야 할 것이다. 이 책이 사회복지사들의 인권증진뿐 아니라, 사회복지시설 등에서 일하는 요양보호사, 간호(조무)사, 물리치료사, 작업치료사 등에게도 유익한 자료가 될 것이다.

2024년 6월 2일에 교보문고에서 '사회복지사의 감정노동'으로 검색된 책은 ebook 11종만 있는데, 광주광역시사회복지사협회의 '사회복지사의 감정노동과 인권'은 유일한 종이책으로 보인다. 광주협회의 인권교육총서(13종)는 인권도시 광주의 명성을 높였다. 사회복지사가 알고 실천해야 할 인권의 사안이 다양하기에 인권교육총서가 지속적으로 발간되길 기대한다.

사회복지 역사

이야기 사회복지

이용교 편, 은평천사원출판부, 1993.

필자는 중앙대학교 사회복지학과를 다닐 때, 사학을 부전공으로 공부했다. 사회복지역사에 관심을 가지고 활동한 것은 중앙대 사학과 권중달 교수님 등으로부터 배운 덕분이다.

석사학위를 취득한 후 중앙대 후배들에게 사회복지발달사를 강의할 기회를 가졌다. 첫해에는 한국 사회복지역사뿐 아니라 영국, 독일, 미국, 일본 등의 역사도 가르쳤다. 왜, 한국의 사회복지학도는 1601년에 영국 엘리자베스 빈민법 제정, 1884년 토인비홀 건립, 1935년 미국의 사회보장법 제정 등은 잘 알면서 한국의 사회복지역사를 잘 모를까? 라는 의문을 가졌다.

두 번째로 맡은 1991년 1학기에는 한국의 살아있는 복지역사를 좀 더 공부하기로 했다. 수강생들에게 사회복지 각 분야에서 일생을 바치거나 뚜렷한 업적을 남긴 사람을 찾아가서 인터뷰하고 그 녹취록을 보고서로 제출하도록 했다. 인터뷰 방법을 가르치고, 조를 짜서 역할 연기를 하도록 지도하였다. 일찍 인터뷰한 학생의 보고서를 첨삭 지도하면서 학생들이 알찬 보고서를 쓰도록 격려하였다.

수강생들은 21인과 대화를 나누었고, 보고서는 '이야기 사회복지' 단행본으로 발간되었다. 인터뷰에 응한 사람과 집필자(괄호속 표기)를 소개하면 다음과 같다. 전 보건사회부 차관인 한국뇌성마비복지회 김학묵 회장(박준범); 복지행정과 지역복지분야에서 전 보건사회부 가정복지국장인 신월종합사회복지관 변희남 관장(최수련), 국민연금관리공단 오근식 부장(한대희), 한국사회복지협의회 김기선 부장(이성도), 인천사회복지협의회 전완길 사무국장(김상환); 아동·청소년복지분야에서 서울SOS어린이마을 김난수 상담원·이윤자 보육사(이민아), 한국어린이재단 김석산 부회장(정지예), 돈보스코청소년센터 김정수 신부(한혜정), 연성원 고형원 원장(고영주), 한국어린이보호회 정혜영 실장(최상진); 노인복지분야에서 한국노인복지회 조기동 회장(이영실); 상담복지분야에서 청소년상담연구소 이명용 소장(장제윤), 십대들의쪽지 김형모 발행인(함성수), 사랑의전화 심철호 회장(양진옥); 사회복지운동분야에서 장애우권익문제연구소 신용호 간사(이영학), 홀트아동복지회 이수경 노동조합위원장(김금숙), 서울YMCA 임광진 부장(박동렬); 장애인복지분야에서 부름의전화 김정희 대장(강익화), 사랑밭재활원 최재명 원장(정영태), 꽃동네 오웅진 설립자(안성민) 등이었다.

이 책은 사회복지사를 포함하여 사회복지를 실천하는 다양한 인물을 소개하였다. 인터뷰에 응한 분들은 대학생이 전화할 때는 조금 낯설고 번거롭게 생각했지만, 학생들이 방문하여 취지를 설명하고 녹음할 때는 진지하게 응해주었다. 예컨대, 김학묵 회장은 자신의 학창 시절을 회상하면서 진지하게 답변했고, 오웅진 신부를 찾아간 학생은 인터뷰를 마치고 한 학기 휴학하면서 음성꽃동네에서 봉사활동을 하기도 했다. 대학생들은 복지 인물과 인터뷰하면서 많은 것을 배웠다고 발표했고, 이 보고서를 본 필자는 "단행본으로 출판해 주겠다"고 약속했다.

필자는 원고를 교정하고 역사적인 사실(법령이나 제도 등)과 대조하면서 보완하였다. 1993년에 출판사 등록을 한 은평천사원 출판부(대표 조규환) 이명묵 부장의 도움으로 양은영 선생이 작업하였다. 이 책은 은평천사원 출판부가 발행한 최초 단행본이었다. 이 출판사는 사회복지현장의 기록물을 출판하겠다는 소명을 이 책으로 표현했다. 중앙대학교 사회복지학과 동문인 필자와 이명묵 부장 그리고 후배들이 함께 한 학술활동의 성과물이라는 점에서도 자랑스러웠다.

필자는 학생들이 녹음한 테이프를 잘 보관하였고, 30년 후 '복지행정의 선구자 김학묵'(2023)을 집필할 때 박준범 군이 녹음한 김학묵 회장의 육성을 들을 수 있었다. 이 테이프의 음성파일을 김회장 자녀에게 제공하였더니 매우 기뻐하였다. 이처럼 '이야기 사회복지'는 인터뷰 과정이 교육적이었고, 살아있는 복지역사를 증언으로 채록했다는 점에서 의미가 컸다. 이후 필자는 광주대 교수로 대학원생들과 광주·전남지역 사회복지계 인사를 인터뷰하여 '시설과 인물 I'을 제작하였다. 은평천사원출판부는 이후 '인간과복지'를 추가로 등록하였고, 필자와 30년 이상 인연을 이어오고 있다.

나눔 그 기쁨

이용교 편, 불광출판부, 1994.

이 책은 대한민국 불교사회복지시설·기관을 종합적으로 소개한 최초 책이었다. 이 책의 출판과정은 인연의 연속이었다. 필자가 중앙대 대학원에서 박사과정을 공부할 때 중앙승가대학(안암동 개운사에 소재)에서 사회복지학을 강의했다. 중앙대에서 사회복지학으로 석사학위를 취득한 보각 스님(사회복지학과 학과장)이 최경석 교수님께 강사를 추천해달라고 하자, 필자를 추천했다. 필자는 30대 초반에 모든 학생이 비구·비구니 스님인 중앙승가대학에서 강의했다.

그 인연으로 1993년에 동국대학교 불교대학원에서 사회복지학을 강의했다. 수강생은 석사과정생과 연수과정생, 최고지도자과정생의 합반으로 50여 명이었다. 석사과정은 소수이고 연수과정과 최고지도자과정에 다니는 불교계 지도자들이 더 많았기에 불교 사회복지의 현실을 파악하고 대안을 찾는 데 집중하였다. 사찰을 통한 복지활동은 면면히 이어왔지만, 미군정과 한국전쟁을 거치면서 외국 원조를 받은 기독교계가 사회복지시설과 단체를 왕성하게 운영하던 시기였기 때문이었다.

필자는 학생들에게 불교사회복지 현장을 찾아가서 원장 등을 면담하고 보고서로 제출하도록 했다. 불교계에서 사회복지를 위해 온몸으로 뛰어온 사람을 찾아서 학습하도록 요구하였다. 학생들이 방문하고 싶은 곳을 쓰도록 하여 상호 중복을 피해 40여 편을 모았고 그중 30여 편을 골라 교정하면서 불교 전문출판사에서 출판하면 좋겠다고 생각했다.

수강생인 '광림사 해성 스님'에게 원고 검토를 부탁했는데, 어느 날 수강생인 윤용숙 님과 동국대 앞 앰배서더호텔 식당에서 만나자고 했다. 윤용숙 님은 불교 사회복지에 관한 책이니 불교계 출판사에 부탁해보겠다고 제안했다. 출력한 원고와 파일을 갖고 함께 불광출판부를 방문했는데, 그 자리에서 초판 3000부(인세 10%)로 계약서를 작성했다. 일반적으로 출판사는 원고를 검토한 후에 계약서를 쓰는데, 풍산그룹 류홍우 회장 부인인 보덕학회 윤용숙 설립자는 불광사와 특별한 인연이 있었기 때문이었다. 윤용숙 님은 1500부를 사서 불교계 사회복지시설과 사찰 등에 기증하고 싶다고 말했다.

또한, 불광출판부는 불교계 전문 잡지인 불광, 자비동산, 금강 등에 소개된 다른 시설 기사도 포함시키면 좋겠다고 하여 동의했다. 불광출판부는 책을 편집하는 과정에 한국불교사회복지협의회가 만든 '불교사회복지 이론' 자료도 추가하고 초판 5000부를 찍고 다른 원고가 많이 추가되었으니 인세를 5%로 낮추면 좋겠다고 제안했다. 필자는 인세를 책으로 받아서 '나눔 그 기쁨'을 주변 사람들과 나누면서 큰 기쁨을 누렸다.

이 책은 추천사, 머리말에 이어 3부 48개 장, 부록으로 이루어졌다. 각 장에서 다룬 시설·기관·단체와 집필자(괄호 속에 표기)를 보면 다음과 같다. 제1부 불교사회복지의 현장은 아동복지로 강릉 자비복지원(김선옥), 경주 대자원(사기순), 충북 혜능보육원(사기순), 대전 자혜보육원(최영순), 송암보육원(김종기), 명덕유치원(이명우), 연꽃마을(이영희); 노인복지로 파주 대비양로원(원동임), 성북동 성라원(남용권), 상계동 시립요양원(권오형), 시흥동 혜명불교양로원(최영순), 수원 자제정사 양로원(권현주), 제주 국청사 복지원(사기순), 수원 성지원(김종기); 장애인복지로 예산 보국사 장애인 종합복지 건립의 꿈(혜광), 예천 연꽃마을(김의식), 연화복지학원(방정숙), 부산 성우원(류인량), 부산 성우원과 애광원(이승엽), 부산 천마재활원(최영순), 주몽재활원·룸비니 특수아동 조기교실(김종기), 아나율 불교학교와 종실스님(윤용숙), 원심회 1(이연주), 원심회 2(백선희); 지역복지로 길음종합사회복지관(문정선), 삼전종합사회복지관(이영목), 대전 법동종합사회복지관(사기순), 원주 성불원·명륜종합사회복지관(황찬익), 광주 송광종합사회복지관(이윤수), 목동청소년회관(김종기); 기타로 전남 해남희망원(최영순), 불교반야병원(김무환), 경남 성양원(최영순), 대구 목련모자원(김종기), 불교방송 '거룩한 만남'(오기성), 내가 실천하는 사회복지(원영옥), 한국불교태고공제회(양금옥), 자비의전화·불교간병인협회(진오) 등이었다. 제2부 자비로 크는 아이들은 불교방송 김정학 PD가 연출하고 이윤수가 구성한 스님 아빠의 노래, 자비의 영토에서를 담았다. 제3부는 1993년에 창립된 한국불교사회복지협의회가 '불교사회복지 이론'을 정리한 것인데, 불교사회복지에 대한 소고(임송산), 불교사회복지의 모색(김종일), 경전에 나타난 복지사상(윤재룡), 불교의 장애인관(방귀희), 문서를 통한 복지사업(손광민), 불교종단의 사회복지(김종환), 지방화시대에 따른 불교복지의 방향

(이경호), 불교종단에 대한 제언(최재동)으로 구성되었다. 부록은 불교 관련 사회복지시설 및 단체 주소록이었다. 이 책을 발간하면서 최초로 조계종 종단, 사찰, 스님, 불교인이나 불교단체 등이 운영하는 사회복지시설과 단체의 명단을 정리했다.

이 책을 발간할 때 애쓴 사기순 님은 불광에 여러 편의 기사를 썼고, 그 기사를 이 책에 수록하였다. 1989년에 창립된 불교사회복지회가 이 책의 발간에 협력했고, 시현 회장님이 추천사를 썼다. 불교사회복지회, 한국불교사회복지협의회가 중심이 되어 1999년에 한국불교사회복지총람(한국불교종단협의회 출판)을 발간하였다. 전언에 따르면 '나눔 그 기쁨'을 발간할 때 최초로 주소록을 만든 것이 계기가 되었다고 한다.

필자는 이후 불교계에서 사회복지 인력 역량 강화를 위한 세미나 혹은 연수 강사로 참여하면서 인연은 이어가고 있다. 2022년에는 대한불교조계종 교육원에서 전국에서 모인 승려복지 담당 스님과 직원에게 '국가복지제도 활용'을 강의하였다. 같은 날 총무원 승려복지회 박종학 사무차장이 '종단 승려복지제도 안내'를 강의하였다. 인연은 이어지고 있다.

시설과 인물 1: 광주·전남편

광주대 대학원 사회복지학과 20인, 은평천사원출판부, 1998.

광주대 대학원 사회복지학과 20인이 쓴 이 책은 1997년에 사회복지시설을 방문하여 설립자 혹은 시설장을 인터뷰하고 쓴 보고서이다. 필자는 수강생들에게 '이야기 사회복지'를 읽고, 광주·전남에서 역사가 깊은 사회복지시설과 인물을 선정하도록 하였다. 분야가 다양하기에 고루 선정하고 전화로 취지를 설명하여 날짜를 잡도록 하였다. 인터뷰 과정을 녹음하고 자료 등을 사진으로 찍어서 제출하도록 하였다.

이 책에 소개된 인물과 글을 쓴 사람은 다음과 같다. 영신원 서경자 이사장(글쓴이- 박미자), 광주애육원 윤병진 원장(김진례), 무등육아원 김상선 원장(임경은), 여수보육원 윤채주 원장(윤석우), 화순자애원 정정님 원장(임향신), 나주백민원 심순택 원장(박미예), 순천SOS어린이마을 김학규 원장(강길현), 삼광어린이집 소진택 이사장(남택문), 목포영생원 김길옥 원장(김숙현), 성빈여사 조아라 이사장(임성자), 광주여성의전화 이정자 대표(박순기), 이일성로원 손문권 원장(송영자), 성요셉양로원 최삼순 원장(안성심), 영락양로원 임영한 이사장(최행임), 동명회 김오현 이사장(손경희), 백선바오로의집 이

태정 원장(김송자), 여수동백원 김홍용 원장(주정옥), 애양평안요양원 유경운 원장(서정택), 엠마우스복지관 그룹홈 정정자 선생(나금주), 귀일원 이채영 총무(김태순) 등이었다. 책 이름을 '시설과 인물 1: 광주·전남편'으로 정한 것은 이후 다른 지역도 집필할 생각이었지만, 아쉽게도 다루지는 못했다.

이 책은 사회복지학을 공부하는 대학(원)생에게 추천도서로 활용되었다. 한 대학원생은 새벽에 잠이 깨어 "지역의 사회복지 역사에 대해서 정말 모르고 무지한 삶을 조금이나마 참회(?)하고자 책장에 꽂힌 시설과 인물이라는 책을 꺼내 들었다. 이제는 고인이 되신 서경자 이사장님과 윤병진 원장님, 부축을 받아 행사장에서 뵙곤 했던 조아라 이사장님의 삶도 다시 들여다볼 수 있었다. 사회복지 일을 시작하던 초년생 시절에 느꼈던 막연했던 이상과 달리, 현실에 기반한 사회복지를 꿈꾸고 있어선지 광주·전남 사회복지 일세대의 삶은 여러 복잡한 생각을 하게 만들었다."라고 소감을 피력했다.

한 대학생은 '역사탐험대'란 동아리를 만들고, 시설과 인물탐방을 시작하기 전에 이 책을 읽으며, "건물의 주춧돌 아래에는 그 기관이 태동하게 된 배경과 개척 시절의 어려움이 함께 묻혀 있었으며, 역사적인 인물 뒤에는 설립 당시의 철학과 가치관이 있었음을 차분하게 설명하고 있다."고 소감을 밝혔다. 시설과 인물에 대한 연구가 지속되길 기대한다.

한국사회복지학회 50년사

한국사회복지학회50년사편찬위원회,
한국사회복지학회·공동체, 2007.

1957년에 창립된 한국사회복지학회는 2007년에 이 책을 발간하였다. 남기민 회장은 전북대 최원규 교수를 위원장으로 서울대 조흥식 교수, 광주대 이용교 교수, 부산대 박병현 교수, 이화여대 양옥경 교수, 평택대 김범수 교수를 편찬위원으로 위촉하였다. 편찬위원들은 젊은 시절에 학회의 간사 혹은 이사로서 변화를 지켜본 교수들이었고, 가장 잘 쓸 수 있는 부분을 집필하였다. 편찬위원은 2006년부터 원고를 집필하였고, 탈고한 후 2007년 3월 24일에 서울역 그릴에서 집담회를 개최하였다. 이 책은 2007년 4월 20일에 공동체에서 발행되어 춘계학술대회에서 배포되었고, 시중 서점에서도 판매되었다.

이 책의 차례는 발간사(남기민 회장), 주요 화보, 역대 학회장(26명 회장과 사진), 회고사(조휘일, 함세남 전 회장), 한국사회사업학회의 태동과 해산(1957~1972)(집필: 최원규 교수), 한국사회사업학회 재건(1972~1986)(조흥식 교수), 한국사회복지학계의 통합과 혁신(1980년대 중반)(이용교 교수), 한국사회복지학회 활동의 체계화(1987~1995)(박병현 교수), 한국사회복지학회 활동의 전문 분화(1990년대 초~2000년대 초)(양옥경 교수), 뉴밀레니엄시대와 한국사회복지학회 활동(김범수 교수), 한국사회복지학회의 전망과 과제(편찬위원 좌담회), 부록(한국사회복지학회 연혁, 역대 임원 명단, 학술대회 발표논문 및 발표자, 학회지 발표논문 및 저자) 등으로 구성되었다.

한국사회복지학회는 1957년 3월 2일에 한국사회사업학회(창립회장 중앙신학교 김덕준 교수)로 창립되었는데, 당시에는 고등교육기관이 1947년에 설립된 이화여자대학교 기독교사회사업과와 1953년에 설립된 중앙신학교 사회사업학과 밖에 없었다. 1958년부터 서울대학교 사회사업학과 하상락 교수가 회장을 맡았지만, 1961년 5·16으로 해산당했다. 1973년에 재건되었지만 1979년에야 '사회사업학회지'가 창간된 것으로 보아 초창기에 학술활동은 미흡했다.

1985년 3월 1일에 한국사회복지학회가 창립된 것을 계기로 한국사회사업학회는 한국사회복지학회로 명칭을 변경하여 문교부에 등록하고, 두 학회가 1987년 3월 28일과 29일에 부산 해운대 극동호텔에서 통합학술대회와 통합총회(29일)를 개최하면서 역동적으로 변화하였다. 1990년대는 한국지역사회복지학회 등 다양한 전문학회가 출현하였고, 1998년부터 일 년에 한 번씩 전문 학회들과 공동으로 학술대회를 개최하였다. 1992년부터 간헐적으로 국제학술대회를 개최하였고, 2002년에 일본사회복지학회와 학술교류협정을 맺고 활발히 교류하였다.

필자는 1985년부터 1987년 3월까지 두 개의 한국사회복지학회가 있었고, 1987년 봄부터 1년간 통합 학회가 존재한 시기를 조명하였다. 그 시기를 '한국사회복지학계의 통합과 혁신'으로 규정하고, 1980년대 중반기에 대한 관점, 한국사회복지학회(학)의 창립, 학회의 명칭 변경과 혁신, 학회의 통합과정, 학회 창립과 통합이 남긴 변화를 정리하였다. 한국사회복지학회(학)의 창설은 한국 사회복지학계의 변화를 촉발하였고, 춘계와 추계 대회의 정례화, 학회지 연 2회 발간, 사회보장을 비중 있게 다루고, 사회복지현장 근무자들이 회원으로 많이 가입하는 전기를 마련하였다.

필자는 1985년에 중앙대학교 대학원에 재학할 때 한국사회복지학회(학)의 창립총회에 참석하였고, 초창기부터 학회 간사로 일하였다. 1986년 11월 8일에 두 학회가 통합준비위원회를 한국복지정책연구소에서 열 때 배석하여 회의록을 썼다. 그해 12월 20일 홀트아동복지회 일산복지타운에서 열린 '추계 합동 연구발표 및 학술토론회'를 준비하였고, 1987년 봄 해운대에서 열린 통합학술대회를 함께 준비했다. 1987년 3월부터 1988년 4월까지 김영모·신섭중 공동회장일 때 통합 간사로 학회의 사무를 전담하였다. 돌이켜보면 필자가 한국 사회복지학계를 이해하고 학술대회를 개최하며 학술지를 발간하는 제반 업무를 익힌 시기이었다.

그 경험을 바탕으로 필자는 30세에 한국청소년학회를 발기하고 창립을 준비하였다. 또한, 한국영유아보육학회, 한국아동권리학회, 한국청소년복지학회, 국제사회복지학회, 글로벌청소년학회, 한국시민청소년학회, 한국군사회복지학회, 한국사회복지역사학회의 창립에도 주도적으로 참여하였다.

사회복지계 원로 회고록

한국사회복지학회, 양서원, 2008.

한국사회복지학회(회장 이영철)는 창립 50주년을 기념하여 이 책을 제작하였다. 2007년에 학회 운영위원회에서 사회복지학계와 사회복지현장의 원로 100여 명의 명단을 뽑아 원고를 청탁하였고, 글을 모아서 2008년 4월에 발간하였다. 이후 '제2집'을 내는 것도 구상하였지만, 회장 임기가 바뀌면서 추진되지는 못했다.

이 책은 발간사, 17명 원로의 회고 글, 편집후기로 구성되었다. 원로는 사회복지학계 인사 8명과 사회복지현장 인사 9명이었다. 상당수는 젊은 시절에 사회복지현장에서 일하다 대학교수가 되었고, 사회복지현장에서 일하면서 겸임교수로 일한 경우도 있기에 학계와 현장의 구분은 다소 모호할 수도 있다. 한국사회복지학회 역대 회장이 많았고, 한국사회복지협의회나 시·도사회복지협의회 회장을 역임한 분들이 적지 않았다. 필자는 학회 총무분과위원장으로서 원고를 청탁하고, 교열하며, 편집후기를 썼다. 원로들이 정성껏 원고를 집필하였는데, 개성이 강한 글도 있었기에 통일감 있는 책을 만들기 위해 꼼꼼하게 교정을 보았다.

많은 원로는 1954년에 미국 미네소타대학교 Jonh C. Kidneigh

박사가 한국에 와서 1955년부터 1957년까지 김학묵, 하상락, 백근칠을 동 대학교 대학원에서 사회사회학 석사학위를 취득하도록 주선한 것을 한국사회복지학 발전의 전기라고 평가했다. 1958년에 서울대학교 대학원 사회학과에 사회사업학전공이 생겼고, 1959년에 학부에 사회사업학과가 생긴 이후 수많은 사회복지(사업)학 학자들이 배출되었기 때문이다.

또한, 원로들은 한국전쟁이 미친 영향과 외원기관의 역할을 강조했다. 1952년 부산에서 결성된 외국민간원조기관한국연합회KAVA: Korea Association of Voluntary Agency가 1995년까지 43년간 사회복지사업에 크게 기여했다고 회고했다. 다수 집필자가 젊은 시절에 KAVA 혹은 그 회원단체에서 사회복지사로 일한 경험이 있었다.

원로들은 보건사회부 사회보장심의위원회가 선진국의 사회보장제도를 연구하여 한국의 사회보장을 체계적으로 제안하였고, 국립사회복지연수원이 사회사업종사자 교육에 기여한 바가 크다고 인식했다. 한국개별사회사업가협회가 만들어지고, 이것이 한국사회사업가협회의 창립으로 이어지면서 사회복지계가 세력화되었다고 회고했다. 1987년에 사회복지전문요원의 도입이 공적 복지전달체계를 확립하는 계기가 되었다고 보았다.

이 책은 한국 사회복지학계와 사회복지현장의 수많은 이야기를 담고 있다. 예컨대, 1979년부터 학과 명칭이 사회사업학과에서 사회복지학과로 변경되는 과정이 정리되어 있다. 1985년에 한국사회복지학회가 창립되고 같은 해에 한국사회사업학회가 한국사회복지학회로 이름이 바뀌었으며 두 학회가 1987년 3월에 부산 해운대에서 통합학술대회와 통합총회를 한 과정도 소개되어 있다. 역사적인 사건을 경험한 원로들의 글에는 사회복지학 교재에서는 볼 수 없었던 숨은 이야기도 적지 않다. 이 책이 '행복한 세상을 열어가는 사회복지사의 길'에 좋은 지침이 되길 기원한다. 집필자들이 쓴 글 제목을 소개하면 다음과 같다.

- 발간사/ 이영철(한국사회복지학회 회장, 광주대 교수)
- 사회복지 분야에서 경험과 회고/ 권오득(비영리모금기술연구회 회장)
- 높이 쌓으려면 넓은 토대가 필요하다/ 김기태(부산대 명예교수)
- 문화의 시대를 대비하라/ 김득린(한국사회복지협의회 회장)
- '아펜젤러 어린이회'와 한국 사회복지관의 발달/ 김석산(어린이재단 회장)
- 44년의 사회복지(자원복지) 인생/ 김영호(한국자원복지개발원 원장)
- 사회사업의 길을 걸으며/ 김원영(경기사회봉사회 회장)
- 황무지에 장미꽃을 심는 심정으로/ 류상열(성결대 명예교수)
- 1960년대의 사회복지와 2008년 사회복지현장/ 부청하(상록보육원 대표)
- 동아시아형 사회복지의 구축을 지향하여/ 신섭중(山口縣立大學院 교수)
- 사회복지사업을 하기 위해 태어난 사람/ 우성세(전 영락보린원 원장)
- 한국 사회복지학계에 대한 회고/ 이광찬(한국노년유권자연맹 부총재)
- 한국 사회복지의 새로운 장을 개척/ 전재일(대구대 사회복지학과 교수)
- 한국 전문(의료)사회사업의 태동과 외국 원조단체의 역할/ 조기동(한국노인복지회 명예회장, 한국재가노인복지협회 명예회장)
- 사회사업가 시절로부터 사회복지사 시대로/ 조휘일(서울여대 명예교수)
- 어린이재단에서 전개한 아동복지사업/ 차윤근(어린이재단 명예회장)
- 나와 한국사회복지사협회/ 최성균(전 한국사회복지사협회 회장)
- 근대 사회복지교육의 여명/ 함세남(강남대 사회복지대학원 명예교수)
- 편집후기/ 이용교(한국사회복지학회 총무분과위원장, 광주대 교수)

광주대학교 사회복지학과(부) 20년사: 행복한 세상을 열어가는 길

광주대학교 사회복지학과(부) 20년사 편찬위원회,
광주대학교 출판부, 2010.

광주대학교 사회복지학과는 1990년에 광주·전남지역 4년제 대학교 중 최초로 만들어졌기에 2010년에 창립 20주년을 맞이했다. 2010년 5월 13일 호심학원 창설 40주년, 광주대학교 개교 30주년, 사회복지학과(부) 창설 20주년을 맞이하여 '광주대학교 사회복지학과(부) 20년사 1990-2010: 행복한 세상을 열어가는 길'을 발간하기로 했다.

2009년부터 이영철 교수가 편찬위원회 위원장을 맡고, 이용교 교수가 간행업무를 총괄하며 김창곤 학부장을 비롯한 교수, 동문, 재학생, 대학원생과 대학원 동문 등이 합심하여 준비하였다. 원고 수집과 정리가 다소 늦어져서 5월이 아닌 11월 1일에 발간하였다. 이 책은 11월 5일 프라도호텔에서 열린 '광주대학교 사회복지학과(부) 창립 20주년 기념식'에서 참석자들에게 선물로 제공되었다. 행사를 기획할 때 학부 예산으로 20년사를 발간하고, 교수들이 찬조하여 잔치를 치루며, 참가자들이 후원한 금액을 재학생 장학금으로 쓰기로 했다.

광주대학교 사회복지학과는 1990년에 야간반이 설치되었고,

1995년부터 주간반도 설치되었다. 1997년 외환위기를 계기로 정부가 학부제를 장려하면서 1998년에 사회복지학과, 가정관리학과, 산업교육학과는 경상복지대학 사회복지학부(사회복지학전공, 가족복지학전공, 평생교육학전공)로 개편되었다. 2002년에는 일반대학 설립인가를 받아 사회복지학부 정원은 230명이 되었다. 한때 사회복지학부 학생은 광주대 전체 재학생의 1/6-1/5을 차지하였다. 늘어난 학생들의 면학 분위기를 조성하기 위해 학교 차원의 특별 지원비로 학술활동(사회복지해외탐방, 사회복지현장탐방, 학습모임)과 학생 자치활동(소모임활동)을 장려하고, 홈페이지의 소통기능을 강화시켰다. 또한, 장애체험대회, 광주사회복지포럼, 사회복지동아리박람회, 학술대회의 유치와 국제교류 등 대외활동을 통해 광주대 사회복지학부의 명성을 키우고, 동문회와 관계를 활발히 하였다. 1990년부터 2010년까지 배출된 졸업생은 4,463명이었다.

한편, 광주대 대학원 과정 사회복지학과는 1996년에 경상대학원에 설치되었고, 2000년에 산업대학원으로 이름이 바뀌었다. 2001년 7월에 사회복지전문대학원(석사 45명, 박사 5명)이 신설되어 다음 해부터 입학생이 들어왔고, 이후 산업대학원은 재학생이 졸업하면서 종료되었다. 2010년까지 배출된 졸업생은 석사 432명, 박사 5명이었다.

필자는 이 책을 기획할 때 서울대학교 사회복지학과 50년사와 이화여자대학교 사회복지학과 50년사를 참조하였다. 전자는 한국사회복지학계를 이해하는 데 도움이 되는 정보가 많았고, 후자는 다양한 사회복지 분야별로 진출한 동문의 회고가 많았다. 두 권을 보면서 광주대 사회복지학부의 역사를 체계적으로 정리하고 사회복지분야별로 활약하는 동문(39명)의 회고록을 담도록 책을 기획하였다. 부록으로 졸업생의 명단까지 담아서 교수, 재학생, 졸업생 모두를 위한 책을 만들고 싶었다.

이 책의 차례와 집필자(괄호 속)를 보면 다음과 같다. 발간사(이영철 위원장), 인사말(김창곤 학부장), 축사(김혁종 총장), 축사(이용성 동창회장), 제1장 사회복지학과 창설 이전(이영철 교수), 제2장 사회복지학과 창설과 발전(이영철 교수), 제3장 사회복지학부의 도입과 발전(정태신 교수), 제4장 사회복지학부 전공의 소개(정태신, 서선희, 임형택, 임희경 교수), 제5장 사회복지학부의 소통과 대내외 활동(이용교, 이영철, 임희경, 함철호, 조미경, 정태신 교수), 제6장 학생회와 소모임 활동(학생회 대표, 소모임협의회와 각 소모임 대표, 조수 대표), 제7장 전공심화교육과 자격증 취득(이용교, 서선희, 박진영, 우희정, 김창곤, 임희경 교수), 제8장 교수회고록(옥경희, 이용교, 김미경 교수), 제9장 동문의 취업분야와 회고록(배명순, 정소향, 김양희, 조옥자, 심미영, 안정옥, 나금주, 공미현, 남궁경문, 김순자, 차현숙, 정연순, 채현숙, 손병주, 박귀서, 전선자, 황복순, 곽정숙, 박금자, 김경숙, 김태금, 손순용, 김완용, 김형준, 송진희, 박진자, 박찬원, 김연화, 박수화, 한윤주, 정점숙, 박정화, 한형수, 남궁미, 박지영, 천승렬, 윤영균, 오찬교, 박영심 동문), 제10장 대학원 사회복지학과의 활동(이용교, 정상양 교수), 제11장 사회복지학부의 발전을 위한 제안(김창곤 교수), 교수진의 약력과 연구업적(해당 교수), 자료(학과·학부 졸업생 명단, 대학원 졸업생 명단, 연혁- 정보전산원의 도움을 받아서 참여복지센터 조정욱 연구원 정리), 편집후기(이용교 교수) 등으로 구성되었다.

이 책은 2종 표지로 초판 2000부가 발간되었다. 그중 20주년 행사에서는 '광주대학교 사회복지학과(부) 20년사 1990-2010'이 돋보인 표지 책이 배부되었다. 이 책은 광주대학교 모든 학과, 한국사회복지교육협의회 회원 대학교 사회복지학과, 호남지역의 대학교, 한국사회복지협의회와 전국 시·도사회복지협의회, 한국사회복지사협회와 시·도사회복지사협회, 재학생들이 가는 사회복지현장실습 기관, 전국 국공립도서관 등에 기증되었다. '행복한 세상을 열어가는 길'이 돋보인 표지 책은 20주년 행사를 마친 후 일반인에게 판매되었고, 남은 책은 학부생이 사회복지현장실습을 갈 때 실습지도자에게 선물로 제공되기도 했다.

필자는 이 책에 광주대학교 사회복지학과(부)의 20년 역사를 담고, 모든 사회복지사가 '행복한 세상을 열어가는 길'을 걸을 수 있도록 지혜를 담고자 했다. 20년간 역사를 개척한 사회복지학과(부) 교수, 재학생, 졸업생, 대학원생, 대학원 졸업생이 경험한 것을 체계적으로 모으면 '집단지성'을 형성할 수 있다고 보았다. 이 책은 전국 대학교 사회복지학과의 역사서 중 모범적인 사례로 평가받았다.

한국 사회복지를 개척한 인물

이용교 편, 광주대학교 출판부, 2013.

필자는 사회복지학을 배우면서 이 땅의 사회복지 역사를 체계적으로 알고 가르치고 싶었다. 그런데, 한국 사회복지를 개척한 인물에 대한 연구가 많지 않았고, 특히 광주와 전남의 사회복지 역사를 다룬 책은 거의 없었다. 이에 필자는 2013학년도 1학기에 광주대학교 사회복지전문대학원에서 사회복지개론을 가르치면서 수강생들에게 역사적으로 공적이 큰 복지인물을 뽑아서 연구하도록 과제를 부과하였다.

이 책은 대학원생들이 쓴 글을 단행본으로 만든 것이다. 필자를 비롯하여 20명이 15명 인물의 활동을 정리하였다. 집필자 중 광주매일신문 박상원 편집부국장과 광주석산고등학교 손금옥 행정계장이 편집위원으로 애써주었다.

이 책은 1904년 전남 광주군 효천면 양림리(현 광주광역시 남구 양림동)에 미국남장로교회 광주선교부를 세우고 선교와 복지의 씨앗을 뿌린 유진 벨(배유지)을 비롯(집필자- 나하나 나주종합병원 영상의학과), 의료를 통해 복지를 실천한 윌슨(우월순)(홍재기 공군 제1전투비행단), 간호와 복지의 선구자 쉐핑(서서평)(박상원 광주매일신문 편집부국장), 교육과 복지를 개척한 루트(유화례)(권영숙 진주남중), 농촌개발의 선구자 어비슨(이은희 빛고을노인복지재단), 그리고 별도로 의료(정신보건)복지를 실천한 헨리 선교사(이명용 대학원 조교) 등을 소개하였다. 또한, 우리 사회의 소외받고 버림받은 사회적 약자인 한센병자와 결핵환자, 정신질환자, 부랑인, 전쟁고아를 위한 복지를 실천한 최흥종(정준영 광주희망네트워크), 손양원(정혜란 희망노인복지센터 센터장·김정란 사회복지전문대학원 재학), 강순명(오화경 초록우산 어린이재단 교사·이성례 광주석산고), 이현필(손금옥 광주석산고 행정계장), 김준호(황미진 사나래공동생활가정 시설장·김인자 광주복지공감플러스), 이준묵(김수진 남구청 사회복지전담공무원), 박순이(김희철 샬롬복지재단) 등과 여성운동과 교육을 실천한 김필례(양주봉 대학원 조교), 조아라(박미정 보금자리요양센터 사무국장·홍미연 광주광역정신건강증진센터 부센터장) 등의 복지활동을 다루었다.

조선에 온 선교사들은 기독교 선교가 목적이었지만 서양식 의료로 아픈 사람을 치료하고, 학교를 세워 신식교육을 했으며 신자와 사회적 약자를 구제하는 등 선교와 의료, 교육, 복지를 통합적으로 실천했다. 15명 인물은 광주 양림동을 시작으로 봉선동, 방림동, 학동, 남동 등에서 한센병자와 결핵환자, 정신질환자, 부랑인, 고아, 과부, 독거노인 등을 위해 선교와 의료, 교육, 복지활동을 체계적으로 펼쳤다.

이들의 주된 활동무대는 광주·전남지역을 중심으로 전북, 제주, 서울, 경기, 인천, 부산 등이었기에 책 이름을 '한국 사회복지를 개척한 인물'로 정했다. 광주제중원(현 광주기독병원)을 중심으로 양림동 일대는 한센병자와 결핵환자, 정신질환자를 위한 의료복지를 실천한 곳으로 의료복지 모델의 텃밭이었다. 서서평이 만든 조선간호부회는 대한간호협회로 발전됐고, 최흥종은 기독교의 사회구제를 주창하며 한센병자와 결핵환자의 구제를 위한 새 복지모델을 개척했다. 어비슨과 강순명은 농촌복지(지역복지)의 모델이고, 강순명, 이현필, 이준묵의 활동은 지역사회운동의 원형이 됐다. 이러한 활동으로 말미암아 광주 양림동은 '대한민국 복지성지'라는 명성을 얻었다.

필자는 집필자들이 주요 인물의 복지활동을 정리할 뿐 아니라, 이러한 복지활동이 당시의 정치, 경제, 사회, 문화 등과 어떻게 연계되었는지를 분석하여, 특정 인물과 기관의 역사를 넘어 사회복지 역사서로 발전되어야 함을 강조했다. 집필자들은 출판기념회를 하고 책을 널리 보급하였으며 사회적으로 주목받아 재판을 찍었다.

필자는 이 책의 pdf파일을 '시민과 함께 꿈꾸는 복지공동체'에 공개하여 많은 사람이 볼 수 있도록 했다. 이 책을 읽은 전국 독자들이 '복지성지 양림동'을 탐방하고 있다.

소진택의 생애와 복지활동

소진택, 이용교, 광주대학교 출판부, 2014.

어느 조직이나 잘 되는 곳은 '어른'이 계신다. 사람들이 모이면 밥을 사고 대중의 뜻을 모아서 이끌어가는 사람이 있다. 요즘은 민간 조직도 대표가 판공비로 쓸 돈이 있지만, 호주머니를 털어서 밥을 사던 시절에는 어른 노릇하기가 쉽지 않았다.

광주광역시사회복지사협회가 사회복지 뿌리 찾기를 하면서 첫 번째로 뵌 분이 1975년에 전남사회사업가협회를 창립하여 1988년까지 이끈 소진택 회장이었다. 당신 이력이 해방 후 광주·전남 사회복지의 역사이었다. 2014년 2월 10일부터 매주 한 차례씩 세 번 금수장에서 대담하였다. 인터뷰를 영상으로 촬영하고 녹취록을 푼 후 정리하였다. 필자는 1991년 한국청소년연구원에서 '청소년상담사업 활성화 방안'을 연구할 때 청소년종합지원센터(센터장 소진택)에서 뵌 후 4반세기 동안 큰 가르침을 받았다.

이 책은 머리말, 7개 장의 본문, 부록으로 구성되었다. 본문은 출생과 학창 시절, 사회복지사의 길, 대한사회복지회에서 활동, 사회복지계의 연대와 협력, 광주삼광복지회 설립과 이후 활동, 수상과 가족, 맺음말로 구성되었다.

그는 1934년에 전남 보성군 복내면 선돌마을에서 태어나 일제 강점기와 한국전쟁을 겪으며 국민학교를 마쳤다. 전남도청에서 일하고 도립모자원에서 기거하면서 숭일중·고등학교를 졸업하고, 영신원 총무로 일할 때 중앙신학교 사회사업학과를 졸업하였다. 이후 광산군 아동복리지도원을 거쳐 전라남도 수석 아동복리지도원으로 일하면서 급증한 기아를 적십자병원에 입원시켰다.

응급 치료가 끝난 영아를 위해 기아일시보호소를 만들고, 이후 대한사회복지회 전남지부장으로 아동일시보호, 미혼모가 출산한 아동의 입양, 어린이집 설립, 청소년종합지원센터의 설립 등 아동·청소년복지를 개척하였다. 전남사회사업가협회를 창립하고, 전남사회복지협의회 회장으로 다양한 연대활동을 하였다. 정년퇴직 후 광주삼광복지회를 설립하여 보성과 광주에서 어린이집을 운영하고, 광주YMCA신협 초대 이사장 등으로 봉사하였다. 그는 그 시대에 꼭 필요한 복지사업을 만들고 전국화시켰다. 대표적인 사례가 영아일시보호, 미혼모 아동의 입양, 청소년상담, 영아전담 어린이집 등인데, 인터뷰를 마치면서 "사회문제를 해결하기 위해서는 사회복지사가 제자리를 잡고 활동하는 것"을 강조했다.

교정을 마친 날 회장님은 책 출판비로 쓰라며 금일봉을 주셨다. 돌려드렸지만 끝내 받지 않으셔서 광주광역시사회복지사협회 제1호 평생회원으로 등록하고 필자가 두 번째 회원이 되었다. 나머지는 책으로 드렸는데, 기뻐하신 모습이 눈에 선하다. 2018년 회장님이 돌아가셨을 때, 사모님이 사위인 정선규 관장에게 "이교수에게 기별하고, 책이 있으면 조문객에게 드리면 좋겠다"고 말씀하셨다고 들었다. 광주협회는 이 책을 기꺼이 선물하였다.

율어면지

율어면지편찬위원회, 2014.

이 책은 전남 보성군 율어면의 최초 면지이다. 광역자치단체나 기초자치단체가 발간한 지역사 책은 많지만, 읍·면·동 행정구역에서 발간된 역사책은 흔하지 않은 상황에서 발간되었다.

보성군 12개 읍·면 중 보성군지, 벌교읍지, 복내면지 등이 발간되었지만, 다른 면은 없었던 2011년부터 면지 편찬은 추진되었다. 필자는 2011년 2월 4일에 율어면지추진위원회(초기 이름)에 기존 사료뿐 아니라 사료를 발굴하고 사료를 만드는 면지가 되면 좋겠다고 제안하였다. 즉, 보성군지, 보성의 의병운동 등 율어 관련 사료, 인물 사료, 땅이름과 관련된 자료 등을 집대성할 뿐 아니라, 율어면민이 경험한 역사적 사건(해방직후 좌·우익의 활동, 주암댐 건설로 인한 수몰 지역주민 이주, 전기가 들어오면서 생활양식의 변화 등)을 기록하면 좋겠다고 제시했다. 과거 자료를 찾으면서도 후대가 현재 상황을 알 수 있도록 기록하는 것이 중요하기 때문이다.

당초 추진위원회는 보성군지 등을 참조하여 면지를 2권으로 발간하고자 했다. 제1권에는 율어의 역사: 율어의 역사와 자연환경 및 인문환경 그리고 그 변천(250쪽)을 담고, 제2권에는 율어와 율어사

람들: 마을과 유래, 율어의 인물, 문화 및 생활, 선인의 자취 등(400쪽)을 담고자 했다. 책 판형은 46배판으로 하고 2권 합계 면수는 600~800쪽, 사진은 1000컷 내외를 담아 2000질을 발간할 계획이었다. 율어면민회가 주관하고 주암호를 관리하는 영산강환경관리유역청의 지원금으로 2년 정도 소요될 것으로 기대했다. 2011년부터 마을이야기, 성씨와 인물, 역사적으로 의미 있는 사진 등 자료를 수집하던 중에 정리와 집필이 쉽지 않았기에 2011년 8월에 필자와 이희재 교수에게 집필진으로 참여해달라고 청했다.

필자는 목차를 다소 수정하고 집필자를 위촉하여 청탁을 빨리 해야 책을 발간할 수 있다고 조언하였다. 제안한 차례와 집필자는 제1편 율어의 역사에서 지명유래(집필자-?), 지리적·물리적 환경(?), 역사·문화유적(이희재 교수), 인구와 가구(이용교 교수), 인문·사회적 환경(책임 집필자 김상호 면장), 산업과 경제(?), 교육과 인재 육성(보성교육청 전순규), 생활문화와 종교(?), 제2편 율어가 낳은 인물에서 전대의 인물들, 근현대의 인물, 각종 수상자, 효자 효부 및 열녀, 제3편 율어의 마을사에서 촌락의 생성과 발전, 성씨의 기원과 분포, 마을의 유래와 현황 등은 문헌과 주민이 제공한 자료를 바탕으로 전문가가 책임 집필한다.

그런데, 추진위원회는 사업 기간을 1년 연장하여 대동문화재단(조상열 회장)과 연구용역 계약을 체결하였다. 이후 수집된 자료와 문헌 등을 참고하여 재단 최성은 전문위원, 이희재 교수(역사)와 이용교 교수(인구, 정치와 행정, 사회와 복지)가 집필하였다. 추진위원회는 집필자를 포함하여 편찬위원회로 개편되었고, 2013년 11월까지 수집된 원고가 1,200쪽이나 되어 750쪽 규모로 축소하여 1권으로 발간하기로 결정했다.

율어면지는 발간사(이용도 율어면지편찬위원장, 면민회장), 축간사(이용부 보성군수, 선종완 율어면장, 김판선 보성군의회의장, 김영춘 군의회의원, 김경열 군의회의원), 제1편 삶의 터와 역사(삶의 터, 생태, 인문지리, 역사와 율어의 지명유래), 제2편 정치와 행정(정치, 행정, 치안과 소방). 제3편 문화(문화유산, 문화예술, 종교, 교육과 체육), 제4편 경제와 사회(산업, 사회와 복지), 제5편 성씨와 인물(성씨의 입향과 정착, 율어의 인물), 제6편 마을이야기(율어리, 금천리, 선암리, 문양리, 칠음리, 고죽리, 이동리, 유신리, 장동리), 부록(율어연대표), 편집후기로 구성되었다. 필자는 율어면의 인구, 도로, 역사(그중 대한제국, 일제강점기, 미군정기), 정치와 행정, 사회와 복지 등을 집필하였다. 율어면지를 편찬하면서 세 가지를 알게 되었다.

첫째 모든 샛길은 바다로 통한다. 율어면은 신작로(지방도)를 통해 보성에서 겸백과 방갓 삼거리를 거쳐 율어면사무소를 지나 벌교로 가거나 면사무소에서 되돌아 방갓 삼거리와 복내로 간다. 그런데, 일제강점기에 신작로가 나기 전에는 웃밤우(현 면소재지)에서 방갓과 우정을 거쳐 옥천으로 가는 길, 한치를 거쳐 복내로 가는 길, 가척과 선암을 거쳐 조성으로 가는 길도 있었다. 일제강점기까지 방갓에서 웃밤우로 가는 길과 참샘이에서 선암으로 가는 길이 만나는 개곶뎅이(가척 마을 근처)에 주막과 대장간이 있었고 근처 냇가에 시장이 서기도 한 물류 중심지이었다. 현재 관점으로 보면 선암은 산촌이지만 걸어서 다니던 수만 년 동안 율어 사람이 바다로 가기 위해 선바우재를 넘어 조성으로 가는 길목이었다. 지금은 도로, 철도, 바닷길, 하늘길 등이 있지만, 과거에는 모든 육로는 바닷길로 연결되었다.

둘째, 인물이 나는 집안은 크게 바뀌지 않는다. 농촌·농업·농민이 중심인 사회는 토지가 생산기반이기에 한 집안의 재산은 세대가 바뀌어도 큰 차이가 없고, 어느 정도 물적 기반이 있어야 공부하여 출세할 수 있었다. 한 예로 일제강점기 면위원 집안의 후손이 해방 후 사회적 명망이 높은 직업을 갖는 경우가 많았다.

셋째, 율어의 경계는 겸백, 복내, 문덕, 벌교, 조성 등과 접하는데, 조선시대 말에 안규홍 의병장의 의병활동은 일제강점기 소작쟁이와 해방후 국가건설운동으로 연결되었다. 소설 태백산맥에서 율어면은 "해방구"로 표현되었지만, 한말 의병운동과 일제강점기 소작쟁이 등은 독립운동의 뿌리이었고, 해방 후 기층 민중의 이익을 지키려는 싸움이란 측면도 있다.

이희재 교수는 지구촌 고인돌의 절반이 한반도에 있고, 한반도 고인돌의 절반이 섬진강과 영산강 유역에 있는데, 보성강 유역 중 한마을에 70기 이상 고인돌이 있는 율어면 양지마을과 주변은 청동기 시기에 가장 강력한 세력이 살았을 것으로 추정하였다. 율어면에는 39개 마을이 있는데, 대부분 마을에 고인돌이 있다. 필자는 율어면 문양리 가척 마을에서 태어났고, 증조 때부터 그 마을 혹은 이웃 마을인 양지(양촌)에서 살았다.

광주대학교 사회복지전문대학원 20년사: 배워서 남 주는 사회복지사

광주대학교 사회복지전문대학원 20년사 기념사업회,
광주대학교 출판부, 2016.

광주대학교 사회복지전문대학원은 2002년 3월에 첫 입학생이 있었지만, 1996년에 개설된 경상대학원 사회복지학과와 2000년 7월에 이름이 바뀐 산업대학원 사회복지학과를 이어받았다. 2016년에 교수진은 재학생과 동문이 참여하여 기념사업회를 만들고 이 책을 발간하였다.

필자는 '광주대학교 사회복지학과(부) 20년사'(2010년) 발간한 경험이 있었기에 이 책도 기획하였다. 대학원이 교육과정과 학사행정을 혁신하여 인재를 양성하고, 양성된 인재가 각 분야에서 활동하는 모습을 책에 담고자 했다.

이 책의 구성은 발간사(정상양 원장), 축사(김혁종 총장, 김태금 총동창회장), 환영사(김창곤 주임교수)에 이어서, 제1장 대학원의 역사, 제2장 대학원의 교육과정과 학사행정, 제3장 대학원의 학술 활동, 제4장 원우회와 동문회의 활동, 제5장 대학원의 사회공헌, 제6장 졸업생의 분야별 활동, 제7장 대학원의 발전과제, 부록(광주대학교 경상대학원·산업대학원(사회복지학과), 사회복지전문대학원 졸업생 명단, 재학생 명단(수료생과 휴학생 제외), 졸업생 학위논문 명부(석사학위논문 190명, 박사학위논문 32명) 등으로 구성되었다.

필자는 사회복지전문대학원이 사회복지학계의 중추 기관으로 성장한 과정을 소개하고, 교육과정과 학사행정을 집필하였다. 대학원은 전임교수진과 사회복지학부 교수진이 다양한 교과목을 개설하고, 입학에서 학습지도, 생활지도, 논문지도, 학위 수여까지 체계적으로 소개하였다. 2016년 8월 기준으로 경상대학원과 산업대학원 석사과정 졸업생은 209명이었고, 사회복지전문대학원 졸업생은 석사과정 417명과 박사과정 32명, 합계 658명이었다.

사회복지전문대학원은 2002년부터 '광주사회복지라운드테이블'을 시작하여 69회 개최, 교수와 대학원생이 많은 국내외 학술대회에 참석, 노인복지연구회 활동 등을 하고, 단행본 발간(시설과 인물, 복지공동체 만들기, 한국 사회복지를 개척한 인물 등) 등을 수행하였다. 김창곤 교수, 정상양 교수, 이용교 교수가 이 영역을 집필하였다.

원우회와 동문회 활동은 각 기수별로 원우회 회장과 총무가 활동과 사진을 정리하고 김경수 12대 회장과 김주환 15대 회장이 대표로 집필하였다. 동문회 활동은 김태금 총동문회장이 회고하는 글을 집필하였다. 김태금 박사는 만학도로 광주대학교 사회복지학부를 졸업하고, 대학원 석사와 박사과정을 마쳐 사회복지학 박사가 된 산 증인이었다.

사회복지전문대학원의 대표적인 사회공헌을 소개하면 다음과 같다. 이흥윤 회장은 대학원에서 군사회복지론을 배워 군사회복지연구회를 조직하고 이를 바탕으로 한국군사회복지학회를 창립하여 제3대 학회장과 한국군사회복지사협회 회장으로 활동하였다. 김창곤 교수의 지도를 받은 졸업생들이 의료사회복지사로 활동한 것을 황복순 팀장이 기록하고, 전국에서 가장 많은 정신건강사회복지사를 배출한 내용을 박귀서 회장이 소개했다. 윤일현 교수는 사회복지현장에서 일하는 사회복지사들이 프로포절 작성법, 평가 대비 교육 등을 배웠다는 것을 소개하였다. 안희란 박사는 전문대학원은 학풍을 형성했다고 쓰고, 광주광역시사회복지사협회 서상원 사무처장은 복지네트워크(예, 복지공감플러스, 광주사회복지협의회 등) 중심에 광주대학교 사회복지전문대학원과 사회복지학부가 있다고 평가했다.

이 책에서 돋보인 내용은 각 분야에서 열정적으로 활동하는 졸업생들이 집필한 글인데, 제목과 집필자는 다음과 같다. 아동에게 가정을 만들어 준다(광주애육원 김순자 과장), 꿈과 열정으로 청소년복지사의 길을 묻다(광주광역시청소년활동진흥센터 김성훈 센터장), 노인일자리사업 활성화를 위한 제언(동구시니어클럽 전성남 관장), 장벽 없는 세상을 꿈꾸며(광주복지재단 황현철 장애인지원단장), 발달장애인 People First를 꿈꾸다(광주광역시발달장애인지원센터 나금주 센터장), 장애가 '장애'가 되지 않는 편의시설 만들기(남구장애인복지관 김부나 관장), 학교에서 배운 사회복지학을 실천한 10년(광주카리타스근로시설 오혜연 원장), 페미니즘과 사회복지가 만나다(유쾌한가족과성상담소 채현숙 소장), 조화로운 다문화사회를 꿈꾸며(광주북구건강가정·다문화가족지원센터 유봉애 총괄팀장), 캄보디아 광주진료소와 공적개발원조(아이안과의원 서정성 원장), 변화의 주체로 어떻게 살 것인가(광주광역시자원봉사센터 김용덕 사무처장), '배움의 동력'으로 인생 3막을 열다(나눔씨패스 김형준 대표), 사회복무요원에게 창의와 감성의 옷을 입히다(한국보건복지인력개발원 김대삼 교수), 베이비 부며 2016년 가을의 문턱에서(국제커리어센터 남택문 센터장), 광주에서 EAP도전과 경험(안성심 EAP전문가) 등이었다.

끝으로 필자와 김창곤 교수는 "특성화, 지역화, 세계화를 통한 지역과 함께 세계로 비상하는 사회복지전문대학원"의 비전을 달성하기 위해 교육과정 내실화를 통한 교육만족도 제고, 학생복지 확충, 동문회 활성화, 연구역량 강화와 국내외 학술대회 참가·논문발표, 사회복지실천현장과 연계교육 강화 등을 추진전략으로 제안하였다.

이 책은 2016년 11월 25일에 '광주대학교 사회복지전문대학원 20주년 기념식과 20년사 출판기념회'를 통해 참가자들과 재학생, 동문 등에게 널리 배포되었다. 필자는 자비를 더 투입하여 책(배워서 남 주는 사회복지사)을 제작하였고, 매년 대학원 신입생에게 이 책을 선물하면서 좋은 전통을 이어가자고 권하고 있다.

사회복지와 역사 창간호

사회복지역사연구회 편저, 광주대학교 출판부, 2016.

이 책은 사회복지역사연구회가 낸 최초 책이었다. 한국사회복지협의회 60년사를 공동 집필한 김범수 교수(전 평택대)는 1952년 2월에 창립된 협의회(당시 한국사회사업연합회)의 역사를 발굴하고, 역대 회장의 활동을 정리하면서 역사연구의 소중함을 절감하고 2013년 10월에 사회복지역사연구소를 만들어 2015년까지 사회복지 역사포럼을 다섯 차례 개최하였다. 그는 역사포럼 참석자들과 함께 2016년 1월 7일과 8일 전주 한옥마을에서 사회복지역사연구 워크숍을 개최하였다. 첫날 숭실대 박종삼 명예교수는 "사회복지역사 연구의 가치, 필요성과 연구 방향"을 발표하였고, 김범수 교수는 "사회복지역사기념관 사료 발굴과 보존 방법"을 발표하였다. 참가자 원탁회의에서 광주대 이용교 교수가 사회복지역사연구회를 제안하였고, 참가자들은 당일을 연구회 창립모임으로 결의하였다.

역사연구의 핵심은 기록이기에 창립모임에서 발표된 글과 창립대회 참석자들이 '사회복지와 역사' 관련 글을 한편씩 작성하여 책을 발간하기로 했다. 이 책은 인사말(김범수 회장), 제1장 '사회복지역사 연구의 가치, 필요성과 연구 방향', 제2장 '사회복지역사기념관 사료 발굴과 보존 방법', 제3장 '사회복지역사연구회 창립대회 참가자 기고 글', 부록(사회복지역사 관련 참고도서, 연구회 창립대회 참가자 명단, 연구회 회원 모집 안내)로 구성되었다. 그중 제3장의 내용과 집필자는 '지역의 사회복지역사' 교과목 개설을 되돌아보며(전북대 최원규 교수), 기록이 역사를 만든다(광주대 이용교 교수), 사회복지역사연구회 창립과 충현원의 사회복지 역사적 가치(충현원 유혜량 원장), 소셜미디어를 활용한 사회복지 선구자의 역사 기록의 전파와 교육(한국성서대 김성호 교수), "사회복지역사연구회"의 의미와 역할: 복지선각자 생애사와 사회복지법인 생애사의 "동시성"에 관심 두기(군산대 강영숙 교수), 조선시대 행정과 현대행정 비교(전 종로구 조성린 국장), 장애분야 국제개발협력의 기원과 역사(엔젤스헤이븐 조준호 상임이사), 사회복지역사연구회의 창립을 기뻐하며(삼성원 소병무 이사), 일제강점기 시대의 사회복지역사연구에 대해(사회복지역사연구소 전종숙 책임연구원) 등이었다. 필자는 역사적으로 의미 있는 사건이 기록으로 남겨지는데 시간이 지나면 기록된 것만 역사로 남는 경우가 많기에 '기록이 역사를 만든다'는 점을 강조했다.

사회복지역사연구회는 복지선구자에 대한 인물사 연구, 복지시설 및 단체의 발전사 연구, 지역의 사회복지역사 연구, 사회복지역사에 관한 역사포럼 및 세미나 개최, 소규모의 복지기념관 및 대규모의 사회복지역사박물관 연구 등을 추진하기로 했다. 이 연구회는 2017년 8월 1일에 한국사회복지역사학회로 이름이 바뀌었다. 필자는 제4대 회장(2022-2023년)으로 봉사하였다.

한국사회복지사협회 50년사

한국사회복지사협회50년사 편찬위원회,
한국사회복지사협회, 2017.

이 책은 2017년 12월 20일에 발행되었는데, 2016년 5월 11일에 필자와 협회 최아영 주임이 용산역 커피숍에서 협의하면서 틀이 정해졌다. 류시문 회장은 필자에게 '50년사 집필위원장'을 맡아 각 분야별 집필 위원을 추천하도록 요청하였다.

필자는 협회 30년사와 40년사의 내용과 중복을 피하고 특성화를 위해 '사회복지사의 역사'와 '사회복지사협회의 역사'를 주로 다루고자 했다. 책의 구성은 제1부 한국사회복지사협회 50년 발자취, 제2부 사회복지사 자격제도의 역사, 제3부 사회복지사 활동 분야의 역사, 제4부 지방사회복지사협회의 역사, 화보, 부록 등으로 이루어졌다. 해당 분야 전문가를 집필자로 선정하여 11월 30일까지 집필 지침에 따라 원고를 제출하도록 청탁하였다.

세부 원고 제목과 집필자는 다음과 같다. 제1부 한국사회복지사협회 50년 발자취는 한국사회복지역사학회 회장인 김범수 교수가 한국사회사업가협회 창립 이전 역사와 주요 인물, 한국사회복지사협회 50년 역사로 집필하였다. 제2부 사회복지사 자격제도의 역사는 사회복지사(광주대 이용교 교수)를 비롯하여, 정신건강사회복지사(전 숭실대 유수현 교수), 의료사회복지사(가톨릭대 이광재 겸임교수), 학교사회복지사(나사렛대 윤철수 교수), 군사회복지사(한국군사회복지사협회 이흥윤 회장), 교정사회복지사(서울북부준법지원센터 이형섭 소장) 자격제도의 역사를 다루었다. 제3부 사회복지사 활동 분야의 역사는 아동복지 분야(경기대 김형모 교수)를 비롯하여, 가족복지(각당복지재단 이동은 연구소장), 장애인복지(대구대 나운환 교수), 노인복지(꽃동네대 조추용 교수), 지역복지(백석대 김승용 교수), 청소년복지(총신대 손병덕 교수), 사회복지행정(성결대 박용순 교수), 다문화가족 및 국제사회복지(연세대 성규탁 명예교수), 교육(전북대 최원규 교수), 비정부기구 분야(숭실대 박종삼 명예교수) 사회복지사 활동의 역사를 다루었다. 제4부 지방사회복지사협회의 역사는 17개 시·도협회의 역사를 일반현황, 조직도, 주요 연혁, 역대 회장, 임원, 지회 현황, 주요 사업, 주요 사진 등으로 다루었다. 그리고 화보와 부록 등은 협회 사무국이 준비하였다.

출판예정일은 협회 50주년인 2017년 3월이었는데 2016년 12월 말까지 원고 수집이 완료되지 않았다. 제1부-제3부 원고는 접수되었지만, 제4부 원고가 제대로 수집되지 않았다. 지방 협회가 양식에 맞추어서 제출하면 되는데, 일부 협회는 3월에 선출될 회장이 좀 더 다듬어서 내면 좋겠다는 의사를 표현했다.

필자는 '사회복지사 자격제도의 역사'를 사회사업가와 사회사업종사자의 출현, 사회복지사업종사자의 법정화, 사회복지사로의 변경과 법정화, 사회복지사 취득방식의 변경과 국가시험 도입, 사회복지사의 전문화와 지위 향상, 맺음말로 집필하였다. 집필위원장으로서 다른 사람이 집필한 내용을 검토하여 보완하도록 요청하고 다른 원고와의 중복을 피하도록 조정하였다.

새로 당선된 오승환 회장은 '50년사 편찬위원회'를 설치하고, 그 안에 편집위원회, 집필위원회, 감수위원회를 두었다. 그동안 집필에 집중하였는데 책을 발간하기 위해 역대 회장단의 의견을 수렴하고 학계 검증도 필요했다. 오승환 회장이 편집위원회 위원장을 맡고 박병현(부산대), 이봉주(서울대), 이용교(광주대), 정부자(전 협회 회장 직무대행), 정진모(전 서울시사회복지사협회 회장), 최원규(전북대) 교수를 편집위원; 조성철 전 회장, 최성균 전 회장을 편집자문위원; 협회 사회복지인적자원연구원 박용오 원장을 편집주간으로 위촉하였다. 집필위원장 이용교 교수와 집필위원은 변함이 없었다. 감수위원회는 집필위원 중 성규탁, 이용교, 최원규 교수가 담당하였다. 필자는 편집위원, 집필위원장, 감수위원으로 편찬위원회에서 핵심적인 역할을 수행하였다.

이 책은 2018년 1월 16일 여의도 이룸센터에서 열린 '한국사회복지사협회 2018년 신년인사회 및 50년사 발간기념식'에서 참석자들에게 선물로 제공되고, 시·도협회 등을 통해 보급되었다. 필자는 한국사회복지학회 50년사(2007) 집필과 한국사회복지사협회 50년사(2017)를 집필하면서 사회복지 역사를 더 공부할 수 있었다.

복지행정의 선구자 김학묵

이용교, 미래복지경영·코람데오, 2023.

이 책은 한국사회복지역사학회와 사단법인 미래복지경영이 함께한 '한국사회복지인물사 발간사업'의 첫 번째로 출판되었다. 2022년에 한국 사회복지교육의 토대를 마련한 선구자적 인물로 김덕준, 하상락, 김학묵, 백근칠 선생을 선정하고 각 인물의 집필자에게 원고료 300만원을 지급하기로 공모하였다. 한국사회복지역사학회가 집필자를 선정하면 미래복지경영(최성균 회장)이 지원하기로 했다.

저술 기간은 2022년 5월 1일부터 2023년 4월 30일까지이고, 필요하면 연장할 수 있도록 하였다. 신청서를 접수하는데, 지원자가 얼마나 될지 걱정스러웠다. 김덕준 교수는 중앙신학교 사회사업학과를 개설하였고, 하상락 교수는 서울대학교 사회사업학과를 개설했기에 제자 중 적임자를 찾을 수 있겠지만, 김학묵 박사와 백근칠 선생은 집필자를 찾기가 어려울 것이다. 필자와 최성균 회장, 최원규 교수 등이 사전 모임을 할 때 최 회장은 "하상락 교수는 최원규 교수가 적임자이고, 김덕준 교수는 김범수 교수 등이 있으며, 김학묵 박사는 한국청소년단체협의회 회장도 한 적이 있으니 청소년복지를 전공한 이용교 교수가 하면 좋겠지요"라고 말하였다. 학회가 이 사업을 성공적으로 추진해야 하겠기에 필자가 신청서를 접수하였고 집필자로 결정되었다.

필자는 중앙대학교 대학생들과 함께 만든 '이야기 사회복지'(1993)에서 "한국뇌성마비복지회 김학묵 회장"을 다룬 적이 있었기에 그 글을 읽고, 김학묵 박사가 쓴 글과 다양한 문헌을 수집했다. 또한 한국뇌성마비복지회 박세영 총장을 면담하고, 복지회 사업을 많이 알고 있는 최경자 3대 회장과 김 박사 4남인 전 한국방송공사 김재연 국장을 인터뷰하였다.

그는 일제강점기에 경기도 사회과에서 사회(사업)행정을 경험하고, 미군정기와 한국전쟁기에 구호사업을 실천하였다. 미국 미네소타대학교 대학원에서 사회사업학을 전공하여 석사학위를 취득한 후 미국의 지원을 받아 지역사회개발사업을 전국적으로 시범 실행하였다. 이러한 경력 덕분에 4·19혁명 이후 허정 과도내각에서 보건사회부 차관으로 일하였다. 이에 필자는 책 제목을 '복지행정의 선구자 김학묵'으로 정하였다.

이 책은 머리말, 발간사, 본문 10개 장과 연보, 참고문헌으로 구성되었다. 본문은 김학묵 박사의 생애 순으로 정리되었다. 그는 1916년 4월 24일에 충북 음성군 감곡면 상평리 상촌에서 태어났고, 휘문고등보통학교를 졸업하고, 보성선문학교에서 정직수 교수로부터 영국에 가서 사회보장을 미국에 가서 사회사업을 배우면 좋겠다는 조언을 들은 것이 사회복지를 하게 된 계기라고 말했다. 경기도 사회과 공무원을 시작으로 사회부 사회국 국장서리, 서울특별시장 비서관, 지역사회개발중앙위원회 간사장을 거쳐 보건사회부 차관으로 일했다. 당시 한국 사회사업가(사회복지사)로서 최고 행정직 공무원이 되었다.

"보건사회부 차관"이란 경력은 대한적십자사 사무총장(재임시 한국청소년단체협의회 회장), 한국사회복지협의회 회장, 의료보험조합연합회 회장, 한국뇌성마비복지회 회장으로 이어졌다. 특히 1978년 창립부터 한국뇌성마비복지회 회장으로서 2001년 5월 죽음을 맞이하는 순간까지 장애인복지계의 대부를 넘어 사회복지계의 어른 역할을 다했다. 그는 일본어, 영어 구사능력이 뛰어나고 늘 유머와 칭찬으로 좌중을 휘어잡아 국내외 친구가 많았고, 다양한 분야에서 국제교류사업을 개척하였다.

필자는 그의 일생을 연구하면서 청년 시절에는 민족지도자 여운형을 존경하고 사회주의자socialist에 관심이 많았으며, 평생 동안 장애인을 포함한 사회적 약자도 좀 더 살기 좋은 세상을 열어가기 위해 노력하였다는 것을 확인했다. 그는 "이 생명과 이 힘을 눌린 것을 치들고 굽은 것을 펴기에 쓰리로다, 부리리로다"란 신념을 실천한 휴머니스트였다.

이 책을 쓸 수 있도록 재정을 지원한 미래복지경영 최성균 회장과 많은 정보를 제공한 최경자 회장, 박세영 총장, 김재연 국장 등을 비롯한 많은 분께 감사드린다. 필자는 이 책의 인쇄본 한글파일을 카페에 공유하였다.

사회복지 역사와 인물

이용교, 인간과복지, 2024.

한국 사회복지 역사책은 서구 사회복지 역사를 다룬 후에 한국 사회복지 역사를 가볍게 다룬 경우가 많았다. 대학교에서 사회복지 역사와 인물을 제대로 가르치지 않기에 학생들은 복지의 뿌리를 모르고 복지현장으로 나가는 경우가 많았다. 이에 필자는 한국 사회복지의 역사와 복지선각자들의 활동을 정리하고자 했다.

광주와 전남에서 서구식 사회복지가 도입된 것은 1896년에 광주가 전라남도 관찰부로 지정되고, 1904년에 미국 남장로교 선교사들이 양림동산에 선교부를 세우면서이었다. 1905년에 제중원을 개원하고, 이어서 숭일학교와 광주여학교(수피아여학교)를 개교하였다. 특히 1909년 4월에 오웬 선교사가 폐렴으로 생명이 위독할 때 목포에서 포사이드 선교사가 오는 길에 나병환자 한 명을 데려와 1911년에 광주나병원이 생겼다. 나환자를 치료하고 재활을 돕기 위해 우월순 원장, 최흥종 목사(당시 조사), 서서평 선교사가 헌신적으로 활동하였다.

서서평 선교사는 13명의 딸과 1명의 아들을 양자로 키우고, 광주이일학교를 설립하여 수많은 전도부인을 양성하였다. 그의 지도를 받은 김화남, 홍승애, 오복희, 이정희 전도사 등이 사회사업에 적극 참여하였고, 어비슨의 농업실습학교에서 공부한 강순명 목사, 이현필 선생, 이준묵 목사 등도 독신전도단으로 선교와 사회사업에 헌신하였다.

최흥종 선생은 3·1운동으로 옥고를 치른 후 1920년에 광주 YMCA 창립을 지원하고, 1921년에 평양신학교를 졸업한 후 북문밖교회에서 목사로 재직하면서 광주노동공제회를 조직하고, 야학을 통해 민중의 삶을 개선하였다. 최흥종, 이현필, 정인세 등은 광주 YMCA를 중심으로 일제강점기와 해방 후 다양한 사회활동을 주도하고, 여순사건 이후 고아를 위해 '동광원'을 설립하였다. 한편, 수피아여학교 김필례 선생은 YWCA와 광주YWCA를 조직하였고, 제자인 조아라 등은 광주YWCA를 통해 선교와 아동·여성복지 그리고 시민운동을 체계적으로 펼쳤다. 광주의 사회복지는 미국 남장로교 선교부가 중심이 되어 교회, 병원, 학교 등을 세워 인재를 양성하고, 광주 YMCA와 YWCA와 협력하면서, 중앙(서울)YMCA 등 외부 자원을 이끌어 냈다.

이 책은 광주를 중심으로 일제강점기에 나환자를 돌보고, 해방 이후 고아, 무의무탁 노인, 결핵환자 등을 돌보면서 사회복지를 개척한 역사와 주요 인물들의 활동을 정리하였다. 한 권의 책으로 130여 년의 사회복지 역사를 모두 다루기에는 한계가 있었기에 후속 연구가 필요하고, 다른 지역에서도 유사한 연구가 전개되길 기원한다. 이 땅의 사회복지 역사를 만들어 온 선각자들과 복지활동가들의 헌신에 감사드리며 이 책을 헌정한다.

복지평론

알아야 챙기는 산재보험

이용교와 산재탐험대 편, 인간과복지, 1999.

이 책은 광주대학교에서 사회보장론을 수강하는 대학생들과 함께 쓴 책이다. 사회보장론은 공공부조와 사회보험을 다루고, 특히 국민연금, 건강보험, 산재보험, 고용보험 등 4대(현재는 노인장기요양보험을 포함 5대) 사회보험을 잘 활용하는 방법을 알려주는 강좌이다.

수강생들에게 과제물로 "자신이나 가족이 활용한 사회보험을 소개하세요"와 "사회보험을 시민에게 잘 안내하는 방법"을 부과했다. 많은 대학생은 사회복지는 어려운 이웃에게 필요한 것이라고 인식한다. 국민기초생활보장제도 등은 저소득층에게 적용되지만, 대부분의 복지제도는 모든 국민에게 적용된다. 특히 산재보험은 1인 이상 고용사업장에서 일하는 노동자에게 당연 적용되고, 건강보험, 국민연금 등 사회보험도 가입자와 그 가족에게 보편적으로 적용된다.

1999년 1학기 수강생들에게 팀 과제로 "사회보험 중 하나를 선택하여 시민에게 잘 안내하는 방법"을 부여하고, "가장 잘 쓴 과제물을 책으로 내주겠다"고 약속했다. 박영심, 이명희, 설혜정, 김민정 등이 조직한 '산재탐험대'가 제출한 과제물을 필자가 보완한 것이 이 책이다. 1999년 10월에 초판, 2004년 8월에 개정판이 발행되었다.

이 책은 시민이 산재보험을 충분히 받기 위해서는 어떤 절차를 거쳐야 하고, 확인해야 할 사항이 무엇인지를 소개했다. 주요 내용은 산재보험이란, 가입대상자는 누구인가, 보험료를 누가 얼마나 내나, 이럴 때 이만큼 받는다(요양급여, 휴업급여, 장해급여, 유족급여, 상병보상연금, 간병급여, 장의비, 특별급여제도, 산재처리과정에서 이의신청, 산재 발생 후 보험급여에서 꼭 확인할 사항), 관리운영을 누가 어떻게 하나, 문답과 판례로 알아보는 산재보험법, 산재보험에 관한 정보마당, 산재보험의 신청양식 등으로 구성되었다.

인간과복지 이명묵 부장(현 대표)은 "이 교수님이 쓴 책은 교보문고에서 많이 팔리는데, 이 책은 영등포문고에서 많이 나가요"라고 말했다. 산재보험에 관심 있는 노동자가 접근하기 쉬운 영등포에서 이 책이 많이 팔린다는 것은 자랑스런 일이다. 산업재해를 당한 사람이나 가족이 필자에게 전화 상담한 경우도 적지 않았다. 사례를 듣고 상담하면서도 산재 관련 판례나 단체를 소개해주기도 했다. 노동자는 산재를 당하지 않는 것이 가장 좋고, 혹 당했다면 "산재보험으로 처리해주세요"라고 당당하게 요구해야 한다. 사용자도 산재를 예방하는 것이 중요하고, 발생했다면 산재보험으로 처리하는 것이 합리적이다.

알아야 챙기는 건강보험

이용교, 박영심, 인간과복지, 2000.

이 책은 필자와 한국복지교육원 박영심 연구원이 함께 쓴 책이다. 박 연구원은 1999년에 친구들과 함께 '알아야 챙기는 산재보험'을 쓴 적이 있었다. 필자는 '알아야 챙기는 사회보험' 총서의 두 번째로 이 책을 기획하였다.

건강보험은 1인 이상 사업장의 노동자, 농어민, 도시 자영자 등 사실상 전체 국민이 활용하는 사회보장제도이다. 의료급여 수급자를 제외한 모든 국민은 건강보험의 가입자 혹은 피부양자로서 건강보험을 적용받을 수 있다. 건강보험은 1977년부터 일정 규모 이상 사업장 노동자는 당연 가입대상이었고, 점차 그 대상이 확대되었다. 1988년부터 농어민이 적용받고, 1989년부터 도시자영인이 적용받고 있다.

국민건강보험공단은 적용대상자를 가입자로 관리하고, 보험료를 부과·징수하며, 병원 등 요양취급기관이 급여를 청구하면 의료보험심사평가원의 심사를 거쳐, 진료비를 지불하는 보험의 관리 행정에 집중하고 있다. 공단은 건강보험의 가입자와 피부양자에게 어떤 상황에서 건강보험을 활용할 수 있고, 어떻게 급여를 이용하는 것이 보탬이 된다는 것을 안내하는 일을 소홀히 하는 경향이 있었다.

필자와 박영심 연구원은 건강보험의 급여를 충분히 받기 위해 어떤 절차를 거쳐야 하고, 확인해야 할 사항이 무엇인지를 자세히 안내하였다. 이 책의 목차는 건강보험이란, 가입대상자는 누구인가, 보험료를 누가 얼마나 내나, 이럴 때 이만큼 받는다, 알아두면 편리한 건강보험 상식, 건강보험 두 배로 활용하기: 사례 보기, 건강보험에 관한 정보마당으로 구성되었다.

이 책은 건강보험 가입자와 피부양자가 건강보험을 잘 활용하는 방법에 초점을 두었기에 보험급여의 종류와 내용, 현금으로도 받는 건강보험, 비급여 대상과 급여 제한, 약국과 한방병원의 이용, 공(직)무상 요양급여, 장애인 보장구의 급여대상과 절차, 사례로 알아보기 등을 꼼꼼하게 다루었다. 이 책은 사회보장론을 공부하는 대학생을 포함하여 관심 있는 시민들에게 좋은 평가를 받았다.

복지는 생활이다

이용교, 인간과복지, 2001.

필자는 시민을 위한 복지교육의 중요성을 인식하고 새천년을 맞이하는 2000년 1월 1일에 "시민과 함께 복지공동체를 꿈꾸는 '한국복지교육원'"을 개소하였다. 한국복지교육원의 도메인으로 http://www.welfare.pe.kr (현재는 푸른복지사무소가 사용)를 등록하고 복지뉴스, 복지평론 등을 게시하였다. 당시에 개인은 'pe'만 사용할 수 있었는데 'welfare'를 선점하였다. 시간이 지난 후 개인도 'net'를 사용할 수 있어서 http://www.okwelfar.net 로 바꾸었다.

당시 사회복지학과 대학생이나 사회복지사를 위한 복지교육은 체계적으로 이루어졌지만, 시민을 위한 복지교육은 별로 없었기에 필자는 "시민과 함께 복지공동체를 꿈꾸는" 한국복지교육원을 운영하였다. 어느 시점에 홈페이지 회원이 줄어들어 '시민과 함께 꿈꾸는 복지공동체' http://cafe.daum.net/ewelfare 인터넷 카페를 운영하여 현재 회원이 5만여 명이다. 필자는 한국복지교육원, 시민과 함께 꿈꾸는 복지공동체에 복지평론을 꾸준히 게재하였다.

1999년 어느 날 광주교통방송 담당자가 매주 한 번씩 '복지뉴스'를 다루는 코너를 6개월 정도 운영하면 좋겠다고 제안했다. 시사성이 높은 복지뉴스를 시민이 알기 쉽게 대담으로 진행하자는 것이었다. 어떤 복지뉴스를 어떻게 진행하면 좋을지를 원고로 써서 보내주고 15분 정도 진행하면 좋겠다고 했다. 이에 필자는 6개월은 짧고 1년 계획으로 하면 좋겠다고 답변하였다. 방송국에서는 일 년간 다룰 소재가 있는지를 묻자, 필자는 몇 시간 만에 50가지 이상을 보내주었다. 담당자는 프로그램 개편이 6개월 단위로 이루어지기에 일단 시작하고, 청취자 반응이 좋으면 계속하자고 설득했다. 교통방송국은 스튜디오 녹음을 원하여 필자는 한 번에 4편 원고를 쓰고 녹음하였다.

2000년에 매주 토요일에 방송을 탄 복지뉴스(복지평론)는 "장애인 편의시설, 무엇이 문제인가?"를 비롯하여 49편이었다. 한 주일 동안의 주요 복지뉴스를 점검하고, 그 현황과 문제점을 밝히며 대안을 모색하기 위해 아나운서와 대담하였다. 필자가 해당 주제를 전반적으로 파악한 후 아나운서가 묻고 필자가 답변하는 형식으로 원고를 작성하면, 작가가 조금 수정하거나 아나운서가 상황에 맞추어 진행하였다.

일 년간 다룬 원고를 모아서 인간과복지에서 '복지는 생활이다'라는 단행본으로 발간하였다. 이 책은 "이용교 교수가 보는 복지세상"이란 부제를 달고 있는데, '복지평론가'란 직업을 만든 이용교의 최초 '복지평론집'이다. 이후 필자는 매년 한권 이상의 복지평론집이나 복지상식 책을 발간하였다.

디지털 복지시대

이용교, 인간과복지, 2004.

이 책은 2001년부터 3년간 쓴 '이용교의 복지평론'을 엮은 것이다. 필자는 2001년 8월 26일에 Daum칼럼 '이용교의 복지평론'을 개설하고, 시민과 함께 복지공동체를 꿈꾸어 왔다. 매주 중요한 복지뉴스를 시민이 쉽게 이해하도록 소개하고 생각을 덧붙여 복지칼럼을 써왔다. 복지평론이 알려지면서, 한국사회복지사협회는 홈페이지에 '이용교의 복지평론'이란 고정란을 만들고, 필자도 오마이뉴스 등에 복지평론을 기고하였다.

복지평론을 쓰는 이유는 사회복지학에 대한 전문성이 낮은 사람이 복지뉴스를 왜곡하는 경우가 많기 때문이다. 예컨대, 국민연금의 보험료가 가입자, 사용자, 퇴직금충당금에서 각각 3%씩 부과되던 방식에서 가입자와 사용자에게 각각 4.5%씩 부과되는 방식으로 바뀌었다. 이때 많은 기자들이 월급쟁이의 보험료가 50%나 올랐다고 하며, "월급쟁이가 봉이냐"라는 기사를 썼다. 그런데, 월급쟁이의 월급에서 보험료가 오른 것(3%에서 4.5%로)은 '사실'이지만, 퇴직금충당금에서 보험료가 나가지 않기에 퇴직금을 고려할 때 월급쟁이의 보험료는 준 것(6.0%에서 4.5%로)이 '진실'이다.

'이용교의 복지평론'은 많은 시민에게 복지정보를 친절하게 안내할 뿐 아니라, 정부가 복지정책을 입안하도록 제안하였다. 그중 '군 사회복지사 제도의 도입' 방안은 청와대에서 좋은 정책으로 채택되었고, 국방부의 군인복지제도의 개선방안에 반영되었다. 이후 군 기본권전문상담관(현 병영생활전문상담관)제도가 도입되고, 사회복지사가 상담관으로 임용될 수 있었다. 군사회복지에 관심있는 사회복지사들이 '시민과 함께 꿈꾸는 복지공동체'에 '군사회복지연구회'를 만들고, 이 연구회가 주축이 되어 한국군사회복지학회를 창립해 국방부에 사단법인으로 등록하여 군복지정책을 연구하고 있다.

이 책은 가상공간에 복지공동체를 만들어서 디지털 복지시대를 열고, 디지털 시대에 맞는 사회복지사의 전문적 역할을 제시하였다. 필자는 복지평론을 통해 현실을 분석하고, 실타래처럼 얽힌 문제를 풀면서 시민이 살맛나게 살 수 있는 복지공동체의 길을 모색하고 있다. 그 꿈을 공유하고 지지하여 준 독자 여러분께 감사드린다.

현재 '이용교 평론'은 일간신문 광주드림, daum 카페, 티스토리, 브런치스토리, 페이스북, 서울시복지재단의 공유복지플랫폼 등에서 한글과 영문으로 볼 수 있다. '디지털 복지시대'를 열어가는 실천은 지속되고 있다.

알아야 챙기는 고용보험

이용교, 공미현, 인간과복지, 2007.

이 책은 모든 국민이 고용보험을 보다 쉽게 이해하고 활용할 수 있도록 쓴 책이다. 고용보험은 1995년 7월에 30인 이상 고용사업장을 대상으로 사회보험 중 네 번째로 도입되었다. 1997년 외환위기를 계기로 1998년 10월부터 1인 이상을 고용하는 거의 모든 사업장에 적용되고 있다.

흔히 고용보험은 근로자가 비자발적으로 실직하였을 경우, 실직 근로자와 그 가족의 생활 안정과 재취업을 촉진하는 사회보험제도로 알려져 있다. 근로자는 실업급여 등을 타기 위해 매달 소득의 일부를 보험료로 사용자와 반씩 낸다는 것을 상식으로 알고 있다.

그런데, 고용보험은 비자발적인 실직자가 구직활동을 하면 구직급여를 줄 뿐 아니라 재직 근로자에게 직업훈련비를 지급하고, 학자금을 대출해주며, 사업주에게도 다양한 지원을 해주고 있다. 따라서 근로자를 포함한 모든 국민은 고용보험에 대한 기초상식을 높여야 하고, 제도에 대한 올바른 이해를 통해 고용보험을 효과적으로 활용할 수 있어야 한다.

필자는 고용노동부와 근로복지공단이 공식적으로 제공한 정보

뿐 아니라 고용보험과 관련된 다양한 판례를 수집하여 시민이 이해하기 쉽도록 책을 집필하였다. 책의 내용은 고용보험이란, 가입대상자와 확인하는 법, 보험료와 내는 사람, 급여와 수당을 받는 방법, 관리 운영 주체, 고용보험에 대한 질문과 답변, 판례로 본 고용보험, 고용보험의 주요 용어, 노동부 고용지원센터로 구성되었다. 이 책은 인간과복지가 의욕적으로 추진하는 '알아야 챙기는 사회보험' 총서의 세 번째 책이다. 독자 여러분이 알아야 챙기는 산재보험, 알아야 챙기는 건강보험을 함께 읽으면 사회보험을 좀 더 잘 활용할 수 있다.

광주대학교 사회복지전문대학원을 다니는 공미현 사회복지사와 함께 이 책을 집필하였다. 공미현 사회복지사는 한국농아인협회 광주협회 수화통역센터에서 수어통역사로 일하고, 여러 대학교와 공무원교육원 등에 출강하며 행복한 세상을 열어가고 있다.

상식으로 알아야 할 국민연금

이용교, 광주대학교 출판부, 2011.

보통 시민이 '국민연금'이란 말을 들으면 생각나는 낱말은 무엇일까? 노후대책, 소득보장, 사회안전망일까? 많은 사람은 '국민연금 기금 고갈'부터 생각난다고 말했다. 정부의 국민연금 재정추계에 의하면 기금은 2041년에 적자로 전환되고 2055년에 고갈될 것이라고 하니 걱정할만한 일이다. 하지만, 일반 국민이 정말 걱정해야 할 것은 자신의 노후대책이다. 국민연금의 기금이 언젠가 고갈될 가장 큰 이유는 가입자가 낸 보험료보다 많은 연금을 받기 때문이다. 가입자의 입장에서 현재 국민연금은 아주 좋은 보험이라는 뜻이다.

국민연금 기금의 고갈을 막기 위해 정부와 국민연금공단이 취할 수 있는 조치는 크게 세 가지이다. 보험료율을 지금보다 인상하고, 노령연금 등을 받는 최초 연령을 늦추며, 연금의 소득대체율을 낮추는 것이다. 이렇게 제도를 바꾸기 전에 가입자가 하루라도 빨리 국민연금에 가입하고, 하루라도 길게 가입하며, 한 푼이라도 더 내면 훨씬 많은 노령연금 등을 탈 수 있다.

이 책은 18세 이상 국민은 하루라도 빨리 국민연금에 가입하는 것이 이익이라는 '진실'을 담았다. "국민연금의 기금의 고갈될 것"이라는 소문으로 국민연금을 해약하는 사람도 있었는데, 이미 가입한 국민연금이라면 보험료율을 올리기 전에 더 내고, 급여를 낮추기 전에 내는 것이 훨씬 이익이다. 18세가 되면 국민연금에 가입하고, 혹 반환일시금을 받았다면 반납하며, 가입 후 보험료를 내지 않았다면 추후납부를 하고, 60세가 되기 전에 임의계속가입을 신청하면 노령연금액을 확실하게 늘릴 수 있다.

이 책은 사회복지공동모금회가 지원한 '농어촌복지활동가 양성사업'으로 제작되고 보급되었다. 농어민은 국민연금 보험료의 일부를 국가로부터 지원받기에 농업경영체로 등록된 부부는 각자 국민연금에 가입하는 것이 이익이다. 부부 중 한 사람만 가입하면 가입한 사람만 국가지원을 받지만, 두 사람이 가입하면 모두 지원받을 수 있기 때문이다. 필자는 국민이 국민연금을 잘 활용하여 노후대책을 튼튼하게 설계하는 방법을 안내하였다. 모든 국민은 자신과 가족의 소득보장을 위해 국민연금을 잘 활용하길 바란다.

이용교 교수 복지상식

이용교, 광주대학교 출판부, 2016.

대한민국 국민이 읍·면·동 행정복지센터나 복지로 등에 신청하면 받을 수 있는 복지급여가 약 360가지이다. 복지급여의 대부분은 본인이나 가족이 신청해야 받을 수 있다. 그런데, 360가지 복지급여와 5대 사회보험의 급여 내용을 정확히 아는 사람이 별로 없다. 국민이 알아야 신청할 수 있는데, 어떤 상황에 복지급여를 어떻게 신청하는지를 잘 모른다.

필자는 2014년 12월 31일부터 일 년 동안 일간신문 '광주드림'에 매주 기고한 50편을 묶어서 '이용교 교수 복지상식'으로 발간하였다. 이 책은 모든 국민이 사회복지를 자신에게 맞게 설계하고, 복지제도를 효과적으로 활용하는 방법을 알기 쉽게 안내하였다. 저소득층이나 등록장애인에게 필요한 사회복지를 포함하여 영유아에서 노인까지 모든 시민이 누릴 수 있는 것을 소개하였다. 사회보험, 공공부조, 사회수당, 사회서비스뿐 아니라 재정복지 등 관련 복지제도를 모두 포괄하였다. 사회복지공무원은 주로 공공부조와 사회서비스를 알려주는데, 필자는 사회보험과 관련 복지제도까지 자세하게 소개하였다.

어떤 시민이 "가구 소득인정액이 기준 중위소득의 50% 이하이고 복지로나 행정복지센터에 신청하면 교육급여를 받을 수 있다"라는 말을 정확히 이해하려면, 가구, 소득인정액, 기준 중위소득, 복지로, 행정복지센터에 신청, 교육급여라는 낱말을 알아야 한다. 소득인정액은 소득평가액+재산의 소득환산액인데, 소득평가액, 재산의 소득환산액을 정확히 계산할 줄 아는 사람은 거의 없다. 이 책은 자기 가구의 소득인정액을 계산하고, 다양한 복지급여를 신청할 수 있는 구체적인 방법을 알려준다.

이 책의 원고는 누구든지 쉽게 활용할 수 있도록 광주드림에서 검색되고, 다음 카페 '시민과 함께 꿈꾸는 복지공동체'의 복지자료실에서 파일로 내려받을 수 있다. 필자는 "배워서 남 주는 사회복지사"로서 매주 '이용교 교수 복지상식'을 집필하고, 일 년에 한 번씩 '복지상식' 단행본을 발간하고 있다.

복지상식

이용교, 광주대학교 출판부, 2017.

모든 국민이 헌법상 보장된 행복추구권과 사회보장권을 누릴 수 있는 길은 무엇일까? 정부는 국민이 행정복지센터 등에 신청하면 받을 수 있는 복지급여를 '복지로'를 통해 안내하고 있다. 수많은 복지급여는 단지 당사자나 가족이 신청하지 않아서 받지 못한다. 따라서 국가와 지방자치단체는 '신청주의'를 보완하고, 국민에게 복지교육을 체계적으로 실시해야 한다.

이 책은 2016년 한 해 동안 광주드림에 기고한 '이용교 교수 복지상식'의 모음집이다. 책 내용은 기초생활보장, 소득과 고용, 보육과 교육, 주거와 공동체, 복지행정 기사로 구성되었다. 정부는 모든 국민이 복지권을 누릴 수 있도록 복지제도를 보다 간략하게 설계하고, 어떤 국민이 복지급여를 신청하면 관련 급여도 받을 수 있도록 전달체계를 혁신하며, 생애주기별 맞춤형 복지교육을 실시해야 한다.

여러분도 본인과 가족을 위해 '복지상식'을 활용하고, 주변 사람들에게 널리 알려주기 바란다. "배워서 남 주는 사람"이 됩시다.

한국인의 복지상식

이용교, 광주대학교 출판부, 2018.

이 책은 2017년에 광주드림에 투고된 '이용교 교수 복지상식'의 모음집이다. 모든 국민은 복지수급자이면서 세금이나 사회보험료를 내는 복지기여자이다. 2017년 국가 예산 약 400조 원 중 보건·복지·노동예산은 약 130조 원으로 전체의 32.5%이고, 국방예산 40조 원의 3.2배이다. 많은 국민은 복지예산이 어떻게 쓰이고, 어떤 사람이 복지급여를 받을 수 있는지를 잘 모른다. 예컨대, 실업, 질병, 화재 등으로 경제적 위기에 처한 사람은 시·군·구에 신청하면 '긴급복지'를 받을 수도 있다. 가구 소득이 기준 중위소득의 75% 이하이고 재산 조건에 맞으면 생계지원 등을 받고, 입원비 300만 원까지 의료지원을 받을 수도 있다.

정부는 민간기관들과 복지정보를 공유하여 도움을 받을 만한 사람이 누락되지 않고 특정인이 중복으로 받는 것을 막고자 한다. 각 복지기관·단체·시설은 복지급여를 주는 것을 넘어서 서로 협력하여 각 개인과 가족이 욕구를 충족시키고 문제를 해결할 수 있도록 체계적인 지원을 실천해야 한다. 복지상식을 높여 모든 국민이 '인간다운 생활을 할 권리'를 누리게 되길 기원한다.

알아야 챙기는 복지상식

이용교, 인간과복지, 2018.

이 책은 필자가 40여 년 동안 사회복지학을 공부하고, 대학생에게 30여 년간 가르친 경험을 살려 시민에게 '복지상식'을 알린 결과물이다. 대한민국 국민이 복지로나 행정복지센터에 신청하면 받을 수 있는 복지급여가 360가지 이상이지만 대부분 당사자나 가족이 신청할 때만 받을 수 있다.

알아야 신청하는데, 꼭 필요한 가구 소득인정액을 정확히 계산할 줄 아는 사람이 별로 없다. 필자는 시민에게 복지정보를 알리고자 2000년에 한국복지교육원을 만들고, 2002년 7월 23일부터 '시민과 함께 꿈꾸는 복지공동체'를 운영하였다. 2014년 12월 31일부터 일간신문 광주드림에 매주 복지상식을 연재하고, 3년간 연재한 150여 편 중 선별하여 이 책을 집필하였다. 모든 시민이 자신의 상황에 맞게 공공부조, 사회수당과 재정복지, 고용, 건강보험, 노인장기요양보험, 국민연금과 노후대책, 고용보험과 산업재해보상보험, 보육과 교육, 주거와 공동체, 사회서비스, 복지행정 등을 활용할 수 있도록 안내했다.

2019년 7월 25일에 사회복지공동모금회(중앙) 강당에서 사회복지책마을이 주최한 '이용교 교수 복지상식' 특강에서 "신청해야 받는다, 알아야 신청한다, 배워서 남 주는 사회복지사가 되자"를 강조했다. 책 발간을 계기로 필자는 전국 시·도 사회복지사협회, 시·도 복지재단, 시·군·구 지역사회보장협의체를 순회하며 '알아야 챙기는 복지상식'을 강의하였다.

이 책에 대한 독자들의 반응도 뜨거워 2020년에 개정판을 발간하였다. 코로나19 팬데믹으로 대중 강연이 제한될 때인 5월 16일에 사회복지책마을에서 '이용교 교수의 공공복지 이해와 활용사례'를 강의하고 이를 동영상으로 제작하였다. 이 특강은 10개로 나뉘어 유튜브로 제공되고 있다. 1강 출산·양육과 교육 지원, 2강 일자리와 자산형성 지원, 3강 주거 지원, 4강 병원비 지원, 5강 노후 지원, 6강 모든 국민을 위한 생애주기별 복지지원, 7강 공공복지를 맞춤형으로 활용하기, 8강 기초생활보장제도의 이해와 활용, 9강 긴급복지의 이해와 활용, 10강 나와 가족을 위한 사회보험 활용 등이다. 유튜브에서 '이용교'로 검색하면 이 영상을 볼 수 있다. 이처럼 모든 국민이 '알아야 챙기는 복지상식'을 단행본, 강연, 동영상 등으로 쉽게 접할 수 있다.

복지공동체와 복지국가

이용교, 광주대학교 출판부, 2018.

필자는 광주매일신문 박상원 기획실장의 추천으로 2014년 1월부터 5년간 매달 한편씩 '시론'을 게재하였다. 시론 56편을 엮어서 '복지공동체와 복지국가'를 발간하였다. 복지의 본질은 서로 돕고 사는 '품앗이'이다. 공동체의 기본은 상호부조이기에 공공부조뿐만 아니라, 보험료를 내고 필요할 때 급여를 받는 사회보험을 중심에 두고, 사회수당을 포함하며, 사회서비스의 질을 높이면 '복지국가'를 열어갈 수 있다.

모든 국민은 소득, 건강, 교육, 주거, 고용, 여가 등 다양한 삶의 영역에서 인간다운 생활을 보장받을 수 있다. 예컨대, 학생 수가 줄어든 초등학교의 일부 교실을 재학생과 졸업생, 학부모와 주민이 이용할 수 있는 교육문화복지공간인 '지혜의 숲'을 만들면 삶의 질을 높일 수 있다. 필자는 지역사회 복지 현안을 성찰하고, 바람직한 복지공동체를 열어가는 방안을 다각적으로 제안하였다. 더불어 사는 따뜻한 복지도시를 열어가기 위한 제안이 상당수 구현된 것에 감사드린다.

생애주기별 복지상식

이용교, 드림미디어, 2019.

이 책은 2018년 한 해 동안 광주드림에 투고한 '이용교 교수 복지상식' 44편을 묶어서 만든 것이다. 모든 국민이 알아야 할 주요 복지급여는 '복지로' 홈페이지에서 쉽게 검색된다. 누구든지 '복지로'에서 생애주기별, 가구상황별, 관심 주제별로 복지정보를 검색하고, 복지급여를 받을 조건이 되면 일단 신청하는 것이 중요하다. 우리나라 복지급여는 받을 자격이 있는 사람이 자동으로 받는 것이 아니라, 신청한 사람 중에서 자격이나 조건이 되면 받을 수 있기 때문이다.

이 책은 시민이 받을 수 있는 복지급여를 아동·청소년, 대학생·청년, 직장인·중년, 여성·가족, 노인, 저소득층 등으로 범주화시켜 제시하였다. 복지급여는 대체로 일 년에 한 번 바뀌지만, 일부 복지급여는 중간에 생기고, 수급자 선정 기준이 달라지거나 급여액이 인상되기도 한다. 복지로의 복지멤버십에 가입하면 '복지알림이' 서비스를 받을 수 있기에 14세 이상이라면 누구든지 회원으로 가입하기 바란다.

대한민국 복지상식

이용교, 드림미디어, 2020.

이 책은 2019년에 광주드림에 게재된 '이용교 교수 복지상식' 43편을 모은 책이다. 필자는 매주 시민에게 꼭 필요한 복지상식을 광주드림에 기고하고, 필자의 블로그(이용교 복지평론), 페이스북, 다음 카페 등에 공유한다. 일 년 동안 쓴 '복지상식'은 매년 단행본으로 발간되는데, 그 파일은 다음 복지카페 4,730개 중 정확도 1위인 '시민과 함께 꿈꾸는 복지공동체'에서 내려받을 수 있다. 정부는 '포용적 복지국가'를 지향하며 사회복지를 확충하지만, 상당수 국민은 빈곤, 질병, 실업, 주거 불안, 돌봄의 취약 등 사회적 위험에 노출되어 있다.

이에 필자는 초저출생과 초고령사회에서 현실을 직시하고 복지의 미래를 성찰하면서 이 책을 집필하였다. 한 사회의 복지정책은 경제적 토대에서 다양한 세력 간 역학관계에 의해 결정된다. 사회의 바탕에는 사람이 있고, 사람은 생산력이며 소비자란 측면이 있다. '대한민국 복지상식'을 읽고 자신과 가족의 행복을 위해 잘 활용하기 바란다.

국민연금상식

이용교, 드림미디어, 2020.

대한민국은 지구촌에서 가장 빠르게 초저출생사회가 되었고 동시에 고령화를 경험하고 있다. 2024년에 노인인구는 1천만 명을 넘겼고, 2024년 12월 23일에는 노인이 전체 인구의 20%를 넘는 초고령사회가 되었다.

필자는 노인빈곤율을 낮추고 노인의 소득보장을 위해 국민연금을 잘 활용하도록 이 책을 집필하였다. '상식으로 알아야 할 국민연금'(2011년)을 바탕으로 국민이 국민연금을 노후대책으로 잘 활용하는 방법을 새롭게 썼다. 그 핵심은 "18세 이상은 하루라도 빨리 국민연금에 가입하고, 하루라도 길게 가입하며, 한 푼이라도 많이 낼 때, 더 많은 연금을 탈 수 있다"는 것을 상황에 맞게 활용하는 것이다.

독자 여러분은 '국민연금상식'을 높여 자신과 가족을 위해 활용하고, 배워서 남 주는 사람이 되기 바란다. 모든 국민은 자신의 노후를 위해 국민연금을 잘 활용하고, 정부와 국민연금공단은 국민연금의 지속 가능성을 높이기 바란다. 필자는 매년 바뀐 내용을 파일로 정리하여 '시민과 함께 꿈꾸는 복지공동체'에 공개하고 있다.

코로나19 시대의 복지상식

이용교, 드림미디어, 2021.

코로나19가 시작된 것은 2019년 연말이었지만, 지구촌을 강타한 것은 2020년 연초이었다. 1997년 '외환위기'는 한국인을 포함하여 주로 아시아인들이 경험했지만, 코로나19는 지구촌 모든 사람이 팬데믹으로 경험하였다.

필자는 2020년에 광주드림에 44편 복지상식을 집필하였는데, 자주 쓰이는 낱말이 '코로나19'와 '재난지원금'이었다. 국가는 '사회보장·사회복지를 증진할 의무'를 가지고 있기에 모든 국민은 재난지원금을 받고, 생계가 어려운 중소상공인은 추가로 지원을 받았다. 이 책은 코로나19 재난지원, 공공부조, 사회보험, 사회서비스, 일자리와 직업복지, 주거복지, 아이돌봄과 교육복지, 복지행정 등으로 범주화되었다.

이 책이 출판되기까지는 많은 분의 지지가 있었다. 광주드림 황해윤 기자는 매주 원고를 교열하였다. 광주드림, 카페 시민과 함께 꿈꾸는 복지공동체, 블로그 이용교 복지평론(다음 티스토리), 페이스북을 읽은 독자들의 관심도 큰 도움이 되었다. 독자 여러분의 지지와 성원에 감사드린다.

알아야 챙기는 건강보험상식

이용교, 인간과복지, 2021.

이 책은 건강보험으로 요양취급기관에 통원과 입원 치료, 건강검진, 조금 특별한 급여, 노인과 저소득층 지원, 건강보험료와 피부양자, 관련 복지제도를 활용하는 방법을 다루었다. 의료급여 수급자를 제외한 모든 국민은 건강보험의 가입자이거나 피부양자이다. 직장인은 직장에서, 나머지 국민은 지역에서 가입한다. 건강보험을 적용받는 사람은 20세 이상은 국가건강검진을 무상으로 받고, 병원과 약국 등에서 요양급여를 받을 수 있다. 소득과 재산 수준에 따라 건강보험료를 내면 차별 없이 급여를 받을 수 있다. 국민건강보험공단은 노인과 저소득층의 의료비를 경감시켜주고, 암 등 중증질환과 희귀질환자에 대한 지원을 늘리고 있다.

필자는 이 책의 한글 원고를 매년 수정하여 '시민과 함께 꿈꾸는 복지공동체'에 파일로 제공하고 있다. 이미 읽은 사람은 바뀐 부분을 중심으로 읽고, 처음 읽은 사람은 전체 내용을 파악할 수 있다. 외국인 독자를 위해 영문 파일도 제공되기에 널리 활용하기 바란다.

알아야 챙기는 주거복지상식

이용교, 인간과복지, 2021.

한국은 의생활, 식생활에 대한 복지는 상당한 수준이지만, 주생활에 대한 복지는 낮다. 1988년 서울올림픽을 앞두고 목동 일대를 재개발하면서 저소득 세입자를 위해 영구임대아파트가 도입되었다. 이후 국민주택, 공공임대주택, 매입임대주택, 행복주택 등 주거복지제도가 확충되었지만, 공공(임대)주택의 총량은 적고 각 제도마다 입주 조건이 달라 주거복지를 활용하기 어렵다.

필자는 '서울시주거복지센터 상담용 매뉴얼'을 참고하여 주거비 지원, 위기가구 지원, 공공임대주택, 공공분양주택, 주택금융, 주택 개량 등을 정리하여 이 책을 집필하였다. 서울 강북주거복지센터 박영심 센터장은 초안을 읽고, "교수님, 주거복지 정보가 인터넷에 넘쳐나지만 당사자는 자신에게 해당되는 것만 보아요"라고 말했다. 이에 '주거복지상식'을 맞춤형으로 활용하기를 추가로 쓰고, 꼭 알아야 할 10가지 주거복지상식을 정리하였다. 2021년에 초판이 발행되었고, 2023년 5월 기준으로 개정판이 발행되었다. 주거복지제도는 수시로 달라지기에 토지주택공사의 '마이홈 포털'을 자주 검색하기 바란다.

더불어 사는 복지상식

이용교, 드림미디어, 2022.

필자가 2021년 한 해 동안 쓴 복지상식을 모아서 이 책을 출판하였다. 초기에 사회복지는 어려운 이웃을 경제적·사회적으로 돕기 위해 만들어졌다. 사회적 위험이 빈곤에서 질병, 실업, 돌봄 등으로 확장되면서 사회보험, 사회수당, 사회서비스 등이 제도화되었다. 복지급여 수급자도 가난한 사람에서 노동자와 농민을 포함한 모든 시민으로 확장되었다. 일 년 간 쓴 46편을 소득보장, 건강보장, 교육보장, 주거보장, 고용보험, 돌봄보장, 복지행정으로 정리하였다. 2022년에는 기준 중위소득이 올라 생계급여도 인상되고, 영아수당이 신설되며, 아동수당은 8세 미만으로 연장되고, 기초연금도 인상된다.

정부는 모든 국민이 행복하게 살 수 있도록 복지행정을 혁신하고 있다. 국민이 연령, 소득, 재산, 고용상태 등을 고려하여 맞춤형으로 사회보장급여를 받을 수 있도록 '복지멤버십'을 도입하였다. 휴대폰 등으로 복지정보에 접근하고, 모바일 전자증명서 등을 발급받아 서류를 간소화시켰다. 귀하가 이 책을 잘 활용하여 헌법에 규정된 '행복을 추구할 권리'와 '인간다운 생활을 할 권리'를 누리게 되길 빈다.

나와 가족을 위한 복지상식

이용교, 드림미디어, 2023.

필자가 2022년 한 해 동안 쓴 복지상식을 모아 이 책을 발간하였다. 많은 사람은 복지급여가 어려운 사람에게만 제공될 것이라고 오해하지만, 영아수당, 아동수당, 표준보육료지원, 대학생 국가장학금, 기초연금 등은 해당자가 신청만 하면 받을 수 있다.

이 책은 국민이 복지급여를 활용할 때 가장 기본적인 사항을 다루었다. 즉, 복지급여는 신청해야 받을 수 있다, 곡간에서 인심 난다, 건강해야 행복한 생활을 누릴 수 있다, 다양한 방식으로 주거복지를 누릴 수 있다, 고용보장이 곧 복지이다, 아이를 낳고 키우기 좋은 세상을 열어간다, 청년이 자립하고 자산을 형성할 수 있다, 일상생활 속에서 복지를 누린다 등이다.

이 글은 2023년에 바뀐 주요 복지제도(기준 중위소득, 국민기초생활보장 수급자 선정 기준, 급여 내용의 변경 등)를 반영하였다. 그 파일은 카페에서 내려받을 수 있으므로 읽고 나와 가족을 위해 활용하기 바란다.

초고령사회에서 복지상식

이용교, 드림미디어, 2024.

필자가 2023년에 쓴 복지상식을 모아 이 책을 발간하였다. 한 해 동안 쓴 49편을 범주별로 보면 복지행정, 사회보험, 공공부조와 사회수당, 사회서비스, 주거복지, 고용정책, 청년정책 등이었다.

최근 대학생 국가장학금 액수가 늘고, 일학습병행제 등 청년정책이 늘어나고 있다. 정부는 청년의 자산형성을 지원하고, 마음건강 지원사업을 확대하였다. 하지만, 청년정책은 아동정책과 노인정책과 비교하여 보편성이 낮고 예산이 빈약하여 욕구를 충족하는 데 한계가 많다.

국가와 지방자치단체는 초고령화와 함께 노인이 살던 곳에서 더 오랫동안 살 수 있도록 지역사회 통합돌봄을 강조한다. 노인의 건강 상태와 가족의 돌봄 상황을 고려하여 통합돌봄을 체계화시켜야 한다. 평균수명이 꾸준히 늘기에 정년을 늦추고 더 일할 수 있도록 해야 한다. 초저출생과 초고령화가 동시에 진행되기에 지속 가능한 삶을 위해 지혜를 모아야 한다.

농촌복지

이촌 청소년의 도시 정착과정에 관한 연구

이용교, 한국청소년연구원, 1989.

1989년에 한국청소년연구원에서 '이촌 청소년의 도시 정착 과정에 관한 연구'를 단독과제로 수행했다. 필자는 농촌에서 태어나 중학교까지 다닌 후 서울로 올라와 대학교와 대학원을 다니면서 이 주제에 관심을 가졌다.

이농(민)에 대한 연구는 대부분 대도시 빈민지역에서 표본조사로 이루어졌기에 '이농이 도시빈민을 양산한다'는 통념을 확인하는 경우가 많았다. 그런데, 이농민은 초기에 빈민이라도 시간이 갈수록 형편이 나아진 사람이 적지 않았다. 이주한 첫 세대는 어렵게 살더라도 자녀 세대는 더 나은 생활을 하는 경우가 많았다. 기존 연구는 '세대주'를 주된 연구대상으로 삼아서 '청소년의 정착과정'을 소홀히 다루는 측면도 있었다.

이에 필자는 단독(혹은 일부 가구원)으로 이주한 청소년의 도시 정착과정을 연구하고자 했다. 이주자의 상황이 출신 지역, 연령, 성별, 이주기간 등에 따라 편차가 크기에 이를 통제하고자 특정 지역에서 연령층이 같은 남자 청소년의 정착과정을 연구했다. 전남 보성군 율어면 3개 초등학교에서 1973년 2월에 졸업한 학생(249명) 중

남학생(123명) 가운데 92.7%(114명)가 이촌한 것을 확인하고, 그중 14명에게 설문조사를 한 후 12명을 면접조사하였다.

대부분의 이촌 청소년이 중학교를 졸업한 후 이촌하였기에, 고등학교 시절, 대학교 시절과 군복무기, 군복무 이후로 시기 구분을 하였다. 각 시기별로 진로 설정, 학업, 직업, 주거에서 직면한 욕구와 문제를 확인하고, 이를 해결하기 위한 인간관계망 등 자원활용을 분석하였다. 청소년이 이촌한 주된 이유는 학업 또는 취업이고, 소수는 취업겸 학업이었다. 고등학교 시기를 지난 후에는 대학교 진학과 취업으로 진로가 크게 바뀌었다. 직장생활을 하면서도 소수는 대학교에 진학했고, 다수는 직업활동을 계속하였다. 이촌 청소년은 시간이 갈수록 학업과 직업의 욕구를 어느 정도 충족시켰지만, 주거문제를 해결하기는 쉽지 않았다. 제반 욕구 충족을 위해 초기에는 가족과 친척에게 의존하지만, 점차 학연과 직연에 더 의존하고, 지연은 적지만 꾸준히 활용되었다.

필자는 삶의 경험을 바탕으로 연구주제를 선정하고, 연구참여자와 함께 질적 연구를 수행하였다. 농촌에서 도시로 이주한 것을 '이농'이 아닌 '이촌'으로 보고, 청소년의 욕구와 문제를 분석하고 그 대안을 찾았다. 이 연구는 보고서로 출판되었고, 요약되어 한국청소년연구원의 '한국청소년연구' 1권 2호(1990)에 수록되었다. 이 연구는 '농촌복지아카데미'의 개설(2004)에 영감을 주었고, 이 아카데미 덕분에 2009년 12월부터 3년간 사회복지공동모금회의 지원을 받아 '농어촌복지활동가 양성사업'을 수행하였다.

농촌복지론

이용교, 배충진, 김완술, 유수상, 전성남, 김양희, 이무흔, 김영란, 채수훈, 이정일, 광주대학교 출판부, 2004.

필자는 2000년에 한국복지교육원을 만들어 매년 다양한 복지 아카데미를 개설하였다. 2005년에 광주대학교 사회복지학부와 공동으로 '농촌복지아카데미'를 온·오프라인으로 진행하였다. 광주대학교 사회복지학부는 목포대학교 사회복지학과와 협력하여 2004년도에 '지방대학 혁신역량강화사업(누리사업)'에 '고령사회를 대비한 사회복지 전문인력양성사업(중형)' 계획서를 제출하였다. 이 사업은 선정되지 않았지만, 필자는 초고령사회가 된 농어촌지역에 맞는 사회복지 전문인력을 양성하기 위해 '농촌복지아카데미'를 기획하였다.

지난 반세기 동안에 한국은 농촌·농업·농민이 중심인 사회에서 도시·상공업·임금노동자가 중심인 사회로 바뀌었고, 농촌과 도시는 양극화되어 농촌에는 노인과 병약자만 남게 되었다. 생명산업인 농업을 지키는 농민의 복지를 구현할 수 있는 방법을 찾고자 아카데미를 설계했다. 7월 22일부터 9월 9일까지 매주 목요일 19시부터 2시간 동안 광주대학교에서 이루어졌다. 50여 명 수강생이 "농촌은 세상의 뿌리"라는 주제로 공부하고, 더 많은 사람이 온라인으로 수강하였다.

교재로 '농촌복지론'(광주대학교 출판부)을 제작하여 수강생에게 제공하고 남은 책을 통신으로 판매했다. 교수와 현장 전문가들이 강사와 집필진으로 참여했다. 즉, 농촌문제와 농촌복지(배충진 해남평화자원학교 원장), 소농의 몰락과 농촌의 빈곤문제(김완술 진안 자활후견기관 관장), 농촌의 초고령사회 도래와 복지실천(유수상 거창노인재가복지센터장), 통합적 농촌지역 복지 실현과 전망(전성남 프란치스꼬의집 재가복지센터 소장), 농촌 노인의 재가복지서비스의 인지도와 이용 의향(김양희 효경복지공동체 원장), 농촌 아동복지를 위한 공부방(이무흔 무주푸른꿈고등학교 교사, 만나공부방 운영), 농촌지역 복지 환경과 인력 양성의 한계(김영란 목포대 교수), 농촌복지 정책과 지자체의 복지비전(채수훈 김제시 사회복지전담공무원), 복지보성 만들기(이용교 광주대 교수, 한국복지교육원장), 농촌사회사업의 새로운 지평(이정일 농촌복지활동가), 부록으로 농어촌 보건복지증진을 위한 특별법·시행령·시행규칙, 농어촌 삶의 질 향상을 위한 특별법이 수록되었다.

농촌복지아카데미는 성공적으로 수행되었고, 이를 계기로 광주대학교 참여복지센터는 사회복지공동모금회(중앙)의 지원을 받아 2009년 12월부터 3년간 '농어촌복지활동가 양성사업'을 수행하였다.

농어촌복지론

이용교, 권영근, 김양희, 김영란, 박경희, 박대식, 박진도,
배충진, 유수상, 이정일, 정상양, 함철호,
광주대학교 출판부, 2010.

이 책은 지구촌이 인간과 자연이 공존하는 지구공동체로 발전하기보다는 하나의 시장으로 성장하는 상황에서 농어촌복지의 대안을 모색하고자 기획되었다. 자유무역협정으로 대표되는 시장확장 기조는 전 지구촌을 강타하고, 자연과 더불어 성장한 농어촌은 지속 가능성에서 위기를 맞았다. 사회복지학은 주로 도시 저소득층의 복지욕구를 충족시키기 위해서 이론과 실천기술을 발전시켜왔기에 농어촌 주민의 복지를 구현하는 데 미흡했다.

다행히 "사랑의 열매"- 사회복지공동모금회가 '농어촌지원사업 전문위원회'를 통해 농어촌복지를 위한 다양한 사업을 지원하였고, 광주대학교 참여복지센터는 2009년부터 '농어촌복지활동가 양성사업'을 실천하였다. 이 사업은 농어촌에서 사회복지를 실천하는 사회복지사 등을 위한 실천가 교육; 이장 등 농어촌 주민지도자를 위한 복지교육; 농어촌복지를 꿈꾸는 대학생을 위한 예비 사회복지사 교육; 각 교육과정별로 교재개발과 보급 등으로 구성되었다. 참여복지센터는 전국의 주요 대학교와 농어촌복지를 실천하는 교육협력 기관들과 함께 이 사업을 수행하였다.

이 책은 농어촌복지 실천가 양성을 위한 기본교육의 교재로 개발되었다. 한국 농촌, 농업, 농민이 직면한 상황을 객관적으로 이해하고, 농어촌 주민이 보다 행복하게 살기 위해 사회복지계가 어떻게 실천해야 할 것인지를 담고 있다. 집필자로 농어촌복지에 전문성이 있는 교수, 사회복지사, 농촌복지운동가 등이 고루 참여하였다.

이 책의 목차와 집필자는 머리말, 지구화 시대 한국 농업과 농어촌(권영근 한국농어촌사회연구소 소장), 농업·농촌문제의 정치적·경제적·사회적 배경과 발전전략(박진도 충남대 교수), 농어촌복지의 개념과 가치(김영란 목포대 교수), 초고령사회에서 농어촌복지의 구상(이용교 광주대 교수), 농어촌복지 특별법과 기본계획(박대식 한국농촌경제연구원 연구위원), 농촌에서 노인복지 잘하는 법(김양희 사단법인 효경 이사장), 아동과 청소년이 행복한 농어촌 만들기(박경희 1318 해피존 웃음만땅 센터장), 농어촌복지 실천모델의 개발(배충진 송암선교복지원 대표), 지역사회복지를 위한 네트워크 활용(유수상 이웃사랑복지재단 대표), 농어촌에서 주민과 함께 하는 지속 가능한 복지(이정일 민들레농촌복지사무소 책임일꾼), 사회복지의 동향과 사회복지사의 역할(함철호 광주대 교수), 일본농업협동조합의 농촌고령자복지사업(정상양 광주대 교수)이었다.

농어촌복지의 이해

김영란, 김희성, 이중섭, 조경애, 이용교, 이준모, 유수상,
주리애, 모선희, 한신애, 박천창, 광주대학교 출판부, 2010.

광주대학교 참여복지센터는 주민지도자들을 위해 이 책을 개발하였다. 이 책은 농어촌 주민이 공공부조, 사회보험, 사회서비스를 활용하는 방법을 담았다.

주요 내용과 집필자는 농어촌복지의 이해(김영란 목포대 교수), 국민기초생활보장제도의 이해(김희성 한국기초생활보장상담사협회 교육실장), 국민연금의 이해(이중섭 산업관계연구원 연구위원), 건강보험의 이해(조경애 건강세상네트워크 대표), 노인장기요양보험의 이해(이용교 광주대 교수), 농어촌 행복더하기 사업과 전망(이준모 사회복지공동모금회 농어촌지원사업 전문위원회 위원장), 주민지도자 지도력(유수상 이웃사랑복지재단 대표), 노인의 질병과 건강관리(주리애 C.C.C.아가페실버센터 원장), 노인문제와 노인복지의 이해(모선희 광주대 교수), 다문화사회와 다문화가족복지(한신애 광주북구다문화가족지원센터 센터장), 미래의 땅을 준비하는 능길마을(박천창 능길권역 경영위원장)이었다.

농어촌복지 현장실습

이용교, 배충진, 홍영준, 김양희, 박경희, 김세진, 서상원,
박현진, 박재민, 오정호, 이장휘, 김숙영, 김한길,
광주대학교 출판부, 2012.

광주대학교 참여복지센터는 '농어촌복지활동가 양성사업'의 하나로 농어촌복지를 꿈꾸는 대학생을 위한 '예비 농어촌사회복지사 양성사업'을 수행하였다. 대학생에게 농어촌복지를 가르치고, 농어촌에 있는 사회복지시설·기관·단체에서 사회복지 현장실습을 하도록 주선하였다. 전국 대학교와 사회복지기관을 대상으로 '농어촌복지 교육협력기관'을 모집하고, 일부 협력기관이 대학생에게 사회복지 현장실습을 지도하였다. 이 사업에 참여한 협력기관은 실습생에게 실습지도를 하고, 참여복지센터는 합동 발표회를 통해 교류할 기회를 주었다.

이 책은 농어촌복지 현장실습을 하는 대학생에게 오리엔테이션 자료로 제공한 원고와 실습발표회에서 특강과 실습사례를 묶은 것이다. 제1장부터 제7장까지는 전문가의 원고이고, 제8장은 현장실습기관별로 실습생이 쓰고 서상원 사무국장이 편집하였다.

제1장 농어촌복지활동가 양성사업/ 이용교(광주대 교수)

제2장 주민공동체를 살리는 농어촌복지/ 배충진(송암선교복지원 대표)

제3장 미국 농촌복지실천 현황/ 홍영준(상명대 교수)

제4장 농어촌복지와 프로포절 작성/ 김양희(사단법인 효경 이사장)

제5장 시골사회사업을 통한 농어촌사회복지사의 양성/ 박경희 (웃음만땅 센터장)

제6장 농어촌 사회복지사의 역할과 자세/ 이용교

제7장 사회복지 대학생을 위한 책 여섯 권/ 김세진(사회사업가)

제8장 농어촌복지 현장실습 보고서/ 서상원(참여복지센터 사무국장)

횡성군종합사회복지관/ 박현진(사회복지사)

송암선교복지원/ 박재민(사회복지사)

부안장애인종합복지관/ 오정호(사회복지사)

진안군장애인종합복지관/ 이장휘(사회복지사)

진도노인복지관/ 김숙영(사회복지사)

효경노인복지원/ 김한길(사회복지사)

농어촌복지활동가 양성사업 평가보고서

이용교, 광주대학교 참여복지센터, 2012.

광주대학교 산학협력단은 사회복지공동모금회의 지원을 받아서 '농어촌복지활동가 양성사업'을 수행하고 평가보고서를 발간하였다. 모금회는 2009년 12월 16일부터 2012년 12월 15일까지 3년간 광주대 참여복지센터가 수행하는 이 사업에 5억 5천만 원을 지원하였다(당초 6억 원으로 계약하였으나, 모금회가 3년 차에 5천만 원 절감을 당부함).

참여복지센터는 전국에서 교육협력기관을 모집하고 함께 교육을 주최하였다. 목포대, 공주대, 충북종합복지센터, 상지대, 부산청소년종합상담실, 농어촌복지행복더하기 신안샘터, 청양샘터 등 86개 교육협력기관들이 참여하였다. 3년간 실천가 교육에 3,010명, 주민지도자 교육에 5,482명, 대학생 교육에 2,142명이 참여하고, 현장탐방 300명, 워크숍에 70명 등이 참여하여 모두 11,004명이 이수하였다. 계획 인원 6,000명 대비 183.4% 실적은 참여복지센터가 전국 86개 기관과 협력하여 126회 교육을 하였기 때문이었다.

이 사업은 농어촌복지론, 농어촌복지의 이해 등 13종의 교재를 개발하였다. 광주대학교 출판부에서 각각 초판 1,000~2,000부씩 발간하고, 일부는 재판을 발간하여 총 2만 부를 발행하였다. 발간된 책은 교재로 활용되었고, 잔여분은 전국 교육협력기관과 주요 대학교 도서관에 기증되었다. 농어촌복지활동가 강좌 동영상은 다음 카페 '시민과 함께 꿈꾸는 복지공동체'를 통해 널리 서비스되었다.

참여복지센터는 농어촌복지활동가를 위한 교육과정을 개발하고, 교재를 발간하며, 동영상을 온라인으로 제공하여 농어촌복지활동가를 양성하고 농어촌복지학의 지평을 넓혔다. 필자는 도움을 준 모든 기관과 관계자께 서면으로 감사드렸다. 특히 3년 동안 행정업무를 지원한 광주대학교 산학협력단 역대 단장과 임직원 여러분, 도서관, 강의실 등을 대여한 담당자들, 참여복지센터 운영위원과 직원 여러분께 감사를 표했다.

사회복지공동모금회는 농어촌지원사업 전문위원회(이준모 내일을여는집 대표(위원장), 김성철 백석대 교수, 모선희 공주대 교수, 배인재 진안군장애인종합복지관 관장, 이용교 광주대 교수, 최혜지 서울여대 교수, 이은정 단국대 교수, 김영란 목포대 교수)를 통해 뒷받침하였다. 이 사업은 농어촌복지의 이론과 실천을 집대성한 교재를 개발하고, 교육을 통해 농어촌복지활동가의 역량을 키우며, 대학생을 후계 활동가로 양성하였다. 매우 성공적인 사업이 3년 만에 종료된 것이 아쉬웠다. 참여복지센터는 이 사업 전후로 다양한 복지아카데미를 기획하여 복지활동가의 역량을 키웠다.

농어촌복지활동가 양성사업에서 기획한 책

이용교 외, 농어촌복지론, 광주대학교 출판부, 2010.

김영란 외, 농어촌복지의 이해, 광주대학교 출판부, 2010.

배충진, 농촌복지 실천모델과 실행전략, 광주대학교 출판부, 2011.

김양희, 효경의 농촌복지 이야기, 광주대학교 출판부, 2011.

강위원, 여민동락, 광주대학교 출판부, 2011.

조경애, 상식으로 알아야 할 국민건강보험, 광주대학교 출판부, 2011.

강길현, 중소규모 노인복지시설 설립과 자립운영, 인간과복지, 2011.

이용교, 상식으로 알아야 할 국민연금, 광주대학교 출판부, 2012.

김희성, 상식으로 알아야 할 국민기초생활보장제도, 광주대학교 출판부, 2012.

유정규, 농어촌형 사회적 기업, 광주대학교 출판부, 2012.

심한기·강명숙·이하니, 허실로 베시가웅, 광주대학교 출판부, 2012.

정호진, 정호진의 우리 의학 이야기, 광주대학교 출판부, 2012.

이용교 외, 농어촌복지 현장실습, 광주대학교 출판부, 2012.

복지정책 제안서

복지대통령 만들기

청년사회복지사연대, 인간과복지, 1997.

필자는 한국복지정책연구소 주임연구원과 한국청소년개발원 연구위원으로 많은 복지정책을 개발하였고, 경제정의실천연합(경실련), 참여연대 실행위원으로 사회운동을 하면서 정책의제를 형성하였다. 대통령 선거공약으로 채택된 것은 국가정책의 방향을 결정하기에 정책의제 형성에 특별한 관심을 가졌다.

1997년 12월 대통령선거를 앞두고 광주대학교 사회복지학과 재학생을 중심으로 청년사회복지사연대를 조직하고 '복지대통령 만들기'를 집필하였다. 당시 유력한 대통령 후보들은 '경제대통령', '통일대통령', '교육대통령'이 되겠다고 표방하고, 빈말이라도 '복지대통령'이 되겠다는 후보는 한 명도 없었다.

이에 청년사회복지사연대에 참여한 (예비)사회복지사 40명은 각자 3개씩 공약을 세안하였고, 그중 66개를 선별하였다. 이를 아동·청소년복지, 노인복지, 장애인복지, 지역복지, 공공부조, 사회보험, 복지행정, 복지운동 등으로 범주화하고, 각 공약별로 실현방안을 제시하였다. '복지대통령 만들기'(초안)을 주요 정당의 정책위원회와 국회 보건복지상임위원회 국회의원에게 제공하여, 대선 공약에 반영하도록 하였다.

이 책은 널리 보급되었고, 이때부터 '복지대통령'은 회자되었다. 김대중 대통령이 당선되었고, '국민의정부'가 끝날 무렵에 66개 제안 중 1/3가량은 실현되었고, 1/3가량은 유사한 방식으로 구현되었다. 예컨대, "사회보험을 통합 관리하라"는 모든 의료보험이 국민건강공단으로 단일화되고, 5대 사회보험료 통합징수로 제도화되었다. "사회복지사를 복지부장관으로 임용하라"는 바로 이행되었고, "사회복지사의 날을 제정하라!"는 '사회복지의 날'이 제정되었다. 2024년 기준으로 보면, 이 책에서 제안된 것의 90% 이상은 구현되었다. 주요 의제와 제안자는 다음과 같다.

발간사/ 복지대통령을 어떻게 만들 것인가?/ 이용교(광주대 교수)

추천사/ 소외된 사람을 대변하는 소리/ 김인곤(학교법인 호심학원 이사장)

복지대통령 만들기 1 아동·청소년복지

- 영유아 보육체계를 일원화하라/ 심순자(사회복지전문요원)
- 영유아 보육을 공동부담으로 하라/ 최정임(자유기고가)
- 어린이 놀이시설을 확대하고 무료화하라/ 김영진(여수늘푸른교회 전도사)
- 국내 입양비용 보조금을 늘려라/ 강순화(광주광역시·전남발전연구원)
- 국외 입양아의 관리사무국을 설치하라/ 류혜경(삼성화재 자원봉사 코디)
- 아동상담 사회복지사에게 준사법권을 부여하라/ 최정진(한국전력공사)
- 아동복지시설에 아동복지지도원을 배치하라/ 류성봉(전남사회복지협의회)
- 아동복지시설을 전문화하라/ 이재승(살레시오수도회 수사)
- 육아시설 퇴소자에게 임대주택을 제공하라/ 이재승
- 가출청소년 단기보호시설을 설치하라/ 송희경(자유기고가)
- 청소년의 약물오남용치료시설을 설립하라/ 김경란(전남대)

- 소년소녀가장세대 재산 위탁관리 방안을 모색하라/ 강은숙(광주여성회관)

복지대통령 만들기 2 노인복지

- 무갹출 노령연금제를 실시하라/ 김현미(한국복지재단)
- 노인 주거정책을 실시하라/ 김윤하(삼성생명 자원봉사 코디네이터)
- 노인전용 주거시설을 만들어라/ 양미정(자유기고가)
- 노인 가정봉사원제도를 활성화하라/ 류혜경(삼성화재자원봉사코디네이터)
- 치매 전문 요양시설을 설치하라/ 김영미(교보생명)
- 경로당에 프로그램을 보급하라/ 최정진
- 노인 채가서비스를 활성화하라/ 김정선(광산구청)

복지대통령 만들기 3 장애인복지

- 장애인수당을 확대 지급하라/ 문봉순(자유기고가)
- 장애인에 대한 의료재활을 보장하라/ 김주란(자유기고가)
- 장애인 의무고용사업장을 확대하라/ 김은경(제일테크)
- 장애인 보호작업장을 개선하라/ 유명희(전라남도 화순군청)
- 장애아 조기교육을 의무화하라/ 문봉순
- 자폐아 조기교육을 제도화하라/ 김영미
- 텔레비전에서 수화강좌를 제도화하라/ 손옥련(금호타이어)
- 장애인 여가생활을 지원하라/ 김경란
- 무호적 장애인에게 호적을 부여하라/ 손만석(대우캐리어)

복지대통령 만들기 4 지역복지

- 지역사회복지관을 합리적으로 운영하라/ 박금자(광주 서구의회 의원)
- 가정간호사제도를 빨리 정착시켜라/ 제갈병섭(태평실업)
- 지역사회정신보건센터를 위한 법적 근거를 마련하라/ 정은진(자유기고가)
- 종교기관을 사회복지시설로 활용하자/ 제갈병섭
- 가정폭력방지법을 조속히 제정하라/ 양미정

복지대통령 만들기 5 공적부조

- 생활보호대상자의 선정기준을 최저생계비로 하라/ 유정애(자유기고가)

- 생활보호대상자 차등급여제 보완하라/ 김남형(나주시 사회복지전문요원)

- 영구임대주택의 평수를 늘려라/ 김영미

- 임대주택을 대폭 건설하라/ 강순화

복지대통령 만들기 6 사회보험

- 사회보험 관리운영체계를 일원화하라/ 김현미

- 연금기금을 낭비하는 공공자금관리기금법을 개정하라/ 유정애

- 여성의 국민연금권을 보장하라/ 김현미

- 군인연금의 급여산정방식을 국민연금에 준하여 개정하라/ 이용교

- 지정진료제를 폐지하라/ 유동이(국립나주정신병원)

- 일반병실을 확보하여 입원실 선택권을 보장하라/ 유동이

- 의료보험의 비급여대상을 축소하라/ 하재구(구세군 사관)

- 치과진료의 본인부담률을 낮추어라/ 정광용(광주성도교회 전도사)

- 간병서비스를 요양급여에 포함시켜라/ 이재승

- 산재보험을 모든 사업장 근로자에게 확대하라/ 최정임

- 실업급여의 수급요건과 급여수준, 급여기간을 재조정하라/ 유정애

- 아동수당을 지급하라/ 박찬경(자유기고가)

복지대통령 만들기 7 복지행정

- 사회복지 5개년 계획을 세워라/ 유동이

- 사회복지시설 종사자의 근로조건을 개선하라/ 김성실(영암 영애원)

- 사회복지사 등급간 직무를 제도화하라/ 김영진

- 사회복지전문요원을 일반직으로 하라/ 김남형

- 사회복지 관련 공무원을 사회복지사로 임용하라/ 박선이(자유기고가)

- 보건복지부장관을 사회복지사로 임명하라/ 김영진

- 사회복지법인의 친족위주 운영을 개선하라/ 박금자

- 공무원에게 노동조합 설립을 보장하라/ 이정숙(광주대학교 전산실)

- 중병에 걸린 재소자의 여생을 보장하라/ 제갈병섭

복지대통령 만들기 8 복지운동

- 사회복지기금의 기부자에게 복지카드를 발급하라/ 김경란
- 대통령후보는 사회복지시설에서 100시간 이상 자원봉사하라/ 박선이
- 봉사활동 지원하는 '자원봉사관리청'을 설립하라/ 박천규(광주고등검찰청)
- '사회복지의 날'을 제정하라/ 문봉순
- 케이블TV의 공공채널에 사회복지프로그램을 신설하라/ 박찬경
- 복지방송국을 만들자/ 정은진
- 유학생 네트워으로 국제사회복지 정보망을 구축하라/ 손옥련
- 국회의원, 광역의원 등에 사회복지사를 할당하라/ 류성봉

복지대통령 만들기 9 참고자료

- 사회복지학 교수가 평가한 문민정부의 복지정책/ 정의화(국회의원)

우리가 바로잡아야 할 39가지 개혁 과제

참여사회연구소 편, 푸른솔, 1997.

이 책은 참여사회연구소가 '새로운 천년'을 위하여 무엇을 어떻게 바로잡을 것인지를 정리한 정책제안서이다. 한국 사회가 안고 있는 제반 문제점들을 분석한 후 그것을 토대로 21세기를 위한 우리 사회 각 분야의 개혁 방향과 개혁 과제들을 제시하고 있다.

우리 사회의 개혁 방향을 정치·경제·사회·복지와 환경·통일·사법 등 6개 영역으로 크게 나누고, 전문가들이 각 영역의 실천적 지침으로 39가지 개혁 과제를 집필하였다. 필자는 복지 영역에서 '사회복지 서비스의 개선 과제' 7가지를 제시하였다. 즉, 사회복지 서비스의 개혁 방향, 사회복지시설을 전문화하고 합리적인 운영을 보장하자, 가정에서 요보호 시민을 돌볼 수 있는 체계를 갖추자, 사회복지사와 사회복지종사자의 근로조건을 향상시키자, 사회적 약자가 살 수 있는 사회적 여건을 정비하자, 사회복지 서비스 전달체계를 체계적으로 확립하자, 지역단위로 사회복지 욕구를 조사하고 장기 발전계획을 세우자.

제안된 개혁 과제는 한국 사회의 정책의제로 채택되었고, 국민의 정부와 참여정부 시기에 대부분 구현되었다. 집필자들은 해당 분야의 정책형성가로 활동하고, 일부는 정책집행가로 일하였다.

서문/ '전망'을 피워 내야 '희망'도 피어난다/ 김중배(참여연대 공동대표)

총론/ 새로운 천년을 위해 무엇을 바로잡을 것인가?/ 김대환(인하대 교수)

1. 민주주의의 일보 전진을 위하여

정치 분야의 개혁 과제(총론)/ 정영태(인하대 교수)

활력 있는 국회로의 전환/ 박찬욱(서울대 교수)

정당체제 개혁의 방향/ 장훈(중앙대 교수)

선거제도의 개선방안/ 이남영(숙명여대 교수)

정치자금법 개정의 목적과 방향/ 김선종(강원대 교수)

21세기를 대비한 지방자치/ 강명구(아주대 교수)

올바른 정부 구조/ 손혁재(한국의회정치연구소 연구원)

행정제도의 개혁 과제/ 홍준형(서울대 교수)

2. 경제체제의 개혁과 세계화

경제민주화와 경제체제 개혁 구상(총론)/ 조원희(국민대 교수)

재벌체제의 개편 방향/ 공제욱(상지대 교수)

정부의 경제적 역할/ 장하원(KDI 연구위원)

금융 개혁의 과제와 쟁점/ 유철규(한국사회과학연구소 연구원)

민주적 노사 관계/ 이병희(서울시립대 강사)

세제 문제와 개혁 방안/ 이상영(동국대 강사)

세계화와 한국 경제/ 임휘철(성균관대 강사)

지역격차 해소 방안/ 강현수(중부대 교수)

3. 21세기를 여는 시민사회와 시민문화

시민사회와 시민문화(총론)/ 김호기(연세대 교수)

지역주의 타파와 개혁/ 신광영(한림대 교수)

언론의 민주화/ 강상현(연세대 교수)

입시문화의 개혁과 교육 바로세우기/ 심성보(부산교대 교수)

대중문화정책의 기본 방향/ 김창남(성공회대 교수)

21세기 도시 교통의 개혁 과제/ 최정한(도시연대 사무총장)

시민의식의 개혁/ 김동춘(성공회대 교수)

맑은 사회 만들기/ 이은영(한국외대 교수)

4. 복지와 환경정책 없는 미래는 없다

지속 가능한 사회 발전 이론(총론)/ 조흥식(서울대 교수)

21세기의 소득 보장/ 김연명(상지대 교수)

주거복지정책의 방향/ 서종균(한국도시연구소 연구원)

사회복지 서비스의 개선 과제/ 이용교(광주대 교수)

환경 문제 해결 방안/ 이치범(환경운동연합 사무처장)

21세기의 여성정책/ 김경희(경희대 강사)

보건의료 개혁 구상/ 신영전(한양대 강사)

새로운 교육, 새로운 교육문화/ 정유성(서강대 교수)

5. 탈냉전과 통일시대의 새로운 패러다임

함께 가는 통일과 사회 개혁(총론)/ 최배근(건국대 교수)

탈냉전 통일시대의 새로운 통일정책/ 정해구(한신대 강사)

평화체제 전환 방안/ 김연철(삼성경제연구소 선임연구원)

안보 개념의 전환과 21세기형 국방 건설/ 김창수(통일맞이 칠천만 겨레모임 실장)

남북 경제교류협력의 활성화/ 최신림(산업연구원 책임연구원)

통일교육의 방향/ 손혁재(한국의회정치연구소 연구원)

통일운동의 과제/ 김용현(한성대 강사)

6. 새롭게 태어나야 할 법과 집행구조

사회 발전과 법률 서비스(총론)/ 정종섭(건국대 교수)

법원의 신뢰 회복 방안/ 차병직(변호사)

민주 검찰로의 전환/ 차병직(변호사)

변호사와 법률구조/ 문혜진(참여연대 간사)

국가보안법 폐지 방안/ 남규선(민가협 총무)

통합 부패방지법 제정/ 윤태범(경기개발연구원 연구위원)

21세기 복지광주 만들기

청년사회복지사연대, 1998.

청년 (예비)사회복지사들이 '복지사회를 만들기' 위해 집필한 책이다. 이 책에 담긴 '37가지 제안'은 도지사·시장·군수를 위한 복지정책제안서로 주목받았고, 1998년 5월 20일 자 광주일보에 널리 소개되었다. 제안 내용과 집필자는 다음과 같다.

21세기 복지광주 만들기 1 아동복지

방과후 아동지도율을 높인다/ 심순자(광주광역시 사회복지전문요원)

보육사당 담당아동수를 줄인다/ 김성실(영암 영애원)

소규모 아동복지시설을 장려한다/ 박찬경(자유기고가)

방과후 아동보육시설을 설치한다/ 박인순(자유기고가)

아동상담소를 문제행동치료기관으로 만든다/ 박선이(자유기고가)

학대받는 아동의 보호시설을 설치한다/ 강은숙(광주광역시여성회관)

장애영아시설을 설치한다/ 문봉순(자유기고가)

21세기 복지광주 만들기 2 청소년복지

가출청소년의 쉼터를 만든다/ 이재승(살레시오수도회 수사)

청소년직업안내센터를 설치한다/ 박천규(광주고등검찰청)

청소년종합문화센터를 건립한다/ 정대환(자유기고가)

청소년 성크리닉을 만든다/ 강순화(광주전남발전연구원)

소년소녀가장에게 학습지도를 한다/ 김미경(삼성생명)

중고등학교 급식을 실시한다/ 김영미(교보생명)

성교육을 현실화한다/ 임은성(고려시멘트제조)

21세기 청소년의 비젼을 만든다/ 이용교(광주대 교수)

21세기 복지광주 만들기 3 여성복지

미혼모에게 출장상담을 한다/ 김주란(자유기고가)

여성운동단체의 역량을 키운다/ 양미정(자유기고가)

지하철역을 여성친화 공간으로 만든다/ 류성봉(전라남도사회복지협의회)

가정폭력 피해자보호시설을 확충한다/ 유정애(자유기고가)

21세기 복지광주 만들기 4 노인복지

노인인력은행을 설치한다/ 최정진(한국전력공사)

노인주간보호시설을 개설한다/ 박금자(광주광역시 서구의회 의원)

치매노인의 가족서비스를 개발한다/ 유명희(전라남도 화순군청)

노혼에 대한 지원을 확대한다/ 손옥련(금호타이어)

장묘제도를 개선한다/ 정광용(광주성도교회 전도사)

경로당을 노인여가센터로 만든다/ 김윤하(삼성생명 자원봉사 코디네이터)

21세기 복지광주 만들기 5 장애인복지

장애인 편의시설 설비기준을 개선한다/ 김남형(나주시 사회복지전문요원)

장애인 편의시설을 확충한다/ 이정숙(자유기고가)

특수교육을 통합교육으로 한다/ 김정선(광주광역시 광산구청)

특수학급에 특수교사를 임용한다/ 김경란(전남대학교)

장애인의 대중탕 이용을 장려한다/ 송희경(자유기고가)

21세기 복지광주 만들기 6 복지행정

사회복지기관 안내책자를 만든다/ 정은진(자유기고가)

지역방송으로 복지소식을 알린다/ 김영진(여수 늘푸른교회 전도사)

사회복지공무원을 사회복지사로 임용한다/ 유동이(국립나주정신병원)

사회복지 지도감독을 강화한다/ 이호숙(자유기고가)

교육보호를 현실화 한다/ 김은경(제일테크)

복지시설과 대학간의 협력망을 만든다/ 하재구(구세군 사관)

시민의 휴식공간을 늘린다/ 최정임(자유기고가)

복지공동체 만들기

이용교 편, 광주대학교 출판부, 2000.

경제가 성장하면 빈곤과 사회문제가 자연스럽게 해결될 것으로 기대하는 시각이 있다. 그러나, 냉전이 끝나고 경제가 어느 정도 성장해도 복지문제는 남아 있다. 오히려 부익부 빈익빈과 같은 상대적 빈곤과 불평등은 커지고 있다.

이러한 상황에서 복지공동체를 어떻게 만들 것인가? 한국사회는 농촌·농업·농민이 중심인 사회에서 도시·상공업·임금노동자가 중심인 사회로 바뀌었기에 이에 맞는 복지공동체를 모색해야 한다. 광주대학교 경상대학원 사회복지학과 대학원생들이 복지공동체를 위해 지혜를 모았다. 그 결과 고령사회에 대한 합리적 대비, 장애인에게 장벽 없는 사회, 행복하고 평등한 가족만들기, 발전과 참여의 주체로 서는 청소년, 시민과 공무원이 함께 만드는 복지공동체를 제안했다.

이 책의 세부 과제와 집필자는 다음과 같다. '고령사회에 대한 합리적 대비'를 위해 노인학교(서정미 동구노인복지회관 사회복지사), 노인주택(송재봉 대동공업 고흥대리점), 노인의료(이재홍 도동교회 목사), 농촌노인복지(신만호 장평교회 목사), 호스피스(주리애 동구노인복지회관 사무국장)를 다루고, '장애인에게 벽이 없는 사회'를 위해 장애인과 정보화(박미향 근아산업), 여성장애인(정해인 전남장애인재활협회 사회복지사), 지역사회정신보건(김경옥 영광기독병원 이사장), 특수학교(김재원 아이미소유치원 원장)를 다루었다. '행복하고 평등한 가족만들기'를 위해 국내입양(박수봉 동천미디어), 소년소녀가장세대(김선관 여수청소년수련의집), 영유아보육사업(박혜경 한천초등학교), 방과후 교육(배순오 광주화개초등학교 교사), 아동학대(이선희 이화영아원 사회복지사), 가정폭력피해자 보호(서덕례 한국심리센터)를 다루고, '발전과 참여의 주체로 서는 청소년'을 위해 청소년상담(김숙자 북구종합자원봉사센터), 10대 미혼모 그룹홈(정옥희 대한사회복지회 광주사무소), 청소년활동의 공간(이용교 광주대 교수), 청소년문화복지(이흥윤 31사단 무등학사 사감), 청소년보호(김인주 북부소방서)를 다루며, '시민과 공무원이 함께 만드는 복지공동체'를 위해 사회복지전담공무원(김희정 화원면사무소 사회복지사), 사회복지관(최성욱 미라보건설 소장), 영구임대아파트(박우성 현대자동차서비스 고흥영업소), 산업재해보상보험(임형택 동부화재 보상과)을 다루었다.

많은 대학(원)생이 이 책을 읽고 '복지공동체를 만들기 위한 사회복지실천'을 과제물로 제출하기도 했다. 사회복지사 등은 지혜를 모아 복지공동체를 꿈꾸고, 이를 구현하는 방안을 강구해야 할 것이다. 필자는 '시민과 함께 꿈꾸는 복지공동체'를 꿈꾸어왔고, 지금 여기에서 구현하고 있다.

시민이 만들어가는 복지광주

방철호 외, 광주광역시사회복지협의회, 2000.

이 책은 광주광역시사회복지협의회가 광주사회복지공동모금회의 후원을 받아 시민을 대상으로 한 제1기·제2기 사회복지시민대학의 강의 내용과 사회복지전문가들의 재교육을 위한 제2기 사회복지학교의 강의자료로 구성되었다.

차례는 책을 펴내면서(방철호 회장), 시민이 만들어가는 복지광주(박희서 무등일보 주필), 상식으로 알아야 할 사회보험(이용교 광주대 교수), 여성인권, 어떻게 볼 것인가(김경진 전남대 교수), 가정폭력의 사례와 이해(박미은 호남대 교수), 고부갈등을 극복하는 가족관계(옥경희 광주대 교수), 장애인복지의 이해(임성욱 광주광역시장애인종합복지관 관장), 장애인을 위한 에티켓(장영철 전문강사), 사회복지와 공동모금운동(소진택 광주사회복지공동모금회 부회장), 사회복지시설 현황(류성봉 협의회 사무국장), 자원봉사활동이란 무엇인가(김형남 북구종합자원봉사센터 소장), 현대인의 재테크활용법(이정호 조흥은행 과장), 사회복지시설 평가와 운영개선 방안(오승환 호남대 교수), 사회복지조사(정태신 광주대 교수)로 구성되었다. 사회복지협의회가 시민을 위해 복지교육을 실시하고 교재를 발간한 것은 의미 있는 시도였다.

복지시장 만들기

복지시장기획단, 인간과복지, 2002.

2002년 6월 13일 지방자치단체장과 지방의원의 후보들은 시민의 공복이 되겠다고 약속하지만, 복지공약은 별로 없거나 있어도 시민의 삶의 질을 높이기에는 부족했다. 후보들은 도로를 개설하겠다, 기업을 유치하겠다는 공약을 많이 했다.

필자는 1997년에 '복지대통령 만들기'를 통해 많은 복지공약을 제안하였고, 2002년에는 '복지시장 만들기'를 기획하였다. 광주대학교 사회복지전문대학원생 40명과 함께 좋은 복지공약을 개발하고 이를 후보들에게 널리 알렸다. 특히 광주광역시 시장 후보들과는 방송토론을 통해 복지공약을 묻고 이 책을 선물로 주면서 선거공약에 반영하도록 권고하였다.

또한, 필자는 공무원교육원에 출강하여 사회복지전담공무원에게 '복지시장이 되는 방안'을 제안하도록 하였다. 많은 복지공무원은 '자치단체장에게 복지마인드를 가르쳐야 한다'와 '노인잔치'식의 일회성 행사를 벗어나야 한다는 점을 강조했다. 단체장은 복지행정시스템을 구축하고, 전문인력을 배치하며, 예산을 지속적으로 배정해야 한다고 역설했다.

이 책에서 제안된 노인복지, 장애인복지, 가족복지, 아동복지와 청소년복지, 지역복지, 복지행정 영역별 세부 제안과 집필자는 다음과 같다.

노인복지

재가노인복지시설을 활성화한다/ 양복심(보성병원)

노인종합복지타운을 건설한다/ 이오묵(국민연금공단 광주지사)

치매노인가족 지원센터를 운영한다/ 정영미(자유기고가)

치매노인요양시설을 확대한다/ 이명희(광주번호안내국)

종교시설을 노인복지센터로 활용한다/ 손명동(창록교회 전도사)

지역사회 시니어클럽을 활성화한다/ 김숙심(광주기독병원)

구청마다 장례서비스센터를 개설한다/ 곽선희(보성병원)

장애인복지

장애가 있는 공공 체육시설물을 리모델링한다/ 최정기(도시공사)

장애인의 인터넷 기본사용료를 무료로 한다/ 전미숙(국립나주정신병원)

장애인 이동목욕 서비스를 실시한다/ 하수미(국민연금공단 동광주지사)

대중교통수단에 장애인 전용 좌석을 설치한다/ 우상현(함평영화학교)

재가정신장애인을 지역사회에서 관리한다/ 조원애(국립나주정신병원)

장애인 이동권과 접근권을 개선한다/ 전영림(자유기고가)

복지관에 장애아 방과후교실을 설치한다/ 김미영(자유기고가)

버스정보시스템에 장애인을 배려한다/ 정은숙(자유기고가)

장애인직업재활시설을 확충한다/임지영(대한가족보건협회 광주·전남지사)

가족복지

이혼가정을 위한 상담과 재혼 사업을 실시한다/ 송순안(자유기고가)

행복한 가정 만들기 운동을 전개한다/ 이명수(광주여자상업학교)

사랑의 태교를 대중화한다/ 이대원(자유기고가)

고령자를 모시는 가족에게 혜택을 늘린다/ 정남일(자유기고가)

알코올중독자가정 자녀를 위한 치료센터를 만든다/ 김선경(자유기고가)

아동복지와 청소년복지

직장보육시설을 확충한다/ 민순지(성모유치원)

통합보육시설을 확대 운영한다/ 백영애(전남과학대학 겸임교수)

시간제 보육시설을 확충한다/ 조인숙(강진군립도서관)

24시간 보육시설을 확충한다/ 이난임(현대어린이집)

장애아 전담보육시설을 효율적으로 운영한다/ 봉명국(금부특수어린이집)

청소년 직업체험 프로그램을 확충한다/ 정정인(자유기고가)

청소년 수련시설을 효과적으로 운영한다/ 임광민(청소년운동가)

소년원 퇴원생 사회복귀지원관을 설립한다/ 이재언(향림사 신협)

지역복지

지역 공동모금활동을 적극 지원한다/ 배은하(광주대학교)

사회복지시설 지원협의체를 구성 활성화한다/ 황내연(자유기고가)

사랑의 식당 인건비를 책정한다/ 김정희(동구노인복지회관)

아파트단지 시민문화복지관 설치/ 김동수(대한적십자사 광주·전남혈액원)

자원봉사자의 활동 기록을 전산화한다/ 김선미(자유기고가)

복지간병사업을 확대한다/ 천양례(소향원)

복지행정

사회복지 종합상담센터를 만든다/ 민양기(자유기고가)

사회복지담당공무원을 사회복지사로 임용한다/ 김복려(순천장애인복지관)

매년 사회복지대회를 개최한다/ 주덕(전남대학교병원)

복지사무소를 동 단위로 설치한다/ 성정모(엠마우스복지관)

순회 민원 전담관 제도를 실시한다/ 성석현(한국수자원공사)

참고자료

사회복지 전담공무원이 제안한 '복지시장'을 만드는 45가지 방법

70명의 사회복지학도가 꿈꾸는 사회복지사

복지를 알면 민심이 보인다

참여연대 사회복지위원회 엮음, 참여연대, 2002.

이 책은 참여연대 사회복지위원회가 2002년 지방선거를 앞두고 복지공약을 제안한 것이다. 참여연대는 지역사회 안에서 해결해야 할 복지정책 과제들을 정리하고, 지역단체의 활동에 도움이 되는 자료를 제공하며, 지방선거 후보자들이 채택해야 할 복지공약을 제안하기 위해 기획하였다.

이 책은 기초생활, 자활지원, 보육, 주거복지, 장애인, 노인, 아동·청소년, 복지시설, 보건의료, 행정전달체계 등 10개 분야에 36가지 공약을 담았다.

필자는 "아동과 청소년이 행복한 세상은 우리의 꿈이다"라는 주제로 전체 아동을 위한 아동복지행정을 확립한다, 요보호아동을 가정에서 보호할 수 있는 체계를 구축한다, 아동복지시설을 소규모화하고 가정위탁제도를 도입한다, 주 5일 수업제를 대비하여 청소년육성사업을 한다, 가출청소년을 보호하고 청소년에게 적합한 일자리를 보장한다 등을 제안하였다. 제안된 복지정책은 시간이 지나면서 대부분 구현되었다.

한국 사회복지의 현실과 선택

참여연대 사회복지위원회 편, 나눔의집, 2007.

참여연대 사회복지위원회는 결성된 지 10주년을 기념하여 이 책을 제작하였다. 실행위원들은 21세기 한국 사회복지의 이슈와 쟁점을 정리하고, 신빈곤 양극화와 사회복지의 대응, 저출산·고령사회에 대응하는 가족정책, 사회적 약자의 인권과 사회복지, 사회서비스국가를 향한 다양한 논의를 집필했다.

실행위원 중 지역복지운동계의 '참지식인'으로 불리다 2006년에 타계한 고 심재호 교수(목원대)를 추모하는 의미들 담았다. 주요 내용과 집필자는 다음과 같다.

총론- 21세기 한국 사회복지의 이슈와 쟁점/ 이영환(성공회대 교수)

제1부 신빈곤 양극화와 사회복지의 대응

1장 신빈곤과 국민기초생활보장제도의 위기/ 남기철(동덕여대 교수)

2장 사회적 일자리 정책 현황과 사회서비스 일자리 정책으로의 전환/ 이인재(한신대 교수)

3장 아름다운 기획과 실천: 자활사업과 사회적 기업 만들기/ 이문국(안산공대 교수)

4장 소득재분배 문제와 정책적 대안/김재진(한국조세연구원 연구위원)

5장 비정규노동자 대책 및 보호입법의 쟁점과 평가/ 윤정향(중앙대 강사)

제2부 저출산·고령사회에 대응하는 가족정책의 새로운 지향

6장 신사회 위험과 가족·여성정책의 과제/윤홍식(전북대 교수)

7장 보육정책의 쟁점과 과제/ 김종해(가톨릭대 교수, 위원장)

8장 아동수당의 제도적 특성 및 도입의 쟁점/ 김수정(동아대 교수)

9장 아동양육 관련 휴가 및 휴가제도의 쟁점/ 윤홍식

10장 노인장기요양보험의 쟁점과 과제/ 최혜지(서울여대 교수)

11장 노후소득보장을 위한 국민연금의 개편 방향/ 김연명(중앙대 교수)

제3부 사회적 약자의 인권과 사회복지

12장 아동청소년복지 쟁점과 과제/ 이용교(광주대 교수)

13장 장애인인권과 장애인복지의 과제/ 유동철(동의대 교수)

14장 노숙인 복지의 쟁점과 과제/ 신원우(협성대 교수)

15장 군사회복지의 현황과 개혁 과제/ 조흥식(서울대 교수)

제4부 새로운 사회서비스국가를 향하여

16장 복지재정의 확대는 한계에 온 것인가?/ 이태수(꽃동네대 교수)

17장 사회복지 재정 분권의 과제와 대안/ 백종만(전북대 교수)

18장 사회서비스국가를 향한 시민사회의 과제/ 조흥식

새 정부의 농정비전과 과제

박진도 외, 지역재단, 2012.

2012년 12월 대통령선거를 앞두고 지역재단은 '새 정부의 농정비전과 과제'를 발간하였다. 이 책은 농촌개혁과 농촌·농업혁신을 위해 새 정부가 어떤 농정비전을 갖고 각 분야별로 어떤 정책을 펼쳐야 하는지를 담았다.

이 책의 내용과 집필자는 새 정부의 농정비전과 과제(박진도 충남발전연구원장), 국가식품계획 수립: 생산과 소비를 아우르는 종합정책화(허남혁 충남발전연구원 책임연구원), 친환경유기농업 발전과제와 전망(이태근 흙살림 대표), 생산자와 소비자가 가까워지는 로컬푸드 활성화 정책(허남혁), 수산업 및 어촌 발전을 위한 수산정책 과제(김재선 군산대 교수), 대북 쌀 지원에서 한반도 농업공동체로(장경호 농업농민정책연구소 녀름 부소장), 동시다발적 FTA에 대응한 농업정책(김태곤 한국농촌경제연구원 선임연구위원), 농어가소득지지와 경영안정: 직불제와 기본소득(이명헌 인천대 교수), 농어촌 복지제도 개선과 농어촌노인 맞춤형 서비스 확대(이용교 광주대 교수), 교육이 농어촌의 미래다: 농어촌 교육활성화(양병찬 공주대 교수), 여성농업인 육성 및 지원(서정민 지역재단 기획관리실장), 농어촌 사회적 경제 활성화와 지역공동체 복원(허헌중 (주)우리밀 대표이사), 농어촌 6차 산업화와 일자리 창출·국민이 행복한 농어촌 공간 조성(김태연 단국대 교수), 도시 농어촌이 공생하는 도농교류 활성화(유정규 지역재단 운영이사), 농정추진체계의 혁신(박진도), 협동조합개혁을 위한 정책과제(허헌중), 농업계 학교 및 농촌지도기관 개편(유정규), 지역발전의 주체만들기: 농어촌 지역역량강화(유정규) 등이었다. 지역재단의 박진도 이사장이 충남발전연구원 원장이었기에 집필진은 대부분 지역재단 관계자와 충남발전연구원 연구직원이었다.

지역재단은 이 책을 발간하여 주요 정당에게 그 내용을 대통령 선거공약으로 채택하도록 운동하였다. 지역재단은 기후위기와 3농(농어업, 농어촌, 농어민) 및 먹을거리 위기, 지역위기가 날로 심화되는 시대에, 인간다운 삶이 실현되고 지속가능한 사회가 되어야 한다는 지역 리더들의 여망이 모여 만들어진 비영리 조직이다. 지역재단은 지역 리더와 함께 주민의 자치와 협동에 기초한 순환과 공생의 지역사회 실현을 주도할 주체 역량을 양성하고, 정책 및 실천 대안을 개발하며, 실천 사례를 확산시키는 활동을 하고 있다.

국민총행복과 농정 패러다임의 전환-농민행복 국민행복을 위한 12가지 제안

박진도 엮음, 따비, 2018.

1960~1970년대 이래 한국 사회를 지배해온 이데올로기는 '경제성장 지상주의'다. 경제가 성장하면 모든 문제가 일시에 해결될 것이라는 믿음으로 세계 최장 노동시간을 견딘 끝에 국민소득 3만 달러를 넘겼다. 하지만, 그 이면에는 OECD 회원국 중 자살률 1위, 산재 사망률 1위, 저임금노동자 비율 1위 같은 참담한 결과에 놓여있다.

무분별한 농산물시장개방으로 인해 농업·농촌은 벼랑 끝에 서 있다. 낮은 식량자급률, 농가소득의 양극화, 농촌 빈곤 인구의 급증, 악화된 농가 부채 등이 이를 여실히 보여준다. 이제까지 농정은 농업·농촌의 희생을 전제로 한 시장개방정책의 모순을 완화하거나 뒤치다꺼리하는 역할만을 수행했다.

이 책은 그 대안으로 농민이 행복하고 국민이 행복하기 위한 12가지 제안을 담았다. 지역재단 박진도 이사장을 비롯하여 전문가들이 집필하였다. 필자는 농촌 주민의 인간다운 삶을 위해 복지·교육 기반을 확충할 것을 제안했다. 주요 내용은 거주지를 이유로 각종 복지제도에서 받는 차별을 철폐하고, 농촌 복지서비스를 강화·확대하며, 폐교 위기에 놓인 학교를 주민을 위한 문화·교육·복지센터로 활용할 것을 제안하였다.

12가지 제안과 집필자는 다음과 같다. 책을 내며, 총론: 농정 패러다임의 전환과 국민총행복(박진도 지역재단 이사장, 충남대 명예교수), 생산과 소비를 잇는 지속 가능한 먹거리 전략의 방향과 과제(황영모 전북연구원 연구위원), 지속 가능한 가족농을 위한 가격·소득정책(장경호 농업농민정책연구소 녀름 소장), '다기능농업-지속 가능한 농정'의 실천 주체 육성(유정규 서울시 지역상생교류사업단 단장), 한국형 친환경농업의 새로운 대안을 찾아(조완형 한살림연합 전무이사), 파괴된 농촌환경의 보전을 통한 국가의 지속 가능한 발전(김태연 단국대 교수), 농촌지역 개발의 한계와 새로운 방향(서정민 지역재단 지역순환경제센터장), 국민의 삶터·일터·쉼터로서 농촌지역 발전(이창한 서울시 지역상생교류사업단 사무국장), 농촌 주민의 인간다운 삶을 위한 복지·교육 기반 확충(이용교 광주대 교수), 다기능성 지원 중심의 농업·농촌 재정 개혁과 창의적 지방농정의 공간 확대(이명헌 인천대 교수), 행복농정의 생산자조직 주체, 농협을 농민에게(이호중 자치와 협동 사무국장), 중앙집권에서 분권·자치로, 관료주의에서 참여·협치로(허헌중 지역재단 상임이사) 등이었다.

사회복지사의 길

새천년을 열어갈 사회복지사의 길

이용교 편, 광주대학교 출판부, 1999. (2002년 재판)

이 책은 1998년에 광주대학교 사회복지학과 4학년생 33명이 쓴 글을 모아 출간되었다. 새로운 천년을 앞둔 시점에서 저자들은 '새천년을 열어갈 사회복지사의 길'을 찾고자 했다.

지난 천년은 인간을 재발견한 시기이었다. 신의 뜻에 따르는 삶을 틀을 벗어나서, 사람이 바라는 대로 사는 것을 강조하였지만 이익을 위해 전쟁을 일으켜 수많은 사람을 죽이기도 했다. 새로운 천년은 '생명의 시대'가 될 것이다. 신의 굴레에서 해방된 인간이 자연과 더불어 사는 생명공동체를 가꾸어야 한다. 사회복지사는 '죽임의 문화'를 버리고 '살림의 문화'를 만들 수 있는 다양한 길을 걸어야 할 것이다.

현재 저자들은 이 글을 쓴 지 25년이 지났는데, 젊은 시절에 꿈꾸었던 것을 이루었을까? 33인 중 몇 사람의 삶을 살펴보면, 자신의 꿈을 지향하면서 살아왔다는 것을 확인할 수 있다. 예컨대, "지역사회복지현장에 뿌리를 내리는" 사회복지사를 꿈꾸었던 김가호 님은 사회복지관장으로 일하고 있다. "정신지체인을 시민으로 자립시키는" 사회복지사가 되고자 했던 조경덕 님은 장애인복지시설장으로 일하였다. 이 책이 오늘날 사회복지학도와 사회복지사에게 어떤 울림을 줄 수 있을까?

장애인의 사회통합을 추구하는 사회복지사

장애인과 더불어 살아가는/ 채숙자

정에 약하고 눈물도 많은/ 황주연

사회복지사의 길에 관심있는/ 김종연

정신지체인을 시민으로 자립시키는/ 조경덕

병든 사람을 치료하는 사회복지사

바람직한 의료사회사업을 꿈꾸는/ 이경애

아픈 사람을 치료할 수 있는/ 전병섭

편견과 싸우며 정신질환자를 돕는/ 김영란

정신지체장애인에게 받침돌이 되고 싶은/ 강혜진

지역사회복지공동체를 꿈꾸는 사회복지사

지역사회복지현장에 뿌리를 내리는/ 김가호

개성있는 재가복지센타를 만들고 싶은/ 박춘하

늘 처음같은 마음으로 일하는/ 박해자

어린이의 행복을 찾는 사회복지사

영유아보육사업의 현장을 지키는/ 이달수

아이들과 함께 숨쉴 수 있는/ 박경옥

학대받는 아동과 비행청소년을 돕는/ 양성오

청소년의 바른 성장을 걱정하는 사회복지사

청소년과 함께 하는 수도자/ 장화영

요보호청소년을 위한 자활센터를 꿈꾸는/ 김옥연

청소년을 사랑하고 신뢰하는/ 고태희

갈 길을 헤매는 청소년을 돕는/ 정연순

어디로 뛸지 모르는 청소년을 안내하는/ 구남이

책임성있는 청소년을 키우는/ 이민경

종교와 복지의 일치를 추구하는 사회복지사

사랑의 화신인 그리스도의 길을 따르는/ 이말자

복음과 복지를 함께 일구는/ 조성주

주민을 위한 교회사회복지를 열어가는/ 오봉실

시민과 함께 복지사회를 만드는 사회복지사

시민들에게 사회복지를 알려주고 싶은/ 김선애

경험을 살려 임상사회사업을 구축하려는/ 이승연

시민의 인식을 변화시키려는/ 김혜은

자기 주관과 논리가 선/ 주은숙

현실에 안주하지 않고 노력하는/ 서선화

사회복지현장을 꿈꾸는 준비된 사회복지사

문제를 해결하고 세상을 바꾸어가는/ 김이화

새로운 프로그램을 연구 개발하는/ 원정원

신념에 따라 일할 수 있는/ 정아영

언제라도 현장에서 일하고 싶은/ 김현욱

현장에 맞는 프로그램을 개발하고 싶은/ 백미숙

광주 사회복지의 비전

이영철 외, 광주광역시사회복지협의회, 1999.

이 책은 1999년 8월 23일부터 10월 18일까지 9주 동안 진행된 '사회복지학교'의 결과물이다. 광주광역시사회복지협의회(회장 방철호)는 광주대학교와 산학협력 자매결연을 맺고 '사회복지학교'를 공동으로 주최하였다.

주제와 교수진은 21세기 광주 사회복지의 비전(이영철 광주대 교수), 공동모금회 배분신청서 작성의 이론과 실제(엄기욱 광주여대 교수), 사회복지 회계·행정업무(문병재 광주시문화예술회관 팀장), 사회복지시설 평가(오승환 호남대 교수), 자원봉사의 효율적인 관리방안(장현 호남대 교수), 사회복지 기관의 홍보전략(김용옥 전남일보 주필), 사회복지시설과 지역사회의 교류(박영선 장성프란치스꼬의집 원장), 광주사회복지의 현황과 과제(이용교 광주대 교수)이었다.

필자는 고재유 광주광역시장 취임 1주년 평가와 과제를 중심으로 '광주사회복지의 현황과 과제'를 작성하였다. 이 책은 1997년에 '복지대통령 만들기'의 집필자로 참여한 류성봉 협의회 사무국장이 기획했다는 점에서 의미가 크다.

책 속의 복지 1

사회복지학과 교수 19인, 인간과복지, 2000.

사회복지학을 공부하는 청년들에게 선배 교수 19인이 추천한 도서를 모아 만든 책이 '책 속의 복지 1'이다. 추천사까지 써서 소개한 책이 35권, 추천만 해준 책이 86권으로 모두 121권이 담겨있다. 이 책은 사회복지 일반, 아동복지, 장애인복지, 의료복지, 가족복지, 그룹워크·케이스워크, 노인복지, 여성복지, 사회정책, 부록으로 구성되었다. 각 분야별로 추천사가 있는 책이 먼저 소개되고, 이어서 대표적인 책이 소개되었다. 인문학 도서 중에서 사회를 이해하고 복지마인드를 발견할 수 있는 것이다. 그중 추천사가 있는 책과 그 추천자를 정리하면 다음과 같다.

사회복지 일반 책은 자유와 존엄을 넘어서(김향초 협성대 교수), 자본주의와 인간발달(조흥식 서울대 교수), 21세기 준비(이용교 광주대 교수), 왜 일하지 않는가(김동배 연세대 교수), 일반체계이론(성민선 가톨릭대 교수), 소유냐 존재냐(이정호 전 국립사회복지연수원 교수)이다.

아동복지 책은 부모와 아이들 사이(안향림 수원여대 교수), 섬머힐(신혜령 국립보건원훈련부 교수), 빈민 여성 빈민 아동(배태순 경남대 교수); 장애인복지 책은 카이 다시 웃다(함철호 위덕대 교수), 난장이가 쏘아올린 작은 공(김범수 평택대 교수), 당신들의 천국(함철호); 의료복지 책은 정신치료 입문(박정은 수원여대 교수), 닥터 노먼 베쑨(최옥채 전북대 교수); 가족복지 책은 사람만들기(성민선), 나는 나를 사랑하고 싶다(이혜원 성공회대 교수), 천국에 새가 없다(김성천 중앙대 교수), 가족 사유재산 국가의 기원(김성천)이다.

그룹워크·케이스워크 책은 자살의 연구(조휘일 서울여대 교수), 카운셀링(오세란 서울기독대 교수), 인간의 마음(이정호); 노인복지 책은 노년(김동배), 할아버지의 부엌(신혜령), 노년을 멋지게(최옥채); 여성복지 책은 나는 나(오세란); 사회정책 책은 도시 빈민의 삶과 공간(조휘일), 어느 청년 노동자의 삶과 죽음(이용교), 완전한 만남(배태순), 오직 이 길밖에 없다(황성동 건국대 교수), 역사란 무엇인가(김향초), 사회복지의 사상과 역사(조흥식), 복지국가 사회주의와 보수주의(황성동), 비아트리스 웹의 생애와 사상(황성동), 복지국가위기론(최경구 경기대 교수), 이데올로기와 사회복지(최경구)이다.

필자는 '강대국의 흥망'의 저자로 널리 알려진 폴 케네디가 쓴 '21세기 준비'(한국경제신문사, 1993)와 전태일의 삶을 기록한 '어느 청년 노동자의 삶과 죽음'(돌베개, 1983)을 추천하였다. 이 책은 사회복지학도와 사회복지사에게 추천하는 도서목록으로 높이 평가받았다.

내가 꿈꾸는 디지털 사회복지사

이용교 편, 한국복지교육원, 2002.

필자는 2000년 1월 1일 한국복지교육원을 만들어서 시민에게 필요한 복지정보를 나누었다. 2001년부터 한국디지털대학교(현 고려사이버대학교)에서 사회복지개론을 강의하면서, 디지털 복지시대를 열어갈 사회복지학도를 만난 것은 큰 행운이었다. 기말시험으로 "디지털 시대를 열어갈 내가 꿈꾸는 전문 사회복지사"를 부과하여, 288명이 쓴 글을 3명 편집위원이 뽑고 필자가 51명을 선정하였다.

사회복지학도들은 어르신의 행복한 생애를 추구하고, 장애인에게 장벽 없는 세상을 만들며, 어린이에게 꿈과 희망을 주고, 청소년과 함께 복지세상 만들며, 몸과 마음이 아픈 사람을 위로하고 치료하는 사회복지사가 되길 꿈꾸었다. 학생들이 쓴 글에 학생회, MT, 봉사활동, 동아리활동 관련 사진 등을 첨부하였다. 이 책은 2002년에 처음 출판되었고, 2004년에 현학사에서 다시 출판되었다. 책 내용은 다음과 같다.

어르신의 행복한 생애를 위해 일할 사회복지사

노인의 생활 개선에 실질적인 도움을 주는 사회복지사/ 고세자

노인의 사회참여를 위한 교육프로그램 개발자/ 권난숙

노년기의 삶의 질 향상에 기여할 노인보호 전문가/ 이은혜

미래의 농어촌 노인전문 사회복지사/ 이은경

말보다 먼저 실천하는 노인학대 방지 전문가/ 권세라

무의탁 노인의 실상을 알리고 자원을 개발하는 홍보 전문가/ 박원영

노인소득 재창출을 위한 전문 컨설턴트/ 윤정남

노인이 삶을 즐길 수 있는 실버타운의 운영자/ 주상순

노인전문요양시설과 노인전문병원을 추진하는 사회복지사/ 노철호

치매 어르신을 위한 실질적인 정보를 제공하는 사회복지사/ 박봉애

장애인에게 장벽 없는 세상을 만들기 위한 사회복지사

주민과 함께 하는 지체장애인 공동체 운영가/ 양미동

정신지체인을 위한 사회 재활분야 전문가/ 김경자

청각장애인을 위한 수화전문 상담가/ 강윤심

청각장애인의 직업재활 전문 사회복지사/ 최성균

시각장애인이 인터넷을 활용하도록 돕는 사회복지사/ 양현숙

중증 지체장애인의 직업재활을 통한 자립생활 운동가/ 이동원

장애우 직업재활공동체로 장애인의 일터를 나누는 복지전문가/ 이정남

장애인을 치료할 수 있는 멀티 테라피 전문 사회복지사/ 이성완

뇌성마비 장애아를 위한 언어치료사/ 서정미

장애인의 성상담과 성교육 전문가/ 유은심

장애아동의 정보화 운동에 앞장서는 사회복지사/ 신동철

디지털공간에서 장애인에 대한 편견을 깨는 복지운동가/ 신호철

어린이에게 꿈과 희망을 심어주는 사회복지사

지역사회의 욕구를 충족하고 자원을 활용하는 보육전문가/ 김명주

간호와 상담 능력을 갖춘 육아시설의 보육사/ 최미진

테라피 요가로 장애아동과 특수교사를 돕는 특수교육전문가/ 김영수

아동복지시설의 아동과 생활지도교사를 위한 집단상담가/ 공인선
그림을 통해 인간의 내면을 치료하는 전문 사회복지사/ 김경아
발달장애인을 위한 종합정보센터를 운영하는 사회복지사/ 김은정
발달장애아와 비장애아의 통합놀이를 위한 놀이치료사/ 이은임
아동에게 가정을 주는 국내 입양 전문 사회복지사/ 박성태

청소년과 함께 복지세상을 열어가는 사회복지사

학교에서 학생, 교사, 학부모를 돕는 학교사회사업가/ 최경희
청소년을 바른길로 인도하는 청소년지도사와 청소년상담가/ 이용호
청소년의 사이버 중독증을 해결하는 치료전문가/ 권윤정
학생의 행복한 학교생활을 위한 학교사회사업가/ 김남미
어려운 청소년을 돕는 징검다리와 같은 사회복지사/ 구해숙
실천현장이 거리인 사회사업가/ 김종필

행복한 가족과 살만한 지역공공체를 만드는 사회복지사

모자가정에게 주체적인 삶의 터전을 주는 여성복지전문가/ 이혜숙
빈곤여성의 정신적 사회적 자활에 힘을 주는 여성복지운동가/ 박동옥
매맞는 아내와 가족을 위한 여성상담가/ 김명자
가정 안에 희망을 깨우는 가족상담사/ 이혜정
가족상담을 통해 사회복지를 실천하는 가족치료 전문가/ 문일신
미혼모가 성숙된 부모역할을 하도록 돕는 전문가/ 윤재희
성도들의 봉사활동을 지도하는 목회자 겸 자원봉사관리자/ 류화정

몸과 마음이 아픈 사람을 위로하고 치료하는 사회복지사

환자를 전인적으로 이해하고 치료하는 의료사회복지사/ 신안순
나환자를 위해 중국에서 활동하는 사회복지사/ 신대연
화상환자를 위한 재활전문 간호사 겸 사회복지사/ 박진선
알코올중독 경험자로서 알콜 재활전문기관의 운영자/ 반병호
만성신부전과 장기이식 분야의 전문 의료사회복지사/ 정봉실
병약자와 중증장애인을 위한 재택간병복지 중개인/ 정은경

노인복지시설에서 무의탁 임종노인을 위한 호스피스/ 장경순

백혈병 소아암 환아와 가족을 위한 사랑의 공동체 운영자/ 임희경

광주사회복지론

김황용, 오세근, 오승환, 이용교, 이용성, 이정규, 이형하, 정상양, 조원탁, 최선령, 한영현, 복지아카데미, 2004.

1997년 경제위기를 계기로 실업 극복이 중요한 사회적 과제가 되었다. 노동계, 여성계, 시민사회계가 복지에 적극 참여하였고, 사회복지계도 엔지오활동에 적극 참여하면서 엔지오활동가와 중견 사회복지사의 만남도 절실해졌다. 사회복지실천 영역이 확대되고, 사회복지에 대한 전문가와 시민들의 관심이 늘어남에 따라서 사회복지학을 체계적으로 공부해보자는 목소리도 높아졌다.

이에 광주광역시사회복지협의회와 참여자치21 사회복지위원회가 중심이 되고, 양지종합사회복지관(장소 제공)과 한국복지교육원이 협력하여 '엔지오활동가와 중견 사회복지사를 위한 복지아카데미'를 기획하였다. '광주 사회복지를 알자: 광주사회복지의 현안과 미래'를 주제로 2004년 8월 30일부터 매주 월요일 저녁 두 시간씩 3개월 동안 진행되었다. 해당 분야를 진공한 교수와 사회복지전문가가 강의하였다.

복지아카데미에서 발표된 원고로 광주의 사회복지학을 지향한다는 뜻에서 책이름을 정했다. 다루지 못한 부분을 보강하기로 약속했는데, 2014년에 필자가 광주광역시사회복지사협회 회장일 때

'광주의 사회복지'를 발간하였다.

'광주사회복지론'의 내용과 집필자는 사회복지학 공부와 실천에서 지향해야 할 가치(오세근 동신대 교수), 사회복지시설의 이해(오승환 호남대 교수), 광주의 청소년복지(이용교 광주대 교수), 광주광역시 노인복지서비스의 현황과 개선 방향(정상양 광주대 교수), 광주의 장애인복지(김황용 광주대 교수), 광주의 가족복지의 이해(최선령 열린가족상담센터 소장), 광주의 지역복지(한영현 광주보건대 교수), 광주의 기초생활보장(이형하 광주여대 교수), 광주전남의 사회보험(조원탁 동신대 교수), 지역사회자원 활용과 네트워크(이정규 호남대 교수), 사회복지기관의 후원자 개발에 있어서의 마케팅 개념(이용성 무진종합사회복지관 관장) 등이었다.

복지아카데미는 한국복지교육원이 중심이 되어 참여복지센터, 광주광역시여성발전센터 등 협력기관과 함께 12차례 진행하였다. 1회 광주사회복지를 알자(2004년), 2회 여성사회복지사의 길(2005년), 3회 농촌복지론(2005년), 4회 복지공동체의 길(2005년), 5회 노인복지의 길(2006년), 6회 여성사회복지사의 길Ⅱ(2006년), 7회 차세대 지도자의 길(2006년), 8회 노인복지시설의 설립과 운영(2007년), 9회 아동복지의 길(2007년), 10회 노인복지혁명(2008년), 11회 치매의 예방과 관리(2009년), 12회 치매와 인권(2010년) 등이다.

복지공동체의 길

여영우, 은재식, 이용교, 이용창, 이인재, 조지현, 한선희, 함철호, 광주대학교 출판부, 2005.

전국 모든 시·군·구는 사회복지사업법에 의거하여 2005년 7월까지 지역사회복지협의체(현재 지역사회보장협의체)를 구성하고, 2006년에 지역사회복지계획을 수립해야 했다. 주민의 복지 욕구를 측정하고 꼭 필요한 복지자원을 발굴하여 주민의 삶의 질을 높여야 한다.

광주대학교 참여복지센터는 복지아카데미를 여러 차례 진행한 한국복지교육원, 광주대학교 사회복지학부와 함께 지역복지아카데미를 기획하였다. 이 아카데미는 지방자치단체와 민간 사회복지계가 협력하여 주민의 욕구에 근거한 지역복지계획을 짜고, 지역사회복지협의체를 통해 이를 구현하는 방안을 학습하고자 했다. 이는 2005년 9월 20일부터 매주 화요일 밤에 광주대에서 오프라인으로 진행되었고(50여 명 참석), 강의 동영상을 온라인으로 볼 수 있도록 했다(150여 명 참가). 교수진은 서울, 경기, 대구, 대전, 광주, 충북 등에서 복지운동을 하는 전문가들이었다. 아카데미의 내용은 '복지공동체의 길'로 편집되었고, 강의 주제와 교수는 다음과 같다.

- 지역복지 환경변화와 지역사회복지협의체 / 이인재(한신대 교수)
- 지역복지 혁신을 위한 민관의 협력과 실천과제: 대구지역 복지 사례를 중심으로/ 은재식(우리복지시민연합 사무처장)
- 지역사회복지계획의 이해/ 함철호(광주대 교수)
- 주민의 욕구조사 방법과 실제: 전남지역 노인복지욕구조사를 중심으로/ 조지현(한국사회조사연구소 주임연구원)
- 지역협의체사업의 현황과 발전방안에 관한 연구: 수서·일원 지역의 약물협회 사례를 중심으로/ 이용창(태화기독교사회복지관 부장)
- 옥천군 사회복지사무소 시범사업 운영/ 여영우(옥천군사회복지사무소 조사상담팀장)
- 21C 주민참여형 복지네트워크 복지만두레/ 한선희(대전광역시 만두레팀장)
- 시민과 함께 꿈꾸는 복지공동체의 구축/ 이용교(광주대 교수)

여성 사회복지사의 길

김경옥, 김영란, 김춘아, 남성숙, 박노숙, 양영자, 이용교, 정외영, 한신애, 한재량, 여성복지아카데미, 2005.

이 땅에서 사는 사람의 절반은 여성이고, 사회복지사의 70% 이상은 여성인데, 왜 우리 사회는 "여성 사회복지사의 역량"에 깊은 관심을 가지지 않는가? 한국복지교육원은 광주광역시여성발전센터(소장 최송화)와 함께 "여성을 위한 복지와 여성에 의한 복지"를 주제로 광주여성아카데미를 기획하였다.

2005년 4월 25일부터 10주 동안 광주여성발전센터에서 오프라인으로 강의하고, 그 내용을 '시민과 함께 꿈꾸는 복지공동체'에서 온라인으로 공유하였다. 이 아카데미는 여성의 눈으로 세상을 보고, 여성 사회복지사가 행복한 세상을 열어가며, 전국 여성사회복지사가 연대하여 '한국여성사회복지사협회'를 조직할 것을 제안하였다. 여성은 '살림'전문가이고, 사회복지사는 '행복한 세상을 열어가는 사람'이기에 여성 사회복지사는 '복지공동체'를 다양한 방식으로 열어갈 수 있다.

전문성을 인정받은 여성 사회복지사들이 강의했다. 광주여성아카데미의 강의안은 이 책으로 발간되었고 강의 주제와 교수는 다음과 같다. 이 아카데미는 몇 차례 더 진행되었고, 이후 광주광역시가 광주여성아카데미란 브랜드로 '특강'을 진행하고 있다.

- 광주여성아카데미를 시작하며/ 최송화(광주광역시여성발전센터 소장)
- 여성을 위한 복지와 여성에 의한 복지/ 김영란(목포대 교수)
- 광주사회복지의 역사와 인물/ 한신애(양지종합사회복지관 팀장)
- 나의 발전과 리더십/ 김춘아(한국감마연구소 소장)
- 여성의 10년 후 자화상/ 박노숙(부천오정구노인종합복지관 관장)
- 노인의 새로운 역할/ 양영자(한일장신대 강사)
- 지역복지실천에서 민·관 협력의 모델/ 김경옥(영광기독·신하병원 이사장)
- 언론홍보와 미디어의 활용/ 남성숙(광주매일 논설위원)
- 풀뿌리 자원개발과 전문자원의 활용/ 정외영(녹색삶을 위한 여성들의 모임 회장)
- 지역복지운동을 통한 복지공동체 만들기/ 한재량(관악사회복지 조직팀장)
- 여성 사회참여의 활성화 방안/ 이용교(한국복지교육원 원장)
- 여성 사회복지사의 미래/ 이용교

여성 사회복지사의 길Ⅱ

김미경, 박순옥, 송용미, 안진, 이용교, 이주희, 정옥희, 진경아, 황선미, 광주광역시여성발전센터·한국복지교육원, 2006.

한국복지교육원과 광주광역시여성발전센터는 2006년에 "네트워킹으로 행복한 세상을 열어간다"는 주제로 광주여성아카데미를 진행하였다. 2006년 4월 21일부터 10주간 금요일 저녁 7시부터 2시간 동안 여성발전센터에서 강좌를 진행하고, 그 내용을 온라인으로 공유하였다.

강좌 내용은 여성주의 사회복지를 이해하고, 한국사회에서 여성복지를 개괄한 후 일상생활 속에서 성차별과 그 대안을 모색하는 사회복지를 소개하였다. 모든 여성이 행복한 삶을 추구하면서, 가난한 아동과 여성을 위해 힘써 온 안양의 '빛진자들의 집' 이야기는 가슴을 뭉클하게 한다. 천안에서 활발하게 활동하는 '복지세상'은 지역복지운동의 본보기이다. 전국 사회복지관 평가에서 1위를 한 관상의 상의에서 '21세기 사회복지관의 역할'을 찾을 수 있다. 사회복지사와 엔지오활동가들의 실천은 시민에게 널리 알려질 때 사회적 파급효과가 더 크다. 사회복지기관이 언론과의 관계를 어떻게 형성할 것인지, 무한하게 펼쳐진 가상공간에서 나눔을 실천하는 방법을 사례로 공유한다. 이 아카데미의 내용과 교수진은 다음과 같다.

- 여성주의적 사회복지/ 김미경(광주대 교수)
- 한국 여성복지의 이해/ 이용교(한국복지교육원 원장)
- 일상생활 속에서 기대되는 여성의 역할/ 이주희(동신대 교수)
- 빛진자들의 집 이야기/ 송용미(빛진자들의집 공동대표)
- 주민과 함께 만들어온 지역복지운동/ 진경아(복지세상을 열어 가는 시민의 모임 사무국장)
- 21세기 사회복지관의 역할/ 박순옥(부산기독교종합사회복지관 관장)
- 해피빈을 통한 아름다운 세상 만들기/ 황선미(아름다운재단 해피빈담당)
- 사회복지기관 홍보를 위한 언론관계/ 정옥희(대한사회복지회 의정부사무소 늘푸른집 상담실장)
- 광주전남여성운동의 현황과 과제/ 안진(광신대 교수)

광주여성아카데미를 통해 제안된 '한국여성사회복지사협회'는 2015년 9월 19일에 '한국여성사회복지사회'의 창립으로 열매를 맺었다. 여성 사회복지사의 역량개발과 조직화를 위한 다양한 시도가 계속되길 기대한다.

세계의 청소년과 내가 할 일

이용교 편, 학현사, 2005.

이 책은 광주대학교에서 청소년복지론을 강의하면서 수강생에게 부과한 숙제인 '세계의 청소년과 내가 할 일'의 모음집이다. 250여 명이 쓴 글 중에서 독창성이 있고 실현 가능성이 높은 39명의 생각을 정리했다. 수강생들은 김진주 님이 쓴 '주머니 속엔 동전만 남지만'이란 책을 읽은 후 세계 여러 나라 청소년을 위해 할 수 있는 일을 제안하였다. 책의 내용과 필자는 다음과 같다.

아시아 청소년을 위해- 네팔 청소년의 새로운 시작을 위해(조옥화), 동티모르 청소년을 위한 교육 지원(차민아), 햄버거 하나로 캄보디아 청소년 학교 보내기(고수경), 미얀마 청소년의 마음에 희망의 씨앗 심기(박성자)

해외 빈곤 지역 청소년- 르완다 난민 청소년의 정착 지원(오은실), 빈민 지역 청소년교육 지원 사이트(이충아), 정글에서 만난 아이들의 꿈을 이루기 위해(허소영), 아프리카 가나의 청소년과 친구 하기(김지숙)

해외 동포 청소년- 조선족 청소년을 위한 두룸박 시암 장터(김유월), 카자흐스탄 청소년에게 한국어 가르치기(강은아), 해외 청소년 자원봉사단(김재란), 조선족 청소년에게 책 기증 운동(박석표), 조선족 청소년에게 올바른 한국사 인식 제고와 문화 교류(이영미), 해외 입양 청소년의 뿌리 체험(강은선), 조선족 청소년의 영어 완전 정복(안명진)

북한 청소년과 탈북 청소년- 길 잃은 꽃제비의 안식처(장세정), 통일 한반도 청소년 잡지 만들기(임미), 탈북 청소년을 위한 '하나로' 동아리(정성희), 자전거를 타고 넘나드는 사랑(김혜옥)

국내에 있는 외국인- 자원봉사와 홈스테이(김혜리), 외국인 노동자와 자녀를 위한 사랑의 학교(이명선), 해외 근로 청소년을 위한 우리나라 문화 체험(조은정)

한국 청소년- 전국투어 전통문화 체험하기(설우진), 데이트 커플과 솔로들, '성'으로 즐겁게 만들기(채현숙), 내가 꿈꾸는 학과를 제대로 알자(임희연), 흙사랑 공동체(표현철), 열린 공부방 통합교육 운동(정회순)

인터넷을 통한 청소년 공동체- 청소년 왕따 권익 보호 홈페이지(김경진), 장애청소년과 비장애청소년의 만남(최보화), 세계 청소년과 연계하는 홈스테이(이하경)

문화를 통한 교류- 세계 청소년과 가족신문 교환하기(송현선), 풍물이나 한국무용 등 가르치기(이현아), 우리 야생화를 세계 청소년과 함께(성영희), 음악 테이프를 통한 한·중 친구 만들기(고유정), 한류를 통해 세계 청소년에게 대한민국 알리기(이연숙)

종교를 통한 자원봉사활동- 중국 청소년을 위한 봉사와 선교 활동(문봉희), 태권도의 동작마다 '배움과 희망'의 발차기를 내지르다(최성식), 태국 카렌족에게 학습지와 가축 보내기(박진선), 한 손에는 사랑을, 한 손에는 복음을 들고(백선옥)

노인복지의 길

김용년, 정상양, 강정숙(혜선), 이영희, 김양희, 전성남, 이용설, 이용교, 이충우, 광주대학교 출판부, 2006.

한국복지교육원은 광주대학교 참여복지센터, 사회복지학부와 함께 2006년 3월 22일부터 8주간 노인복지아카데미를 기획하였다. 2005년에 한국 노인인구는 전체 인구의 9.5%이었지만, 전남 등은 노인이 전체 인구의 14%를 넘긴 '고령사회'이고, 농어촌지역은 20%를 넘겨 '초고령사회'이다.

초고령사회에 대한 대책은 소규모 가족형 노인복지시설(공동생활가정)이나 가정위탁보호, 독립생활 지원사업과 같은 새로운 보호방식에 깊은 관심을 가져야 한다. 노인이 적은 금액으로도 인간답게 살 수 있는 모델을 모색해야 한다. 노인복지아카데미는 소규모 노인복지시설의 가능성을 탐색하고, 사회복지사가 노인복지시설을 설립하여 운영하는 방안을 구체적으로 제안하고자 해당 전문가를 교수진으로 위촉했다.

한국에서 최초로 소규모 다기능 노인복지시설을 설립한 강혜선 원장, 농촌형 재가노인사업을 개척한 김양희 원장, 자원봉사자로 살다가 노인복지전문가 된 이영희 원장 등이 강의했다. 2008년 노인장기요양보험의 도입을 앞두고 정상양 교수는 일본 개호보험제도를 소개하고, 한국재가노인복지협회 김용년 회장은 노인복지정책의 변화를 강의하며, 전성남 소장은 지역사회에서 보건과 복지의 연계방안을 제시했다. 사회복지법인을 설립하도록 전문적 상담을 한 이충우 소장, 부동산을 취득할 때 법률적인 문제를 이용설 법무사가 조언하고, 참여복지센터 이용교 소장이 노인이 살기 좋은 지역사회 만들기를 제안했다. 전국에서 500여 명이 온·오프라인으로 함께 공부한 것은 새로운 학습모델이었다.

'노인복지의 길' 내용과 교수진은 머리말(이용교 광주대 교수), 노인복지 환경 변화와 재가노인복지시설의 활성화 방안(김용년 한국재가노인복지협회 회장), 노인수발보험제도 추진과 사회복지사의 대응전략(정상양 광주대 교수), 복합형 노인복지시설의 가능성(강정숙(혜선) 제주원광요양원 원장), 소규모 노인요양시설의 설립과 운영(이영희 베로니카의집 단기보호센터장), 농촌형 재가노인복지사업의 가능성(김양희 효경복지공동체 원장), 노인복지를 위한 보건복지 연계 사례: 장성군 보건복지 통합사례관리를 중심으로(전성남 조선대 가정봉사원파견센터 소장), 사회복지법인과 부동산 법률(이용설 법무사, 공인중개사), 노인이 살기 좋은 지역사회 만들기(이용교), 사회복지법인의 실무(이충우 울산사회복지재단 가정봉사원파견센터 소장) 등이었다.

아동복지의 길

이용교, 이경림, 강명순, 김영자, 박경희, 한명섭, 김광수, 조순실, 광주대학교 출판부, 2007.

한국복지교육원과 광주대학교 참여복지센터는 이 땅에서 아동이 보다 행복하게 사는 세상을 꿈꾸며 '아동복지아카데미'를 기획하였다. 이 아카데미는 2007년 5월 3일부터 매주 화요일에 8주 동안 오프라인으로 진행되고, 강의 동영상을 온라인으로 서비스하였다. 지역아동센터와 공동생활가정의 설립과 운영에 관심이 있는 사회복지사 등에게 필요한 정보를 주고, 아동복지를 실천하는 분들의 철학을 공유하고자 하였다.

지역아동센터는 사회복지사가 시·군·구청에 '신고'로 설치할 수 있는 아동복지시설이다. 관심 있는 사회복지사는 '지역아동정보센터 홈페이지'를 클릭하여 관련 정보를 얻은 후에 신청하기 바란다. 지역아동센터를 법제화시킨 부스러기사랑나눔회 강명순 대표와 이경림 사무총장을 비롯하여 지역아동센터를 설치·운영한 센터장들이 강의했다. 또한, 아동양육시설의 대안으로 모색된 공동생활가정의 설치와 운영에 대해 매뉴얼을 만든 조순실 대표, 김광수 고문 등이 강의했다.

이 아카데미를 수강한 많은 사회복지사가 지역아동센터를 설치·운영하였다. 광주와 전남에 아동 인구 대비 지역아동센터가 많은 것은 이 아카데미의 영향이 컸다. 이는 방과 후 돌봄이 필요한 아동이 더 많은 복지서비스를 받는다는 뜻이다.

강의 내용과 교수진은 지역아동센터의 과거, 현재, 미래(이경림 부스러기사랑나눔회 사무총장), 빈곤아동 실태와 지역아동센터(강명순 부스러기사랑나눔회 대표), 도시 지역아동센터의 설치와 운영(김영자 사직지역아동센터 시설장), 농촌 지역아동센터의 설치와 운영(박경희 현정지역아동센터 시설장), 지역아동센터에서 프로포절 작성법(한명섭 행복나눔재단 사무처장), 아동공동생활가정의 설치와 운영(김광수 한국아동청소년그룹홈협의회 고문), 공동생활가정의 운영 매뉴얼(조순실 들꽃피는마을 대표), 아동이 행복한 세상 만들기(이용교 광주대 교수, 한국복지교육원 원장) 등이었다.

행복한 세상을 열어가는 차세대 지도자의 길

이용교, 이흥수, 이성종, 최옥채, 권지훈, 김형식, 임형택, 정찬용, 박명윤, 광주대학교 출판부, 2006.

한국복지교육원은 광주광역시여성발전센터, 광주대학교 참여복지센터, 문화행동샾과 함께 '차세대 지도자 양성'을 위한 대학생지도력아카데미를 기획하였다. 이 아카데미는 대학생이 내적 성장과 세상 바로보기를 통해 "행복한 세상을 열어가는 사람"으로 성장하도록 도우려는 것이다. 교육과정은 나를 위한 투자, 세상과 관계 맺기, 지도력 함양을 위한 실천 등 3부 10개 강좌로 구성되었다.

강의 내용과 교수진은 꿈을 실현하기 위한 대학생활과 진로설계(이용교 광주대 교수), 영어교육에 대한 비판적 성찰과 올바른 학습방향(이흥수 전남대 교수, 교육대학원 원장), 디지털미디어 다큐멘터리 작가가 되자(이성종 복지영상 대표), 지역사회와 주민을 조직하기 위한 조직화 실천기술(최옥채 전북대 교수), 지역사회 소식화를 실현하는 좋은지역사회만들기와 새로운 복지영역을 개척한 독립사회복지사(권지훈 좋은지역사회만들기 사무처장), Cosmopolitan Citizen: 역량 있는 지구촌 시대의 청년(김형식 중앙대 교수), 꿈을 이루는 진로탐색과 취업전략(임형택 광주대 교수), 이제 먹고 살 이야기 좀 합시다(정찬용 참여정부 대통령비서실 인사수석), 국제 봉사활동과 교류활동(박명윤 국제파인트리클럽 총재) 등이었다.

교수진은 대학교와 사회 각 분야에서 탁월한 지도력과 혜안을 가진 분들이었다. 이 아카데미는 2006년에 진행되었고, 자료집 이름은 2007년에 '행복한 세상을 열어가는 사회복지대학생의 길'로 학현사에서 다시 출간되었다. 이 책의 독자들이 행복한 세상을 열어가는 사람으로 성장하였길 빈다.

노인복지시설의 설립과 운영

이용교, 조광석, 강길현, 이영희, 송윤순, 양철호, 류성봉,
나금주, 주리애, 김양희, 광주대학교 출판부, 2007.

한국복지교육원은 광주광역시여성발전센터와 함께 '제3기 광주여성아카데미'를 개최하였다. 이번 아카데미는 사회복지사, 사회복지시설 근무자, 대학(원)생, 노인복지시설 설립에 관심 있는 시민을 위해 '소규모 노인복지시설의 설립과 운영'을 다루었다. 개인이나 단체 혹은 법인이 노인복지시설을 설립하고자 할 때 입지 선정에서 시설신고 그리고 기관운영 전반을 꼼꼼히 다루었다. 이 강좌를 수강하고 그대로 실천하면 사회복지사는 누구나 시설을 설립할 수 있는 지식을 얻을 수 있다.

2008년 노인장기요양보험의 시행을 앞두고 개설된 이 아카데미는 2007년 4월 27일부터 매주 금요일 저녁 7시에 광주광역시여성발전센터에서 10주 동안 진행되었다. 이 아카데미에 노인복지시설을 설립하여 운영하는 경륜 있는 시설장과 대학교수가 교수진으로 참여하였다. 실천 현장에서 땀과 눈물을 흘리면서 배운 생생한 경험을 나누었다.

강의 내용과 교수진은 노인복지시설의 설립과 운영(조광석 베데스다요양원 원장, 한국재가노인복지협회 부회장), 노인복지시설의 입지

선정(강길현 서린은빛마을 시설장), 노인복지시설의 건축과 설비(이영희 베로니카의집 단기보호센터 시설장), 노인복지시설의 행정사항(송윤순 한울복지재단 이사장), 사회복지시설의 인사관리(양철호 동신대 교수), 사회복지시설의 재무관리(류성봉 광주광역시사회복지협의회 사무처장), 후원자 마음을 열면 지갑이 열린다(나금주 엠마우스복지관 기획홍보팀), 자원봉사의 일반적인 이해(주리애 동구노인복지회관 센터장), 노인복지시설에서의 프로포절(김양희 사단법인 효경 이사장), 노인복지시설의 평가와 과제(이용교 광주대 교수) 등이었다.

치매의 예방과 관리

이훈, 양동석, 김성윤, 이용교, 윤금희, 김기현, 최옥용, 정상양, 신일선, 광주대학교 출판부, 2009.

치매는 뇌가 아픈 질병이다. 두통이나 복통이 생기면 약을 먹고 치료법을 찾는 사람도 치매가 의심되면 방치하는 경향이 있다. 치매는 예방할 수 있고, 관리할 수 있는 질병으로 하루라도 빨리 진단받아 치료하고 관리하면 당사자와 가족의 삶의 질을 높일 수 있다.

필자는 한국치매가족협회 광주전남지부장으로 치매에 대한 사회적 인식을 높이는 데 집중하였다. 치매에 걸릴 확률이 높은 노인, 치매에 걸린 사람을 모시는 가족, 사회복지학과 대학생 등에게 치매의 이해를 교육하였다. 2008년 '치매의 날'을 기념하여 '치매의 예방과 관리'를 주제로 세미나를 열고 단행본을 발간하였다. 이 책은 치매의 원인, 치매의 관리, 치매 예방을 위한 다양한 기법 등을 소개하고, 치매환자와 가족에게 꼭 필요한 노인장기요양보험, 복지서비스 등을 담았다.

2009년에는 지난해 개발한 내용에 '치매환자 가족을 위한 중재'를 추가하고 일부 원고를 수정하여 광주광역시여성발전센터에서 '치매예방아카데미'를 개최하였다. 이 책의 주요 내용과 집필진은 치매의 이해, 관리 및 예방 대책(이훈 광주삼성병원 대표원장), 치매 환자 보호자의 심리적 이해(양동석 천주의성요한병원 의무원장), 치매 노인을 위한 다원적 서비스 개발(김성윤 벧엘타운 원장), 치매 예방과 관리를 위한 사회적 역할(이용교 광주대 교수), 치매노인을 위한 사례 관리의 기법(윤금희 영산선학대 교수), 치매예방을 위한 좋은 건강생활습관 기르기(김기현 을지대 겸임교수), 노인장기요양보험제도와 치매대책의 전망(최옥용 국민건강보험공단 차장), 노년치매증상의 이해와 케어를 위한 사회복지사의 대응(정상양 광주대 교수), 치매 환자 가족을 위한 중재(신일선 화순전남대학교병원 치매퇴행성뇌질환센터 소장) 등이었다.

치매와 인권

권중돈, 양철호, 오세근, 김경호, 조미경, 양동석,
광주대학교 출판부, 2010.

한국치매가족협회 광주전남지부는 2010년에 서구문화센터의 지원을 받아 '치매와 인권'을 강의하였다. 광주광역시는 매년 협회의 사업을 지원하였고, 광주삼성병원, 한국에자이, 광주YMCA가 후원했다. '치매와 인권'을 주제로 열린 세미나는 동신대학교 사회복지학과, 광주대학교 참여복지센터가 함께 준비했다. 사회복지에서 인권은 늘 중요하지만, 스스로 자신의 인권을 옹호하기 어려운 치매환자의 인권은 더욱 소중하다. 세미나에서 발표된 원고는 '치매와 인권'으로 발간되었다.

주요 내용과 집필자는 머리말(이용교), 치매환자와 가족의 인권보호(권중돈 목원대 교수), 인권관점에서 본 노인분야 조례 현황과 개선방안에 관한 연구(양철호 동신대 교수, 오세근 동신대 교수, 김경호 호남대 교수), 치매노인을 위한 인권중심 사회복지서비스(조미경 광주대 교수), 치매환자를 위한 인권중심 의료서비스(양동석 천주의성요한병원 의무원장) 등이었다.

한편, 치매의 원인 중 가장 대표적인 알츠하이머 질병에 대한 사회적 관심을 촉구하고, 이 병을 앓고 있는 환자와 가족을 돕기 위해 세계치매협회가 창립되었다. 이 협회는 1994년부터 9월 21일을 '세계 치매의 날'로 기념하는데, 한국 정부도 2008년부터 이날을 '치매 극복의 날'로 기념하고 있다. 한국치매가족협회 광주전남지부는 오랫동안 매년 기념식과 함께 세미나를 개최하였지만, 국가기념일로 되면서 기념식에 참석하는 방식으로 바뀌었다. 2008년에 노인장기요양보험이 시행되어 치매환자에 대한 보호는 체계화되었고, 가족의 부담은 상대적으로 경감되었다. 향후 치매환자와 가족의 삶의 질이 더욱 높아지길 기대한다.

지구촌 청소년과 내가 할 일

이용교 편, 정민사, 2012.

필자는 2011년에 광주대학교에서 청소년복지론 수강생들에게 '지구촌 청소년과 내가 할 일'을 과제물로 부과하였다. 100여명의 대학생들이 쓴 글 중 39편을 선정하여 '지구촌 청소년과 내가 할 일'로 출판했다. 집필자들은 지구촌 청소년의 상황을 주로 인터넷으로 수집하고, 복지서비스를 기획하는 과정에서 페이스북, 트위터와 같은 사회적 관계망 서비스를 활용할 것을 강조했다. 대학생들은 지구촌 청소년을 위해 현금 기부부터, 학용품·책·비디오 등 물품제공, 한국어 학습지도, 직업훈련, 음식을 통한 교류, 태권도 지도, 도서관 건립까지 매우 다양하다. 선별될 글을 아시아 청소년, 다문화 청소년, 외국인 노동자, 아프리카 청소년, 남아메리카 청소년, 문화·교포 청소년으로 범주화하여 정리되었다.

제1장 아시아 청소년

코리안 드림을 꿈꾸는 필리핀 여성들을 위한 대안/ 박종효

인도네시아 어린이들을 위한 교육/ 김하연

베트남 청소년들을 위한 작은 관심/ 문미진

필리핀 스모키 마운틴의 아이들에게 웃음을/ 구수지

네팔 세르파족 청소년들이 전문 산악인이 되기까지/ 양주봉

헌옷을 아무 데나 버리지 말고 여기로 주세요/ 조형은

시계를 보는 것과 시간을 버는 것/ 이다희

장애 청소년의 자립을 위한 직업훈련학교/ 진정효

세종대왕과 자유의 여신상이 손을 잡다/ 박미선

베트남 빈민가정 자녀에게 교육을/ 정원

티베트 어린이들을 위한 찾아가는 도서관/ 최훈태

따뜻한 마음으로 코피노 껴안기/ 김지환

제2장 다문화 청소년/외국인 노동자

편견 없는 어울림을 꿈꾸며/ 김재영

한국과 인도 청소년, 대학생이 함께하는 꿈꾸는 삼각형/ 박성은

중도입국 이주청소년을 위한 대안학교/ 송현주

다문화 청소년을 위한 문화예술 활동/ 최복순

스마트폰을 이용한 다문화 소통공간 만들기/ 류경옥

다문화 청소년을 위한 한국 역사도서관/ 양나리

외국인 노동자가 자녀와 함께하는 여행/ 길선희

다문화가정 부적응 청소년을 위한 역량강화/ 김은미

외국인 노동자와 우리라는 이름으로/ 김일두

제3장 아프리카 청소년

에티오피아 신발 없는 아이들에게 신발을/ 윤아롱

잠비아에 생명의 단비를/ 전형준

세에라리온의 아이들의 희망 되찾기/ 이소영

오지 아이들을 위한 연필모으기 캠페인/ 조항원

십 원의 기부로 소말리아 소녀에게 값진 선물을/ 최수정

코트디부아르의 아이들에게 축구선수의 꿈을/ 차의진

말라위 청소년에게 '희망의 하모니'를/ 한미정

국제 사회복지사의 길

이용교 편저, 광주대학교 출판부, 2013.

한국국제협력단KOICA은 대학생을 위한 '국제개발협력 이해증진사업'을 수행하는데, 광주대학교는 2013년에 참여하였다. 광주대학교는 '국제개발협력과 국제복지'라는 과목을 개설하고, 국제복지 전문가들을 특강 교수진으로 위촉했다. 이들의 강의를 동영상으로 촬영하여 5만 명 카페 회원이 무상으로 볼 수 있도록 공유하였다. 강좌를 수강한 학생들은 이구동성으로 국제사회복지사의 꿈을 갖게 되었다고 말했다.

여름방학 중에는 수강생 중 일부(김하강, 김은지, 강규진, 고정남, 김아진, 박근열, 박세원, 변성준, 손조은, 이소영, 이신효, 임지훈)가 필리핀 케숀시티에 있는 실로암아카데미에서 국제복지활동을 하였다. 이들은 초등학생을 대상으로 영어와 타갈로그어를 섞어서 한글을 가르치고, 문화활동을 하면서 보디 랭기지로 마음을 나누었다.

필자는 강의를 요약하고 수강생의 소감을 정리하며, 국제복지를 학습하는 다양한 방법을 소개하고, 국제복지활동의 계획과 실천, 국제사회복지사의 미래를 담아 이 책을 출판하였다. 그중 매주 강의와 소감을 소개하면 다음과 같다.

한 학기는 15주 강의로 구성되었다. 필자가 국제개발협력과 국제복지, 국제개발협력의 역사를 강의하고, 이어서 전문가들과 필자가 강의하였다. 국제개발협력과 ODA(최재홍 국제개발협력연구원 선임연구원), 새천년개발목표(이용교 교수), 한국의 국제개발협력(최재홍), 국제사회문제-분쟁과 난민(이용교), 지구촌의 질병과 보건의료정책(윤장현 아시안브릿지 이사장), 지구촌의 빈곤과 빈곤대책(천정웅 대구가톨릭대 교수), 국제개발협력과 국제기구의 역할(이용성 무진종합사회복지관 관장), 국제사회문제와 국제복지(도승자 우송대 교수, 국제사회복지학회 회장), 이주노동과 노동문제(이철우 광주외국인노동자센터 대표), 결혼이주여성과 다문화복지(한신애 북구다문화가족지원센터 소장), 국제NGO생명누리의 국제복지(정호진 생명누리 대표), 국제개발협력과 국제엔지오활동가(이창호 남서울대 교수, 코피온 수석부총재), 국제개발협력의 이슈와 국제복지(이영철 광주대 교수)를 강의하였다. 강의한 내용을 수강생 중에서 박근열, 장아르미, 정유현, 신영, 김은희, 김슬기 등이 정리하여 책에 담았다.

이 책은 한국국제협력단을 통해 이해증진사업에 참여한 대학교에 배포되었다. 이 책은 언론에 널리 소개되었고, "어떻게 하면 국제사회복지사가 될 수 있을 것인가?"에 대한 구체적인 길을 제시한 것으로 평가받았다.

광주의 사회복지

이용교, 김희성, 전유선, 김재진, 류성봉, 심종훈, 강준원, 김선구, 송윤순, 최강님, 김용목, 김성윤, 채현숙, 한신애, 김동수, 황현철, 황복순, 박은영, 나금주, 광주대학교 출판부, 2014.

2004년 광주복지아카데미를 계기로 '광주사회복지론'이 출판된 지 10여 년이 지났기에 광주광역시사회복지사협회는 '광주의 사회복지'를 발간키로 하였다. 이 책은 광주 사회복지의 역사, 공공부조, 사회보험, 사회서비스를 균형 있게 다루고, 의료사회복지, 교육복지 등 새로운 영역을 소개하며, 사회복지의 전망을 담았다. 각 집필자는 해당 분야에 대한 개관, 광주의 복지실태와 문제점, 발전방안을 작성하였다.

이 책은 사회복지사를 위한 보수교육의 교재, 대학과 대학원의 교재나 부교재, 복지정책의 개발을 위한 지침서로 만들어졌다. 주요 내용과 집필자는 다음과 같다.

- 인권에 바탕을 둔 광주사회복지의 성찰/ 이용교(광주대 교수)
- 기초생활보장제도/ 김희성(한국기초생활보장상담사협회 상담실장)
- 긴급복지지원제도/ 전유선(남구 사회복지직 공무원)
- 자활사업/ 김재진(광산지역자활센터 센터장)

- 국민연금/ 유성봉(광주광역시사회복지협의회 사무처장)
- 건강보험/ 심종훈(건강보험공단 광양구례지사 장기요양센터장)
- 노인장기요양보험/ 강준원(전남대 교수)
- 산업재해보상보험/ 김성구(광산구사회복지협의회 회장)
- 고용보험/ 송윤순(한울복지재단 이사장)
- 아동복지/ 최강님(큰꿈지역아동센터 센터장)
- 장애인복지/ 김용목(실로암사람들 대표)
- 노인복지/ 김성윤(벧엘요양원 원장)
- 여성복지/ 채현숙(유쾌한가족과성상담소 소장)
- 다문화복지/ 한신애(북구다문화가족지원센터 소장)
- 지역복지/ 김동수(두암종합사회복지관 부장)
- 자원봉사/ 황현철(북구종합자원봉사센터 소장)
- 의료사회복지/ 황복순(화순전남대학교병원 팀장)
- 교육복지우선지원사업/ 박은영(문화초등학교 교육복지사)
- 사회복지사의 복지/ 나금주(참여자치21 사회복지위원장)
- 별첨. 사회복지사가 털어놓는 불편한 진실

세상을 바꾸는 사회복지사

이용교, 광주대학교 출판부, 2016.

필자가 2013년 3월부터 2016년 2월까지 3년간 광주광역시사회복지사협회 회장으로 활동한 것을 정리한 책이다. 사회복지사의 역량 강화를 위해 보수교육의 혁신, 특수교육의 기획, 인권에 기반한 사회복지실천, 복지역사의 학습, 정책개발을 통한 복지공동체의 구축, 시의회와 협력으로 조례제정, 시민을 위한 생애주기별 복지교육, 복지정책의 제안과 평가 등을 강조했다.

사회복지사의 처우개선과 지위향상을 위해 보건복지부 인건비 가이드라인을 준수할 수 있도록 조례를 제정하고 예산을 확보하며 사각지대 없이 고루 적용받도록 할 것을 역설하였다. 광주협회 회장으로 공약을 어떻게 이행하였는지를 소개하고, 이를 바탕으로 한국사회복지사협회의 발전방안을 제안하였다. 필자는 사회복지사는 개인, 집단, 가족, 지역사회를 변화시킬 뿐 아니라 행복한 사회를 만들기 위해 세상을 디자인하고 바꾸는 역할을 강조하였다. 사회복지사는 모든 시민을 위한 생애주기별 맞춤형 복지교육으로 시민 복지력을 높일 수 있다는 점을 명확히 하였다. 이 책이 행복한 대한민국을 열어가는 데 지침서가 되길 기대했다.

산티아고 가족여행

이용교, 안경순, 이승재, 이다울, 인간과복지, 2012.

이 책은 "순례자의 길"로 유명한 스페인 산티아고길 793km를 네 명 가족이 36일간 걸은 것을 기록한 책이다. 2011년 여름에 산티아고로 가족여행을 다녀와서, 2012년에 출판한 가족여행 기록이다. 아버지 이용교가 매일 쓴 순례기를 중심으로 하고, 아들 승재가 머리말을 쓰며, 딸 다울이 사진을 선별하여 설명하면서 소감을 쓰고, 어머니 안경순이 먹거리와 경비를 정리하여 책에 담았다.

2023년 1월 21일에 '알라딘'에서 '산티아고'로 검색된 책이 모두 512건인데, '산티아고 가족여행'으로 검색된 것은 1건- 바로 이 책이었다. 매년 산티아고를 다녀온 한국인이 수천 명에 이르지만, 온 가족이 간 경우는 그리 많지 않고, 가족여행기를 써서 책으로 낸 사례는 거의 없었기 때문이다.

여행 작가 김남희 님이 쓴 산티아고 여행기를 읽고, 산티아고 가족여행을 구상했고 2011년 여름에 대학교 4학년인 승재와 다울이와 함께 온 가족이 36일 동안 카미노를 걷고, 순례를 마친 다음에 스페인 비고와 포르투칼을 여행한 기록을 담았다. 네 사람은 역할을 분담하면서 협력하였다. 이용교는 '행복한 세상을 열어가는 사회복지사'로 오십을 넘기며 남은 생을 보다 의미 있게 살기 위한 성찰의 시간을 갖고자 여행을 기획하고 기록을 담당했다. 안경순은 산티아고 가는 길에서 가장 중요한 살림살이를 맡아 맛있는 음식을 만들고 제철 과일을 풍성하게 조달하며 가족의 건강을 담당했다. 승재는 가족여행에서 일정을 짜고 무거운 짐을 도맡아 짊어졌다. 다울은 가족여행에서 사진을 찍고 회계를 꼼꼼히 담당했다.

혹 가족여행을 꿈꾸는 사람에게 산티아고 가족여행을 권해보고 싶다. 매일 아침에 일어나서 걷고 쉬고 걷고 쉬고 목적지에 도착하여 점심을 먹고 쉬고, 저녁을 먹고 자고, 다음날 일어나서 걷고 쉬고 먹고 자는 생활을 한 달 이상 반복하면서 걷는 즐거움을 느끼고, 삶을 성찰할 수 있을 것이다.

한국청소년연구원·
한국청소년개발원·
한국청소년정책연구원
연구보고서

청소년 관련 문헌목록집 발간사업 보고서

최윤진, 이용교, 이춘화, 정태한, 김영미,
한국청소년연구원, 1989.

1989년 7월에 설립된 한국청소년연구원은 청소년 관련 문헌을 수집하고 이를 자료실에 보관하여 열람할 수 있도록 '청소년 관련 문헌목록집 발간사업'을 시도하였다.

연구진은 문헌을 어떻게 분류하는 것이 좋을지를 검토하였다. 공공도서관에서 널리 쓰이는 문헌목록집은 학문분야별로 분류되는데, 일본 총리부 청소년대책본부의 문헌목록 등은 청소년문제 일반, 청소년의 의식, 청소년의 건강과 신체, 청소년과 가정, 청소년과 학교, 청소년과 직장, 청소년과 여가, 청소년과 환경, 청소년의 비행, 청소년의 미래상, 해외의 청소년, 기타와 같이 분류되었다. 연구진은 다른 문헌 목록집과 호환성을 고려하여 한국십진분류법을 채택하여 사회학·사회문제(330)와 교육학으로 국한한 기존 목록의 한계를 넘어 청소년에 대한 다양한 문헌을 포괄할 수 있도록 하였다. 이 분류법에 따라 한국청소년연구원의 소장 문헌목록을 보고서로 발간하였다. 이 분류방식은 현재까지 유지되고 있다.

어른들은 청소년을 어떻게 생각하는가

한승희, 이용교, 이혜연, 맹영임, 한국청소년연구원, 1990.

한국청소년연구원은 1989년 7월 1일에 개원되었으나, 첫해에는 연구사업비가 적어서 본격적인 공동연구는 1990년부터 수행되었다. 1990년에 필자는 한승희 박사를 연구책임자로 하여 이혜연, 맹영임 연구원과 함께 '청소년 건전 성장을 위한 부모교육 프로그램 개발 연구'를 수행하였다. 연구팀은 부모교육 프로그램을 개발하기에 앞서 "어른들은 청소년을 어떻게 생각하는가?"라는 주제로 설문조사를 실시하고, 이를 바탕으로 보고서를 썼다. 흔히 어른들은 자신의 청소년기를 바탕으로 자녀인 청소년의 삶을 바라보는 경향이 있다. "개구리 올챙이 적 생각 못한다"는 속담이 있듯이, 어른은 자신의 청소년기를 잘 모를 뿐만 아니라, 현재 청소년이 자신의 청소년기와 다른 삶을 살고 있다는 것을 잘 모를 수 있다.

연구진은 청소년문제는 고정된 것이 아니라 상황적으로 규정될 수 있다는 점에서 '원인-결과'의 틀에서 보지 않고, 청소년이 경험하는 상황적 문제에 대한 이해와 통찰을 얻고자 하였다. 이 보고서는 전국에서 추출된 1,362명 부모에게 자녀의 일상생활을 얼마나 알고 있는지를 묻고, 청소년들의 주요 관심 문제(가정교육, 학습과 진로, 성과 이성교제, 문제행동, 정신건강)를 어떻게 생각하는가를 확인하여, 어른들이 풀어야 할 청소년문제를 밝혔다.

이 보고서는 요약되어 1991년에 한국청소년연구원의 학술지(계간)인 한국청소년연구 2권 2호(통권 제5호)에 게재되었다.

연구팀은 이 보고서와 별도로 '부모교육 프로그램 자료집' 5권을 개발하였다. 1권 부모의 권리 자녀의 권리, 2권 공부만이 제일인가, 3권 지금 댁의 아이는, 4권 문제아이 문제사회, 5권 부모의 높은 기대 자녀의 스트레스이었다. 이 책의 집필진은 차원재, 임정아(작가), 이춘재(가톨릭대 교수), 김남성(상담가), 홍영란, 이재광, 전풍자(인간교육실현학부모연대 대표), 이영식(중앙대 교수), 김정태(한국보건사회연구원 부원장), 기백석, 이명용(청소년상담연구소 소장), 이재우, 김형모(10대들의 쪽지 대표) 등이었다. 1994년에 인간과복지가 출판권을 수탁받아 이 책을 널리 보급하였다.

한국청소년기본계획

체육청소년부, 체육청소년부, 1991.

이 책은 체육청소년부가 한국청소년연구원의 지원을 받아서 수립한 최초 청소년정책 10개년 계획이었다. 체육청소년부는 1990년 12월 27일에 체육부에서 체육청소년부로 명칭이 바뀌면서 정부 부처에 '청소년'이 들어간 최초 부처이었기에, 청소년정책도 경제사회발전5개년계획처럼 정부 계획에 의해 뒷받침되길 원했다. 체육청소년부는 1991년 5월에 국무총리가 위원장인 청소년육성위원회에서 한국청소년기본계획을 심의·의결하도록 준비하였다. 체육청소년부 청소년정책조정실(실장 조영승)이 한국청소년연구원(원장 이윤구)과 합동 작업팀을 만들어 계획을 수립했다. 연구직원들은 각 영역별로 집필을 분담하였고, 청소년육성(실무)위원회의 심의를 앞두고 몇 사람은 청소년정책조정실에서 자주 회의를 갖고 수정·보완하였다.

기본계획의 목차는 총괄(기본방향, 목표, 기본방침), 청소년활동(수련거리, 수련터전, 청소년지도자, 청소년단체, 활동동기 부여), 청소년복지(사회환경의 개선, 어려운 청소년 지원), 청소년교류, 재정 확충·운영(재원규모, 사업별 사업규모 및 소요예산) 등으로 구성되었다.

필자는 기본계획을 집필하는 작업팀으로 목차를 구상하고 청소년복지 영역을 집필하였다. 체육청소년부가 처음 구상한 기본계획의 목차는 청소년수련활동을 위해 수련터전, 청소년지도자, 청소년단체, 수련거리 등을 역점적으로 다루고 청소년복지, 청소년교류를 간략히 언급하였다. 그런데, 초안이 발표되고 언론이 '청소년수련활동계획'이라고 비판하자, 필자는 목차를 청소년활동, 청소년복지, 청소년교류로 재분류할 것을 제안하였다. 청소년정책조정실장은 '청소년수련활동'을 위해 청소년시설의 확충, 청소년지도자의 양성과 배치, 청소년단체의 육성, 수련거리의 개발에 관심이 많았지만, 언론은 청소년복지, 청소년교류도 중요하게 인식했기에 필자의 제안대로 목차를 조정하였다.

필자는 사회환경 개선(청소년 관련 기초자료 정리, 가정·지역사회의 역할증진, 대중매체의 활용, 청소년 유해환경 정비)과 어려운 청소년 지원(수련활동 지원, 교육·직업훈련 지원, 비행예방·관리) 등을 중심으로 청소년복지를 집필하였다. 특히, 가출청소년을 위해 청소년쉼터를 제안하고 계획에 수록하였는데, 이는 1992년에 서울YMCA가 청소년쉼터를 개소할 수 있는 근거가 되었다.

1993년에 청소년업무가 체육청소년부에서 문화체육부로 이관되면서 청소년기본계획은 제1차 청소년육성 5개년계획(1993~1997)으로 대체되었다. 이후 주무 부처가 바뀌어도 청소년육성 5개년계획 혹은 청소년정책 기본계획은 계속 수립되어 제7차 청소년정책 기본계획(2023~2027년)이 시행되고 있다.

청소년 상담사업 활성화 방안 연구

최현, 이용교, 이춘화, 정병오, 한국청소년연구원, 1991.

필자는 1991년에 최현 박사 연구팀에서 이춘화, 정병오 연구원과 함께 '청소년 상담사업 활성화 방안 연구'를 수행하였다. 체육부는 체육청소년부로 명칭을 바꾸고 '한국청소년기본계획'(1991 ~2000)을 수립하고자 한국청소년연구원의 연구과제를 기본계획의 필요한 사안을 연구하도록 하였다. 우리 연구팀은 전국에 있는 청소년상담시설을 전수조사하고 주요 청소년상담기관을 방문하여 관계자를 면접하였다. 필자는 청소년육성위원회 전문위원실이 운영하는 청소년종합상담실, 국가 지원을 받아 광주와 대구에서 시범적으로 개설된 '청소년종합상담실'(최초 이름은 청소년종합지원센터)을 방문하고, 전국 최초로 시·군에 설치된 전북지역 청소년상담실 관계자를 면접 조사하였다. 이 연구는 한국청소년연구 3권 1호(통권 제8호)에 게재되었다.

연구 결과 청소년 상담사업을 활성화하기 위해 중앙에 한국청소년상담원을 두고, 시·도에 청소년종합상담실, 시·군·구에 청소년상담실을 설치할 것을 제안하였다. 상담실 직원은 청소년상담에 전문성을 갖춘 청소년상담사로 배치하고, 청소년상담사를 국가시험

합격자로 하는 방안을 제안하였다. 이러한 정책제안은 시간을 두고 이행되었다. 서울대 박성수 교수를 원장으로 하여 청소년대화의광장이 생겼고(1993년), 이곳이 한국청소년상담원으로 바뀌고(1999년), 2012년에 한국청소년상담복지개발원으로 발전되었다. 시·도청소년상담실과 시·군·구청소년상담실은 위기청소년에 대한 복지기능이 강화되면서 청소년상담복지센터로 이름이 바뀌었다.

필자는 이후 청소년상담의 발전에 다양한 방식으로 참여했다. 2000년 12월 15일에 한국청소년상담원(원장 이혜성)에서 '청소년상담사 자격제도 시행에 대한 공청회'를 할 때 사회복지학계의 대표(표갑수 회장이 초청되었지만, 필자가 참석)로 지정토론을 하면서 사회복지학과 졸업생이 응시할 수 있도록 하였다. 청소년지도사 국가자격이 1993년에 만들어지고(1991년, 1992년에 한국청소년연구원에서 연수를 받은 사람도 소급해서 받음) 2003년에야 청소년상담사도 국가자격증으로 시행되었다. 청소년상담사는 대학교(혹은 대학원)에서 청소년상담 관련 학과(청소년(지도)학·교육학·심리학·사회사업(복지)학·정신의학·아동(복지)학 분야 또는 그 밖의 상담 관련 분야)를 졸업한 사람은 시험에 응시할 수 있도록 하였다. 응시 기회는 넓히고 필기시험을 통해 합격하도록 제도화되었다. 필자는 청소년상담사의 필기시험 출제, 합격자에 대한 자격연수 등에도 참여하였다.

청소년의 대중매체 이용실태와 활용방안

최현, 이용교, 이춘화, 백옥현, 한국청소년연구원, 1991.

필자는 1991년에 최현 박사 연구팀에서 '청소년 상담사업 활성화 방안'과 함께 '청소년의 대중매체 이용실태와 활용방안'을 연구하였다. 선행연구는 청소년이 대중 매체를 접촉하는 시간이 길고, 대중매체는 청소년의 삶에 많은 영향을 주는데, "대중매체가 청소년의 성적 욕구와 공격 욕구를 촉발시킨다"는 것이 많았다. 즉, 청소년이 폭력적인 내용을 담은 텔레비전 프로그램이나 영화를 많이 보면 볼수록, 갈등 상황에서 폭력을 더 사용할 가능성이 높다는 것이다.

많은 연구에 따르면 1960년대 혹은 1970년대까지는 아동이 부모의 영향을 받았지만 청소년이 되면 부모의 영향은 점차 줄고 친구의 영향력이 커졌는데, 1980년대 이후에는 대중매체의 영향력이 매우 커졌다는 것을 우려했다. 대중매체도 신문이나 잡지와 같은 인쇄매체에서 라디오와 텔레비전으로 바뀌고, 텔레비전 프로그램은 교양보다 드라마와 오락이 많고, 광고의 영향력이 커졌기에 대중매체로부터 청소년을 보호해야 한다는 시각이 지배적이었다.

하지만, 대중매체는 청소년이 지구촌의 다양한 문화를 가장 저렴한 가격으로 접근할 수 있는 '세상으로 열린 창'이다. 대중매체의 부정적 측면을 강조하면 대중매체를 피하는 것이 상책이지만, 대중매체가 일상생활 속에 깊이 들어와 있기에 선용하는 것이 매우 중요하다. 필자는 청소년의 생활 속에서 대중매체의 영향을 피할 수 없기에 청소년의 대중매체 이용실태를 파악하고, 대중매체를 비판적으로 수용하는 능력을 키우며, 학교, 청소년단체, 교회와 같은 생활권에서 매체를 활용하는 능력을 키우자고 제안하였다. 즉, 텔레비전을 보지 말라고만 할 것이 아니라, 텔레비전 프로그램이 현실을 왜곡시킬 수도 있다는 점을 알려주고, 촬영기로 영상을 제작하여 널리 알리는 능력을 키우자는 것이다. 이 연구 결과는 청소년 미디어운동, 청소년 유해매체 감시운동의 지침서로 활용되기도 했다.

이 연구는 요약되어 한국청소년연구 1992년 겨울호인 3권 4호(통권 제11호)에 게재되었다.

역사연극활동

이용교, 이혜연, 한국청소년연구원, 1992.

1992년에 한국청소연구원에서 이혜연 연구원과 함께 청소년수련거리의 하나로 '역사연극활동'을 개발하였다. 당시 정부는 청소년수련활동을 장려하기 위해 청소년수련시설의 설치, 청소년단체의 육성, 청소년지도자의 양성과 배치, 청소년수련거리의 개발을 강조하였다. 당시 청소년수련거리는 청소년수련원이나 청소년야영장을 중심으로 이루어지는 야외활동이나 실내활동이 중심이었다. 야외활동은 오리엔티어링과 같은 활동이 많았고, 실내활동은 인간관계훈련이나 놀이활동으로 긴 연습이 필요한 활동은 아니었다. 그런데, 정부 고위 당국자는 외국에서 여름방학에 몇 주 동안 이루어지는 활동을 참고하여 개발하면 좋겠다고 제안하였다. 예컨대, 미국 청소년이 방학동안 국립공원에서 일정 시간을 봉사활동을 하고 나머지 시간에 역사연극, 문화탐방, 자연탐방 등을 하는데 우리도 그런 것을 개발하자는 것이다.

필자와 이혜연 연구원은 '역사연극활동'을 시범적으로 수행하고 그 과정을 기록으로 남기기로 했다. 청소년연극계에서 유명한 서울예술대학 한 교수를 만나 조언을 구했더니 연구비가 얼마

냐고 물어서 1천5백만 원이라고 말하자, "몇천만 원을 준다고 해도 시간이 없다"고 대답했다. 대신 학교극·청소년극연구회(회장 김흥우, 동국대 연극영화과 교수)를 소개했다. 이 연구회는 매년 방학때 청소년을 대상으로 연극 워크숍을 하는데, 하유상 고문이 열정적으로 지지하였다.

한국청소년연구원은 1992년 7월 22일부터 8월 23일까지 '청소년 여름 연극학교'을 개설하고, 하유상(희곡작가)·김흥우(동국대 교수)·홍유신(연출가) 씨 등 유명 연극인 10여 명의 지도를 받은 25명 수료생이 공연하였다. 하유상 작가가 '세종대왕'을 청소년용으로 고치고, 추천받은 고등학생들이 권재우 연출의 청소년 역사연극 '세종대왕'을 연습하여 8월 22일과 23일에 서울 대현동 청파소극장에서 하루 2차례씩 4회 공연을 1백여개 객석을 꽉 채워 공연하였다.

연구팀은 여름연극학교의 이론, 실기 내용과 수업 과정, 연극공연을 기록하여 책을 만들고, 연극을 비디오테이프로 제작하여 전국 청소년단체 등에 연극교육 교재로 배포하였다. 이 책의 요약본은 한국청소년연구 1993년 겨울호인 4권 4호(통권 제15호)에 수록되었다.

중앙일보 기자가 세종대왕 연극을 관람하고, '청소년 가치관 교육|실제 연극 통해 깨우친다'라는 기사(1992년 8월 26일)를 보도하였다. 이 기사는 역사연극을 비중있게 소개하고, 한국청소년연구원의 다른 수련거리 개빌도 소개했다.

청소년 가정지도의 실태와 지도방안에 관한 연구

최윤진, 이용교, 신선미, 한국청소년개발원, 1993.

1993년에 최윤진 박사를 연구책임자로 한 연구팀에서 신선미 연구원과 함께 '청소년 가정지도의 실태와 지도방안에 관한 연구'를 수행하였다. 모든 청소년이 성장과 발달에 필수적인 가치관, 행동양식, 지식 등을 최초로 습득하는 곳이 가정이다. 오늘날 사회변화와 가족의 구조와 기능이 바뀌면서 과거 가정이 가졌던 경제적 기능, 교육적 기능, 종교적 기능, 오락적 기능 등은 각각 직장, 학교, 교회, 매체 등으로 이전되고 있다.

이 연구는 부모용 교육자료인 '가정지도편람 II'를 개발하기에 앞서 청소년기 자녀지도와 관련해 제기되는 주요 내용과 지도요점을 찾는 기초연구이었다. 연구 질문은 가정에서 청소년지도가 제대로 이루어지고 있는가? 무슨 내용을 중심으로 어떻게 이루어지고 있는가? 청소년기 자녀지도의 과정에서 부모가 경험하는 문제와 딜레마는 무엇이며, 무엇을 요구하는가? 이러한 문제에 대해 전문가들은 어떤 대답을 주고 있는가? 등이었다.

문헌연구, 설문조사와 면접조사의 결과로 청소년지도를 위해 필요한 것은 인간관계지도, 생활습관지도, 성교육, 문제행동지도, 진로지도, 도덕성과 가치관 지도 등 6개 영역으로 나타났다. 각 영역별로 3~5개 주요 내용을 조사하였다. 예컨대, 인간관계지도의 주요 내용은 가정에서 부모의 역할, 의사결정에 자녀의 의견반영, 형제간 다툼에서 부모의 입장, 친구가 미친 영향 등이었다. 본조사에는 1,471명의 청소년과 1,418명의 학부모가 답변하였다.

연구 결과 청소년 가정지도의 문제점은 부모와 자녀 간의 입장 차이, 청소년이 원하는 정보를 제대로 교육받지 못함, 가정에서 청소년이 수행해야 할 책임의 면제 등이었다. 연구팀은 부모에게 요구되는 것을 크게 세 가지로 결론지었다. 첫째, 자녀와의 시각 차이를 극복하기 위한 자녀 이해의 증진이다. 부모의 잣대로 자녀를 판단하고 자신의 틀에 맞추도록 강요할 것이 아니라 자녀의 입장에 서서 이해하고 도울 수 있는 자세가 필요하다. 둘째, 자녀지도 능력을 함양해야 한다. 부모는 자녀의 성장 단계별로 자녀의 특성과 요구를 알고 이해하며, 관련 지식과 지도기법을 습득해야 한다. 부모는 항상 배우는 자세로 자녀의 성장과 함께 자신의 성장을 도모해야 한다. 셋째, 자녀교육관의 확립이 중요하다. 출세 지향적인 교육관은 경쟁심리와 이기심을 부추기고 삶에 필요한 협동심과 책임의식을 기르는 데 소홀할 수 있다. 부모는 자녀가 다양한 개성과 자질을 찾아 스스로 발전시켜나갈 수 있도록 도와주어야 할 것이다.

소년교정기관에서의 상과 벌

최윤진, 이용교, 한국청소년개발원, 1994.

청소년범죄나 비행에 대한 사회적 관심은 높지만 실제로 어떻게 대처하여 해결해야 할지에 대한 해법을 찾기는 쉽지 않다. 청소년의 비행은 자유의사보다는 비행을 유발하고 조장하는 환경적 영향을 훨씬 많이 받고 있으며 행동에 대한 주위의 반응 여부와 결과에 따라 끊임없이 변화하고 수정될 가능성이 높다.

최윤진 박사를 연구책임자로 하여 필자는 '소년교정기관에서의 상과 벌'을 공동으로 연구하였다. 연구팀은 소년교정기관에서 교정교화의 활동이 청소년의 반사회적이거나 바람직하지 못한 행동을 개선하는데 얼마나 성과를 거두고 있는지를 성찰하고 대안을 제시하고자 했다. 소년교정기관에서의 상과 벌이 주로 규율준수와 질서유지를 통해 원생들을 효율적으로 관리 감독하기 위한 수단으로만 주로 활용될 경우, 원생들이 가지고 있는 행동장애 성격의 파악과 상과 벌을 통한 행동수정의 노력이 미흡하게 되어 실질적인 교정 효과를 거두기 어렵게 되기 때문이다.

이 연구는 문헌분석, 소년원 등 기관방문과 관계자 면접조사, 설문조사 등에 의해 수행되었다. 연구진은 소년원을 방문하여 원생들에게 교과교육, 직업훈련, 생활지도 등을 실시하는 관계자들과 간담회를 통해 연구설계를 했다. 설문조사는 1994년 8월 18일부터 31일까지 11개 소년원에서 이루어졌다. 원생 1,108명(전체 원생의 49.9%), 교사 229명(전체 교사의 68.6%)에게 설문지를 배포하였고, 원생 1,061명과 교사 203명이 응답하였다. 조사 결과 소년원 원생이 가장 많이 받는 점수는 보호기간이었다. 소년원에 입소하여 날짜가 오래되면 거의 자동으로 점수가 올라갔다. 국가자격증을 취득하거나 검정고시에 합격하면 점수가 올라가지만, 원생이 선행을 하여 점수를 취득할 기회는 매우 희소하였다.

연구진은 결론적으로 다섯 가지를 제안하였다. 첫째, 포상과 칭찬의 기회가 부족하므로 상의 기회를 확대하고 그 유형을 다양화시켜야 한다. 둘째, 규정이나 관행상 문제점을 개선하기 위해 상과 벌의 공정성을 확보할 수 있는 구체적 방안을 모색한다. 셋째, 원생과 교사의 기대와 요구를 고려한 보다 효과적인 상과 벌의 프로그램과 방법이 개발되어야 한다. 넷째, 무엇이 좋은 행동이고 나쁜 행동인지에 관한 합리적인 관점이 정립되어야 한다. 다섯째, 상·벌 관련 제도와 여건을 개선해야 한다. 상벌이나 성적의 결과가 원생에게 행동 변화의 동기를 유발할 수 있도록 원생의 (가)퇴원 등 신상에 직접적인 영향을 줄 수 있는 제도적 개선이 필요하다. 또한 교사들의 집무축소와 업무부담의 경감을 통해 실질적 교육활동에 전념할 수 있는 풍토를 조성해야 한다.

한국 청소년의 세계화 수준

이용교, 구정화, 한국청소년개발원, 1995.

김영삼 대통령은 1996년 경제협력개발기구OECD에 가입을 앞두고 '세계화'를 강조하였다. 이에 필자와 구정화 박사는 '한국 청소년의 세계화 수준은 어떠한가?'를 연구하였다. 즉, 한국 청소년의 외국어 구사능력, 컴퓨터 등 정보화 능력은 어떤 수준이고, 외국의 문화를 비판적으로 수용하고 우리 문화를 외국에 전파할 수 있는 능력은 있는가? 등을 알고자 중고등학생에게 설문조사를 하였다.

한국 청소년은 외국어 구사, 컴퓨터의 활용 능력 등에서 꾸준히 성장하였지만 선진국에 비교하여 낮은 수준이었다. 외국 문화를 수용하는 것에 비교할 때 우리 전통을 익히고 이를 외국인에게 전파할 수 있는 능력은 취약한 것으로 나타났다. 연구진은 세계화 수준을 높이기 위해 국제간 인적 교류뿐 아니라 정보교류를 장려하는 체계적인 교육프로그램이 마련되어야 한다고 제안했다. 이 연구는 중앙일보에 연재되었고, 이를 계기로 체육청소년부는 1999년에 국제청소년센터를 건립하였다. 이 센터는 한국청소년단체협의회가 운영하고 있다.

제2차 청소년육성5개년계획 수립 연구(1998~2002)

한국청소년개발원, 한국청소년개발원, 1998.

필자가 참여한 '제2차 청소년육성5개년 계획'은 청소년정책의 비전을 "청소년이 '오늘의 사회 구성원'으로서 행복을 추구하며 스스로 생각하고 활동하는 주체적인 삶을 영위하도록 하고, 내일의 주역으로서 21세기 사회가 필요로 하는 인성과 자질을 함양하고, 건강한 정신과 체력을 가꾸어 건전하고 책임의식 있는 민주시민으로 성장해 나갈 수 있도록 함"으로 제시했다.

청소년정책의 목표는 "청소년의 삶의 질 향상과 건전한 민주시민의식 함양, 21세기 사회를 주도할 수 있는 자질과 능력 배양"이었다. 중점 추진과제는 "청소년의 권리보장과 자율적인 참여기회 확대, 청소년이 주체가 되는 문화·체육 중심의 수련활동 체제 구축, 국제화·정보화시대의 주도 능력배양, 청소년의 복지증진과 자립 지원, 가정과 지역사회의 역할 강화와 참여 혁신"이었다. 정책의 방향을 "성인 주도·정책 대상의 청소년"에서 "청소년 참여·정책 주체로의 청소년"으로 전환하였다. 이 기조로 1990년에 제정된 청소년헌장은 1998년 10월 25일에 '청소년의 권리 12개 조항, 청소년의 책임 7개 조항'으로 전면 개정되었다.

청소년 인권지표 개발 연구

길은배, 이용교, 김영지, 문화관광부·한국청소년개발원, 2001.

한국청소년개발원 길은배 책임연구원이 연구책임자로 하여 김영지 책임연구원과 함께 '청소년 인권지표 개발연구'를 수행하였다. 필자가 1996년에 '청소년인권 보고서'에서 청소년 인권지표를 개발하고 주기적으로 공표할 것을 제안하였는데, 5년 후 청소년 인권지표를 개발하였다. 강대근 유네스코한국위원회 사업본부장을 비롯한 23명 전문가의 의견을 듣고, 강순원 한신대 교수 등 7명의 자문을 받았으며, 9명이 집필진으로 참여하였다. 집필진은 구정화 교수(공주교대), 김영순 소장(충남청소년인권센터), 노혁 교수(나사렛대), 변용찬 연구원(한국보건사회연구원), 전도근 교사(화수고), 전명기 교수(영산원불교대), 정윤정 겸임교수(인천대), 천세영 교수(충남대), 최원기 책임연구원(한국청소년개발원)이었다.

이 연구는 청소년인권 실태와 변화양상을 파악하고 청소년인권 개선을 위한 국가 및 사회적 책임 이행 노력 정도와 인권정책 효과 평가를 위한 척도로 활용할 수 있는 청소년인권지표체계를 개발하고자 하였다. 이론적 고찰, 국내외 청소년인권지표 관련 사례 분석, 인권지표체계의 구비조건과 내용 분석, 청소년 인권지표의 체계적

활용과 인권신장 방안을 제안하였다.

연구진이 시안을 만들고 전문가 의견조사와 자문을 거쳐서 만들어진 청소년인권지표체계는 청소년 인구, 건강과 생존, 가족, 교육, 문화와 여가, 사회보장, 시민권과 자유, 사회적 약자 청소년권 등 8개 분야에 15개 대분류(관심영역), 36개 중분류, 142개 소분류(지표항목)으로 구성되었다. 예컨대, 시민권과 자유 분야는 종교의 자유, 의사 표현의 자유, 결사·집회의 자유, 사회참여와 참정권, 법적 보호, 정보접근권 등 6개 중분류로 나뉘고, 그중 의사 표현의 자유는 두발 및 복장 자율화 허용 비율: 교급별 등 4개 지표 항목으로 파악되었다.

연구진은 청소년 인권지표체계의 활용방안으로 정기적 측정과 발간, 관심영역별 집중연구를 통한 지표체계의 보완, 인권백서의 발간, 대표지표 선정을 통한 단계적·시범적 발간, 특정 청소년의 인권신장, 청소년인권 관련 정책의 개선과 개발, 인권교육에 도움이 되는 자료 발굴과 인권교육 개선, 국제비교 연구, 범국민적 인식 제고를 제안하였다. 또한 청소년 인권신장 방안으로 청소년인권위원회의 설치·운영, 청소년인권센터의 확대 설치·운영, 소외 청소년 대상의 인권신장 방안 강구, 학교 교육을 통한 인권교육의 체계적 실시, 가상공간에 청소년인권정보센터의 설치, 인권실태에 대한 지속적인 모니터링, 청소년인권교육 전문가 양성, 매스미디어를 통한 청소년인권운동 전개 등을 제안하였다. 이 책은 청소년인권연구의 지침서가 되었고, 국가인권위원회는 아동권리위원회를 설치하고 사무국에 아동청소년인권과를 신설하였다.

청소년이 세상을 바꾼다 I

- 청소년 자치활동길잡이[이론편]

김영지, 이용교, 안재희, 한국청소년개발원, 2001.

2001년에 한국청소년개발원 김영지 책임연구원이 연구책임자로 하여 안재희 연구원과 함께 '청소년이 세상을 바꾼다 I - 청소년 자치활동 길잡이[이론편]'과 [사례편] 2종을 개발하였다. 이 책은 청소년 권리 신장 정책프로그램 활성화 방안 연구의 일환으로 학계와 현장 전문가들이 집필하였다.

[이론편]의 구성과 집필자는 제1장 청소년 자치활동의 의의는 사회변화와 청소년참여, 청소년참여의 의의, 청소년권리의 이해(집필 김영지); 제2장 청소년 자치조직의 구성과 운영은 청소년 자치활동과 학생 자치활동, 청소년 자치조직의 구성과 활동 단계, 자치조직의 운영, 사업계획서 작성 방법(김민 주성대 교수); 제3장 지역사회의 청소년자원과 활용은 지방자치단체, 지방의회, 청소년단체와 수련시설, 학교와 교육행정기관, 기타 지역사회 기관(이용교); 제4장 자치활동 능력과 사회기술은 회의 진행법, 문제해결 방법, 사회행동의 기술, 갈등 해결 방법(안재희) 등으로 구성되었다. 부록으로 청소년 육성 분야의 자원이 소개되었다.

청소년이 세상을 바꾼다Ⅱ

- 청소년 자치활동 길잡이[사례편]

김영지, 이용교, 안재희, 한국청소년개발원, 2001.

2001년에 한국청소년개발원 김영지 책임연구원이 연구책임자로 하여 안재희 연구원과 함께 '청소년이 세상을 바꾼다 Ⅱ - 청소년 자치활동 길잡이[사례편]'과 [이론편] 2종을 개발하였다. 이 책은 청소년 관련 학계와 현장 전문가들이 청소년 자치활동에 도움을 주는 다양한 정보와 자료들을 집필하였다.

[사례편]의 주요 내용과 집필자는 세상을 바꾸는 첫걸음: 청소년자치조직(집필 김순이 한국청년연합회 사무국장, 변길섭 '내일'청소년생활문화마당 문화부장), 우리 동네에서 신나는 문화축제를 벌려보자!(심한기 '품'청소년문화공동체 대표), 거리에서 펼쳐지는 청소년 한마당-명동청소년거리축제(김태황 청소년문화교류센터'미지' 프로그램팀장), 틀을 깨는 청소년활동: "대학을 이용하자"(김병내 성공회 청소년문화공간'깨다' 수장), 학교 안과 밖에서 펼쳐지는 신나는 청소년활동(안승문 장승중 교사), 희망의 미래를 일구는 '청소년참여활동'(안승문)이었다. 부록으로 왜 청소년 참여활동인가?, 청소년 참여활동을 위한 몇 가지 프로그램을 담았다.

청소년육성5개년계획 수립 연구(2003~2007)

이광호 외, 한국청소년개발원, 2002.

문화관광부 장관이 발주한 '청소년육성5개년 계획 수립 연구'를 한국청소년개발원이 수주하였다. 한국청소년개발원 이광호 실장이 연구책임을 맡고, 청소년개발원의 길은배, 맹영임, 최원기 박사, 김민 주성대 교수, 김혁진 즐거운학교 전문위원, 심한기 품 청소년문화공동체 대표, 이용교 광주대 교수, 이창호 한국청소년상담원 실장, 전성민 한국유네스코위원회 청소년팀장이 공동연구진으로 참여하고, 장여옥 경기대 대학원생이 연구보조원으로 일했다.

이 계획은 '도전하는 청소년, 꿈이 있는 사회'를 비전으로, 청소년 권리 신장 및 자발적 참여 기반 구축, 주5일제 대비 창의적 청소년활동 여건 조성, 취약계층 청소년복지 지원 강화, 청소년건강 보호 및 유해환경 정화, 추진체제 정비 및 범국민적 참여 확산을 5대 정책과제로 제안하였다. 그중 필자는 전성민 팀장과 함께 청소년권익 보장, 자율참여, 청소년복지, 자립지원, 소외청소년, 동아리활동, 청소년활동 등을 집필하였다. 이 계획은 정부의 청소년정책의 준거가 되었다.

청소년인권센터 운영실태 및 활성화 방안 연구

김영지, 이용교, 김세진, 한국청소년개발원, 2003.

이 연구는 청소년인권센터의 운영 현황과 실태를 파악하여 청소년인권 전담 기구로서의 역할을 모색하고, 이를 확대하고 활성화할 수 있는 구체적인 방안을 모색하기 위한 것이었다. 당시 운영중인 충남, 광주, 부산, 경기도 군포시, 울산, 익산시 청소년인권센터는 청소년단체나 청소년상담실 등 민간단체가 운영하는 경우가 대부분이었다.

이 연구는 청소년인권센터의 활성화를 위해 정부가 인력과 재정지원, 청소년의 인권 프로그램에 참여 확대, 청소년인권 전문지도자의 양성, 청소년 인권 관련 자료의 개발·보급, 청소년 인권침해 사례의 접수와 처리 과정에서의 권한 부여, 관련 기관과의 네트워크 등을 제도적으로 뒷받침할 것을 제안하였다.

제3차 청소년육성 기본계획(2003~2007)은 청소년인권센터 운영을 청소년 권리 신장을 위한 제도 정비 분야 핵심 추진과제의 하나로 설정하였기에 이 연구 결과는 잘 활용되었다. 하지만, 2008년에 집권한 이명박 정부는 인권센터에 지원을 축소하거나 중단시켰다.

청소년 인권정책 기본계획

김경준, 이춘화, 최창욱, 이용교, 한국청소년개발원, 2005.

국무총리 청소년위원회(위원장 최영희)의 요청으로 한국청소년개발원(원장 배규환) 김경준 박사 연구팀이 '청소년 인권정책 기본계획'을 연구하였다. 공동연구진은 한국청소년개발원 이춘화 연구위원, 최창욱 연구위원, 이용교 광주대 교수이었다.

연구팀은 2005년 12월 6일에 서울YWCA강당에서 공청회를 개최하고 각계의 의견을 수렴하였다. 한국 청소년인권 실태 및 정책 현황을 분석하고 유엔아동권리위원회에서 한국정부에 권고한 사항을 참고하여 청소년인권정책의 목표와 방향, 주요 정책과제와 세부 정책과제를 제시하였다. 이용교 교수, 김진 청소년참여위원회 위원장, 김형주 국회의원, 김경준 연구위원이 발표하고, 이승미 아·태국제이해교육원 연구개발팀장, 백성균 21세기청소년공동체 희망 학생권익신장위원회 위원장, 조아미 명지대 교수, 정건희 군산청소년인권센터 부장, 이재연 숙명여대 교수가 토론하였다. 이 계획은 청소년위원회가 청소년인권을 증진하기 위한 정책을 실행하는데 근거자료가 되었다.

청소년 복지정책 현황과 개선방안 연구

김경준, 최인재, 조흥식, 이용교, 이상균, 정익중, 최금해,
한국청소년개발원, 2005.

필자는 한국청소년개발원 김경준 박사가 연구책임자로 수행한 '청소년복지정책 현황과 개선방안 연구'를 수행하였다. 공동연구원은 최인재 박사(한국청소년개발원), 조흥식 교수(서울대), 이용교 교수(광주대), 이상균 교수(가톨릭대), 정익중 교수(덕성여대), 최금해(한국청소년개발원)이었다.

이 연구의 목적은 청소년 대상별 복지정책의 방향을 설정하고, 청소년 유형별 정책대안을 마련하는 것이었다. 연구내용은 청소년 복지정책의 개념과 범위 설정, 국내·외 청소년 복지정책의 현황 분석, 청소년 대상 유형별 복지정책 현황 분석, 청소년 복지정책 개선을 위한 대안 제시 등이었다.

청소년 생존권 현황과 지표개발

이용교, 천정웅, 안경순, 한국청소년개발원, 2006.

2006년에 한국청소년개발원의 '국제기준대비 한국 청소년의 인권수준 실태연구 Ⅰ'에 참여하였다. 이는 '청소년인권지표개발'에 역점을 두고, 청소년의 생존권, 보호권, 발달권, 참여권, 청소년인권 인프라와 같은 5개 범주별로 개발하였다. 필자와 천정웅 대구가톨릭대 교수, 안경순 한국복지교육원 연구위원은 생존권지표를 개발하였다.

생존권지표는 크게 고유의 생명권, 신체적 생존권, 질적 생존권 등 3개 영역에 15개 세부 관심 영역, 36개 개별지표를 제시하였다. 고유의 생명권은 출생, 생명, 사망으로 세분되고, 신체적 생존권은 수명, 빈곤, 질병, 영양, 신체 충실도, 건강, 치료, 안전, 사고로 세분되며, 질적 생존권은 자살, 가족, 사회보장으로 나뉘었다. 예컨대, 고유의 생명권의 개별지표는 15~19세 여성 청소년 1000명당 출산율, 청소년 인공 임신중절율, 청소년타살률, 청소년사망률로 구성되었다. 이 연구는 2007년 '국제기준대비 청소년인권실태조사 Ⅱ'로 이어져, 각 지표별 국제 비교를 통해 한국 청소년의 생존권 상황을 살펴볼 수 있었다.

국제기준대비 청소년 인권실태 조사연구Ⅱ

- 청소년인권 영역별 실태 분석

이용교, 박창남, 이중섭, 한국청소년정책연구원, 2007.

2007년에 한국청소년정책연구원의 '국제기준대비 청소년 인권실태 조사연구Ⅱ- 청소년인권 영역별 실태 분석'에 참여하였다. 이 연구는 2006년 한국청소년정책연구원의 '국제기준대비 한국 청소년의 인권수준 실태연구Ⅰ'에 이은 것이었다. 2006년에는 청소년인권지표를 개발하고, 2007년에는 국제기준으로 널리 활용되는 지표를 선별하여 청소년의 인권실태를 조사하였다.

이 책에는 청소년 생존권, 노동권, 참여권 분야에 대한 연구가 수록되었다. 필자는 청소년 생존권 현황을 분석하고, 박창남 나사렛대 교수는 청소년 노동권을, 이중섭 참여자치21 팀장은 청소년 참여권(빈곤 청소년의 사회적 배제 현황과 대책)을 집필하였다. 필자는 전년도에 개발한 36개 생존권 개별지표 중에서 국제비교가 가능한 21개 지표를 선택하여 일곱 가지 세부 관심 영역별로 지표의 의미, 관련 통계, 관련 정책과 대안 모색 순으로 정리하였다. 그 내용의 일부는 필자가 쓴 '청소년생존권연구'(2008)에 수록되었다.

지방자치단체 청소년복지정책 비교 및 발전방안 연구

이혜연, 서정아, 김영호, 이용교, 한국청소년정책연구원, 2008.

2008년에 한국청소년정책연구원 이혜연 연구위원이 연구책임자로 한 '지방자치단체 청소년복지정책 비교 및 발전방안 연구'를 수행하였다. 연구진은 서정아 연구위원(한국청소년정책연구원), 김영호 교수(백석대), 이용교 교수(광주대)이었다. 이 연구의 목적은 기초 지방자치단체의 아동·청소년복지정책에 대한 비교연구를 통해 실태를 파악하고 문제점을 보완하여 각 지역사회의 규모와 특성(농·산·어촌, 중소도시, 특별·광역시 자치구)이 반영된 지방자치단체의 아동·청소년복지정책 발전방안을 제시하는 것이었다.

한국의 지방자치제도는 1991년 지방의회 구성에 이어 1995년 지방자치단체의 장을 선거함으로써 30여 년 만에 지방자치제가 부활되었다. 시·군 통합으로 대표되는 도농통합형 행정구역조정방식이 채택되었으며 세계적인 추세(영국, 독일, 일본)와 같이 광역자치단체(시·도), 기초자치단체(시·군·구), 하급행정기관으로 이루어진 중층제를 이루고 있다.

한국의 아동·청소년복지정책 추진체계는 2008년 보건복지가족부로 아동·청소년 관련 중앙정부 부처 통합이 이루어지면서 청소년복지정책과 아동복지정책 업무가 '아동·청소년복지정책실'로 통합되어 운영된다. 지방자치단체의 아동·청소년 업무는 부서 간에 지나친 다양성으로 유기적 업무추진에 한계 및 혼란이 예상된다. 한 부서에서 아동·청소년 업무를 모두 하는 경우 사회복지과가 32.0%로 가장 많고, 가정복지과 18.0%, 주민복지과 9.5%, 주민생활지원과 8.8% 순이었다. 청소년복지 업무를 별도로 수행하는 부서는 사회복지과와 체육청소년과가 각각 15.3%로 가장 많았으며 문화체육과 11.8%, 문화관광과 9.4% 순이었다.

본 연구는 군단위 농·산·어촌, 중·소도시, 특별·광역시 자치구별로 아동·청소년복지정책의 발전방안을 제안하고, 종합적으로 아동·청소년복지정책을 다룰 전달체계 혁신, 인력의 전문화와 장기근속 제도화, 지속 가능한 사업개발, 예산을 충분하고 안정적으로 확보할 것을 제안하였다.

위기가정 아동·청소년의 문제와 복지지원방안 연구: 빈곤한 한부모 가정·조손가정의 아동·청소년을 중심으로

이혜연, 이용교, 이향란, 윤혜정, 한국청소년정책연구원, 2009.

2009년에 한국청소년정책연구원 이혜연 선임연구위원을 연구책임자로 하여 이향란 한국아동정책연구소 소장, 윤혜정 한국청소년정책연구원 연구보조원과 함께 '위기가정 아동·청소년의 문제와 복지지원 방안 연구'를 수행하였다. 2008년에 세계 금융위기를 맞이하여 빈곤한 모자가정, 부자가정, 조손가정 아동·청소년의 현황과 문제, 욕구 등에 관한 종합적인 실태분석과 이들의 바람직한 성장과 발달을 통해 우리 사회의 인적 역량을 극대화할 수 있는 복지지원 방안을 도출하고자 했다.

연구진은 문헌 연구를 통해 관련 개념 정의, 이론 정립, 위기가정 아동·청소년의 현황과 복지정책을 파악하고, 위기가정 아동·청소년과 현장 전문가 대상 설문조사를 하였다. 문헌 연구와 인터넷 자료조사를 통해 영국, 미국, 일본의 위기가정 아동·청소년 관련 지원정책 사례를 선정·분석하고, 전문가 자문회의와 워크숍을 통해 위기가정 아동·청소년의 복지지원방안을 도출하였다.

연구진은 위기가정 아동·청소년에 지원방안을 다음과 같이 제시하였다. 한부모가족의 범위에 대한 개념을 바꾸고, 한부모가족 아동양육비를 증액하며, 빈곤의 악순환을 끊기 위해 교육비의 지원을 획기적으로 늘리고, 국민기초생활보장제도의 보충급여 방식을 개혁해야 한다. 한부모가족 중 차별받아온 부자가정을 위한 지원이 우선 이루어지고, 부자가정을 위한 복지시설이 확충되어야 한다. 미혼모의 발생을 예방하고 미혼부모를 조기에 돕는 거점기관을 활성화하며, 양육비조서를 실질적으로 이행할 수 있도록 양육비 확보대책을 세워야 한다. 저소득 한부모가정이 자립할 수 있도록 '자립계좌'를 지원하고, 자활 중심의 복지정책을 강화하며, 홈메이커 서비스를 제도화해야 한다. 위기가정 아동·청소년을 위한 멘토링을 제도화하고, 특성과 욕구를 반영한 적절한 서비스를 지역사회에서 제공하도록 전달체계를 확립해야 한다. 지역아동센터를 보다 확대하고 지원을 현실화하며. 청소년을 대상으로 한 진로·취업 정책을 개발하며, 조손가정을 위한 전담 주치의, 방문 간호사, 간병인 파견제도를 실시해야 한다.

위기가정의 유형이 다양하고, 한부모가족에서도 다양한 유형이 있으며, 개별 아동·청소년에 따라 상황이 다르기에 욕구와 문제에 맞는 복지서비스를 개발하고 적기에 전달하는 것이 과제이다. 이 연구는 빈곤한 한부모 가정·조손가정의 아동·청소년을 중심으로 이루어졌고, 정책 제안은 이후 정부의 관련 정책에 많이 반영되었다.

지역사회중심 청소년공부방 운영 활성화 방안 연구

이유진, 김영지, 김진호, 이용교, 조아미, 이상희,
한국청소년정책연구원, 2011.

2011년에 한국청소년정책연구원 이유진 선임연구위원을 연구책임자로 하여 김영지 연구위원, 김진호 방송대 교수, 조아미 명지대 교수, 이상희 정책연구원 연구보조원과 함께 '지역사회중심 청소년공부방 운영 활성화 방안 연구'를 수행하였다. 이 연구는 1989년부터 정부지원이 시작되었던 청소년공부방사업이 2011년부터 지방자치단체로 이관되고 중앙정부 예산에 반영되지 않음으로써 지속 가능성 검토가 필요하다는 문제의식에서 출발하였다. 청소년공부방의 운영실태를 파악해 문제점을 도출하고, 유사한 청소년지원사업들과의 중복성과 차별성을 분석하며, 이 사업의 가치와 한계를 진단하여 지역사회를 중심으로 활성화 방안을 제안하고자 하였다.

본 연구진은 청소년공부방에 대한 전수조사(302개소)를 하고, 그중 우수 공부방을 사례조사(5개소)를 하며, 종사자(302명)와 이용 청소년(1,264명)에게 설문조사를 했다. 조사 결과 많은 공부방은 열악한 상황이었지만, 농산어촌이나 도시 저소득층 거주 지역의 경우 유일한 학습·문화·정보 공간으로 기능하였다. 공부방 담당자 대부분은 학습공간 제공과 학습지원 기능 중심인 현재 상태로 시설유지를 바라고, 국고지원 중단이나 예산삭감의 철회를 요구하며, 조례제정 필요성을 제기하였다.

시설 전환을 할 경우 선호도는 청소년방과후아카데미 30.7%, 청소년문화의집 25.2%, 지역아동센터 24.9% 순으로 나타났다. 따라서 청소년공부방을 그대로 유지하기 어려운 경우에는 국고지원이 가능한 시설로 전환하거나 청소년공부방의 기능을 재정립하는 방안 등을 고려해야 한다.

연구진은 다음과 같은 신속한 정책적 판단과 과감한 지원이 필요하다고 제안하였다. 첫째, 모든 시·도는 시·군·구의 협조를 받아서 기존 청소년공부방에 대해서 지역아동센터, 청소년방과후아카데미, 작은 도서관 등 유사 시설로의 전환 혹은 유지 방안에 대한 일제 조사를 실시해 금년 내로 시설 신고 등 필요한 행정적 절차를 밟아야 한다. 둘째, 여성가족부는 보건복지부와 협조하여 청소년공부방이 지역아동센터로 전환할 경우에 즉시 지방자치단체에 신고하도록 하고, 2012년부터 기존 지역아동센터와 동일한 지원을 받을 수 있도록 예산을 확보해야 한다. 셋째, 여성가족부는 청소년공부방을 유사한 기능을 가진 사업으로 전환하도록 유도하되, 서울특별시처럼 자체 예산으로 운영할 경우에 학습지원과 문화체험활동의 기회를 제공하는 '청소년자율학습센터'나 '지역청소년센터'(가칭)와 같은 새 사업으로 정책화시켜야 할 것이다.

청소년이 행복한 마을 지표개발 및 조성방안 연구 I : 총괄보고서

장근영, 이혜연, 배상률, 성은모, 이용교, 홍승애, 김균희, 한국청소년정책연구원, 2013.

2013년에 장근영 연구위원이 연구책임자로 수행한 '청소년이 행복한 마을 지표개발 및 조성방안 연구 I: 총괄보고서'와 'I: 기초통계분석보고서'에 참여하였다. 총괄보고서는 서론, 이론적 배경, 청소년이 행복한 마을지표의 구성, 청소년 행복지표 조사결과, 청소년이 행복한 마을 지표 시·도별 분석 결과, 16개 시·도 청소년 정책 시행계획 분석 결과, 국제교류협력, 정책 제언으로 구성되었다.

이 연구는 우리나라 청소년들의 정신건강과 삶의 질 향상을 위해 필요한 정책 수립의 과학적 기반을 제공하기 위해서 수행되었다. 이를 위해 '청소년이 행복한 마을지표' 초안을 구성했다. 본 지표는 개인적 영역, 가정·학교·지역사회 영역, 제도영역으로 나누어 청소년의 삶의 질과 행복을 결정하는 요인들을 축약했다.

본 지표에 기초해 16개 시·도의 청소년(중·고등학생), 교사, 학부모, 공무원을 대상으로 주관적 지표 조사를 실시하고, 행정통계자료를 수집하여 당시 한국 청소년들의 삶의 질과 행복 실태를 측정하였다. 조사 결과, 지난 1개월 간 자주 혹은 매일 행복감을 느꼈다는 응답은 중학생 중 49.6%, 고등학생 중 38.6%에 그쳤다. 청소년들의 행복에 가장 큰 영향을 미치는 개인적 변인은 경제적 요소와 학업성적이고, 지역사회 환경 요인의 상대적 영향력은 부모님과의 관계, 동네와 학교에서의 따돌림 경험, 거주환경의 위생수준과 안전수준, 지역사회의 문화행사와 환경개선 활동 참여, 학교에서의 아동권리 교육과 매체를 통한 의견표현 가능성이었다.

학부모에 대한 표적집단면접조사 결과, 어머니의 불안감은 자녀에게 공부에 대한 요구와 기대로 표출되면서 부모-자녀관계를 악화시키는 악순환을 야기하고 있었다. 다만 출생순위가 후순위나 딸인 경우 성공과 미래에 대한 기대와 압박이 덜한 경향을 보였다. 본 지표를 16개 시·도별로 비교한 결과, 부산과 인천·제주 지역의 지표들이 우수했으며, 울산과 경북, 전북이 부정적이었다. 지표 평가 결과와 해당 지역 청소년들의 삶의 질은 전반적으로 일치하는 양상을 보여 본 지표의 타당성을 지지했다.

이 보고서는 청소년이 행복한 마을 지표를 개발하고, 그 지표에 근거하여 청소년, 교사, 학부모, 공무원 등이 주관적으로 느끼는 행복도를 조사하며, 마을 지표를 16개 시·도별로 분석하여 정책 제언을 했다는 점에서 의미가 컸다.

청소년이 행복한 마을 지표개발 및 조성방안 연구 I : 기초통계분석보고서

장근영, 이혜연, 배상률, 성은모, 이용교, 홍승애, 김균희,
한국청소년정책연구원, 2013.

2013년에 장근영 연구위원이 연구책임자로 수행한 '청소년이 행복한 마을 지표개발 및 조성방안 연구 I: 총괄보고서'와 'I: 기초통계분석보고서'에 참여하였다. 본 연구의 목적은 청소년 삶의 질을 결정하는 주요 변인들 특히 지역사회와 환경 변인을 중심으로 청소년이 행복한 마을지표를 개발하고, 16개 시·도를 대상으로 본 지표를 측정하여 한국사회의 청소년 삶의 질 현황과 문제점을 확인하고 이의 개선방안을 제시하기 위한 것이었다. 이는 10년간의 연속과제로 추진될 예정이다.

기초통계분석보고서는 조사개요(조사대상 및 절차, 표본설계, 조사내용), 인구학적 특성별 지표분석(주관적 안녕감, 심리적 안녕감, 자아존중감, 자아탄력성, 삶의 목적), 환경지표 비교(생존 영역, 관계 영역, 성장 영역), 마을 지표 시·도별 분석 결과(주관적 정서, 경제적 웰빙, 건강·보건, 안전·보호, 관계, 교육, 놀이 및 여가, 참여 영역) 등을 담았다.

청소년 관련 연구보고서

근로자종합복지관의 프로그램에 대한 평가연구

김영모, 이용교,
한국청소년연맹 부설 한국청소년연구소, 1986.

필자는 1986년 8월에 중앙대학교 대학원에서 사회복지학을 전공하여 문학석사를 취득하였다. 그해 6월부터 지도교수인 김영모 소장이 운영하는 사단법인 한국복지정책연구소에서 연구원으로 상근하였다. 이곳에서 '근로자종합복지관의 프로그램에 대한 평가연구'를 보조연구원으로 수행하였다.

구로공단에서 다리를 건너 광명시 하안동에 있는 근로자종합복지관의 프로그램을 평가하고 발전방안을 제안하였다. 필자는 복지관의 '근로청소년지도자연수'에 참가하여 참여관찰을 하고, 복지관 이용 청소년에게 설문조사를 하였다. 복지관의 주요 사업은 주중에는 공장새마을운동과 연계된 청소년지도자연수가 중심이었고, 저녁에는 취미생활로 할 수 있는 각종 문화프로그램이 있었고, 주말에는 댄스파티 등이 인기가 높았다. 필자는 연구를 요약하여 한국복지정책연구소가 발행하는 사회정책연구 제9집에 "근로자종합복지관의 프로그램에 대한 평가"로 수록하였다.

이 기관은 개관한 1982년에 한국청소년연맹 부설 한국청소년연구소에서 김영모 교수 등이 '공단근로청소년운동에 관한 실태조사'를 바탕으로 처음 프로그램을 설계했다. 개관 5년을 맞이하여 복지관은 사회변화와 이용자의 욕구를 조사하고 이에 상응하는 프로그램을 개발하고자 하였다. 복지관은 전국 공단에 있는 근로청소년회관이면서 근로청소년용 임대아파트를 운영하였고(1986년부터), 혼수용품 등을 염가로 파는 판매점도 운영했다. 구로공단에 있는 근로청소년을 위한 기관이었기에 경기도에 소재했지만, 서울특별시가 재정을 지원하고 한국청소년연맹이 수탁운영하였다.

이 연구사업을 계기로 필자는 1992년에 한국청소년연맹이 '서울특별시 근로자종합복지관 10년사'를 만들 때, "지역사회센터로서의 근로자종합복지관의 운영과 발전방안"을 연구하였다. 즉, 1982년 복지관의 개관 시에는 김영모 교수가 연구보고서를 작성하고, 5년 평가사업은 김영모 교수가 연구책임자를 맡고 필자가 보조연구원으로 참여하였는데, 10년사에는 필자가 발전방안을 제안하였다. 10년이면 강산도 변한다고 하는데, 필자가 한 기관을 10년간 지켜보면서 연구한 흥미로운 사례이었다.

* 김영모 외, 공단근로청소년운동에 관한 실태조사, 한국청소년연맹 부설 한국청소년연구소, 1982.
* 이용교, "지역사회센터로서의 근로자종합복지관의 운영과 발전방안", 서울특별시근로자종합복지관 10년사, 한국청소년연맹, 1992.

청소년 종합실태조사 1998-2000

이용교, 정영해, 김은정, 김순흥, 이용환, 최준영, 양철호, 조지현, 김병욱, 광주사회조사연구소, 2001.

필자는 광주대학교 사회복지학부 김순흥 교수가 소장인 광주사회조사연구소가 기획한 각종 조사연구에 참여하였다. 이 연구소는 "청소년문제를 해결하기 위해 오늘의 청소년들에 대해 근본적으로 이해해야 한다"는 취지로 1998년부터 2년마다 "우리 청소년들이 어떻게 살고 있는지"를 조사해서 자료집을 냈다.

종합실태조사의 내용에는 누구와 노는지, 학교와 집에서 부딪치는 문제는 무엇인지, 친구와 부모와 선생님과는 어떤 문제가 있는지 등 그들의 일상생활을 알 수 있는 자료를 제공하였다. 조사 결과는 청소년들이 살아가고 있는 모습을 다양하게 측정해 놓은 자료이기에 현장지도의 지표로 사용되고, 각종 연구의 기초자료로 활용될 수 있다.

'청소년 종합실태조사 1998-2000'는 조사방법(조사설계, 응답자의 사회인구학적 특성), 청소년의 생활환경(가정생활, 학교생활, 신체적 특성과 식생활, 정보화), 봉사 및 여가활동(사회봉사활동, 여가 및 문화활동), 일탈행위와 학교폭력(청소년 일탈행위, 학교폭력), 청소년의 사회심리(이성교제 및 고민, 가치관, 통일관, 지역감정 및 지역정체성, 역사적 사건), 부록(설문지)으로 구성되었다.

연구진은 김순흥 소장과 가까운 이용교 교수, 정영해 동신대 교수, 김은정 아주대 교수, 김순흥 교수, 이용환 전남대 교수, 최준영 광주대 교수, 양철호 동신대 교수, 조지현 동 연구소 주임연구원, 김병욱 전남대 교수이었다. 이 연구소는 여러 차례 청소년 종합실태조사를 실시하였다. 어떤 해에는 전라남도교육청의 지원으로 전남과 광주 지역 청소년을 조사하고, 어떤 해에는 광주광역시교육청의 지원을 받아 광주를 포함하여 전국 청소년을 조사하였기에 조사비는 예산서보다 많이 들었다.

또한, 필자는 광주사회조사연구소에서 한국사회조사연구소로 이름이 바뀐 후 '서울 청소년의 삶과 의식구조'(2004)를 연구하였다. 청소년에 대한 종합적인 실태조사가 별로 없는 상황에서 광주사회조사연구소(후에 한국사회조사연구소)의 연구보고서는 중요한 자료를 제공했다.

한국사회조사연구소는 사회발전을 위해 각종 자료를 수집하고 분석하여 정책을 제시하기 위해 1994년에 설립되었다. 이 연구소는 매년 학술지 사회연구를 발간하고, 사회연구 학술상(삼복학술상) 등을 수여하였다. 김순흥 소장이 광주대를 퇴임한 후 연구사업이 다소 위축된 듯하다.

빛고을청소년문화존사업

이용교, 박경희, 한국복지교육원, 2004.

문화관광부는 '2004 청소년문화존 사업계획'을 수립하고, 지역적, 역사적, 문화적 의미가 있는 요소들을 네트워킹하여, 청소년들에게 폭넓은 문화체험의 기회를 확대하고, 이를 통한 감수성과 창의성을 개발하여 청소년문화복지서비스의 질을 향상하며, 청소년들이 쉽게 접근할 수 있는 체험형 복합문화공간을 조성하고자 지원하였다.

광주광역시는 빛고을청소년문화존사업 4억 원을 확보하여, 4월부터 시청소년수련원과 5개 청소년수련관을 연계하여, 과학존, 복합존, 영상존 사업을 지원하였다. 시는 이 사업의 활성화를 위하여 시와 시교육청, 청소년교육전문가와 6개의 사업 관련 기관장을 중심으로 한 운영위원회를 구성하였다. 사업 전반에 걸친 실행의 적절성과 비전을 제시하기 위한 평가연구를 한국복지교육원에 의뢰하였다. 필자는 연구비 1천만 원으로 박경희 연구원과 함께 연구하였다.

문화관광부는 인천광역시가 호프집 화재사건을 계기로 청소년에게 문화활동을 할 계기를 상시적으로 제공하고자 시도했고, 좋은

성과를 거두어서 다른 지역에도 확산시키고자 했다. 주5일근무제에 대비하며, 모든 청소년이 문화복지 서비스를 받을 수 있도록, 여러 청소년단체와 수련시설이 연합하여 수행하는 지역 최대의 연중 사업이다.

본 연구는 현장조사, 문헌·자료조사, 설문조사, 인터뷰 등으로 수행되었다. 현장조사는 광주대학교 대학생 몇 명이 모니터요원으로 매주 주말에 활동하였고, 각 문화존 담당자들이 행사의 계획과 진행 상황을 카페 청소년문화공동체에 게시하였다. 문헌·자료조사는 6개 기관이 시청에 보고한 활동보고 자료를 분석하여 사업의 실태와 문제점 그리고 개선방안을 찾는 것이었다. 참여한 청소년에게 설문조사를 하여 청소년의 문화, 여가문화, 문화존사업에 참여정도, 문화존사업을 통해서 얻는 것, 개선해야 할 점 등을 수집하였다. 참가 청소년과 청소년지도자에 대한 인터뷰를 시도한 결과 청소년 문화존 사업은 성공적으로 수행되었다.

필자는 시 청소년문화존 담당 공무원의 제안으로 이 연구사업을 한국복지교육원의 이름으로 하기 위해 광주세무서에 사업자 등록을 하였다. 세무서에서 사업자 등록을 하겠다고 하니, 담당자가 "사무실"이 있느냐고 해서 학교 연구실밖에 없다고 했다. "집"은 누구 이름으로 등기되었느냐고 해서 "내 이름"이라고 했더니 집 주소로 등록하도록 안내했다. 2000년 1월 1일에 창설된 한국복지교육원의 사업자 등록일이 2004년 4월 7일인 연유이다.

빛고을청소년문화존사업

이용교, 박경희, 한국복지교육원, 2005.

2004년에 이어서 2005년도 빛고을청소년문화존의 평가연구를 수행했다. 지난해와 달리 청소년수련관을 벗어나서 청소년단체와 문화예술단체까지 확대되었다. 이 사업은 주5일제 수업과 연계한 청소년들의 문화·예술·체육활동 등 현장 체험학습 프로그램의 육성발전, 시 교육청 등 학교현장과의 상호협력체제 강화를 통해 참여율 제고, 실현 가능한 우수프로그램을 대상으로 일부 공모 선정, 단체별 특성과 여건에 적합한 프로그램으로 운영하되 전문지도자 확보, 체험을 병행·사업효과를 극대화하고자 하였다.

이 사업은 6개 수련시설 및 5개 청소년단체가 참가하여 총 4억원(국·시비 각 50%)의 예산으로 지원된다. 시 체육청소년과 청소년육성담당이 중심이 되어 청소년수련관과 공모사업에 지원 신청한 단체들이 사업을 수행한다. 총 14개 세부 사업으로 민족정신문화체험(2개), 복합문화체험(5개), 지구촌문화체험(2개), 청소년문화광장 및 전통문화체험(5개), 운영비·홍보비·평가비(모니터단) 등으로 사업비가 나누어진다.

필자는 청소년문화존사업을 모니터링하여 다음과 같이 발전방안을 제안하였다. 첫째, 청소년문화존의 문제점을 개선하고 발전시키기 위해 운영위원회·시 청소년육성담당자·문화존사업 운영기관 책임자 간의 허심탄회한 논의가 필요하다. 둘째, 청소년문화존 사업은 계획한 횟수를 대체로 수행하지만, 간혹 학교의 학사일정과 날씨(장마로 야외활동 취소)로 인해 충실도가 떨어진 몇 개 프로그램은 향후 활성화 방안을 찾아야 한다. 셋째, 전국적으로 모범사례의 실무책임자를 초청하여 사례발표를 듣고, 실행 인력의 역량을 키운다. 실무자들이 자신의 사례를 발표하는 워크숍을 진행하고, 우수사례와 실패의 경험담을 서로 나눈다. 넷째, 프로그램에 대한 청소년의 인지도를 높이기 위해 청소년 실무자의 노력이 더욱 요청된다. 현재 프로그램은 학부모가 보기에는 정서함양과 문화활동을 하는데 더없이 좋아 보일 수 있지만, 청소년의 눈으로 볼 때 진정한 놀이공간인지에 대한 성찰이 필요하다. 다섯째, 이 사업에 대한 교육청과 학교의 관심과 협력이 절실하다. 향후 학교에서 방과 후 특기적성 프로그램을 직접 운영하게 된다면 청소년수련관과 청소년단체의 프로그램은 크게 위축될 것이다. 학생들이 청소년문화존 등에 적극 참여할 수 있도록 장려하는 교육청과 학교의 협조가 절실하다. 교육청이 청소년문화존사업을 일선 학교에 널리 안내하고 학생들의 참가를 보다 장려해야 한다.

가출청소년 및 청소년쉼터 실태조사

이용교, 남미애, 안경순,
국가청소년위원회·한국청소년쉼터협의회, 2006.

필자는 미국 학자가 쓴 '가출청소년연구'를 1991년에 번역·출판하였다. 서울YMCA가 주최한 '가출청소년 어디로 가나?'란 세미나에서 가출청소년을 위해 청소년쉼터의 개설을 제안하고, 이를 한국청소년기본계획(1991-2000)에 반영시켰다. 이를 계기로 1992년에 서울YMCA 청소년쉼터의 개설, 1997년 외환위기 전후에 많이 설립된 청소년쉼터의 협의기구인 한국청소년쉼터협의회의 발족 등에 관여하였다.

2005년에는 청소년위원회의 용역인 '청소년보호시설 설치 및 운영기준 마련을 위한 연구'를 연구책임자로 수행하였다(이용교 외, 청소년쉼터, 광주대학교 출판부, 2006.로 발간). 청소년위원회는 국가청소년위원회로 이름이 바뀌고, 2006년에 한국청소년쉼터협의회에 사업비를 지원하였는데 필자는 '가출청소년 및 청소년쉼터 실태조사'를 수행하였다. 이 연구는 청소년쉼터 직원의 역량 강화와 다양한 쉼터의 유형을 발전방안으로 제안하였다. 제안된 사항은 시간이 지난 후 대부분 구현되었다.

빛고을국제청소년센터 건립방안

이용교, 정민기, 광주광역시, 2007.

2007년에 광주광역시의 요청으로 '빛고을국제청소년센터 건립방안'을 정민기 한국복지교육원 연구원과 함께 연구했다. 광주광역시는 호남권에서 연중 대규모 축제(광주비엔날레, 광주디자인비엔날레, 임방울국악제, 광주김치대축제, 충장로축제 등)가 열리고, 주5일 근무로 여행하는 청소년이 증가하는데 도심에 적절한 숙소가 없다는 점에 착안하여 광주학생독립운동기념관 이전으로 남은 건물(터)을 활용하여 국제청소년센터를 건립하고자 했다.

이 센터는 도심에 수련시설 확충과 함께 광주를 찾는 외지 청소년을 위한 교육+교류+유희+숙박기능을 겸한 청소년전용시설로 구상되었다. 필자는 국제청소년센터 드림텔, 서울올림픽파크텔, 부산유스호스텔 아르피나 등을 사례연구하여 기존 광주학생독립운동기념관 건물과 터에 센터의 설립방안을 제시하였다. 시는 그 자리에 국제청소년센터 대신 국비를 지원받아 '청소년삶디자인센터'를 설립하였다.

21세기 백년대계 인재육성 사업계획

이용교, 이중섭, 정민기, 영광군, 2008.

전라남도 영광군은 청소년의 사회적 욕구를 수용하고, 농어촌지역에서 교육과 문화 때문에 발생하는 인구 유출을 방지하기 위해 인재육성 사업계획을 수립하고자 했다. 필자는 영광군의 연구용역을 수탁하여 이중섭 광주대 외래교수, 정민기 한국복지교육원 선임연구원과 함께 '21세기 백년대계 인재육성 사업계획(2008 ~2012)'을 수립하였다.

연구진은 문헌연구, 중고등학생과 학부모·교사에 대한 설문조사, 교원·공무원·민간단체 지도자 등에 대한 면접조사를 실시하였다. 발전방안으로 인재육성기금의 확충과 활용, 명문고 육성, 외국어 능력 함양, 특기적성의 함양, 지속 가능한 인재육성사업을 제시하였다. 한국수력원자력(주) 한빛원자력이 매년 발전소 주변지원사업비 등을 지원하기에 영광군의 인재육성사업비는 다른 시·군보다 여유가 있다. 영광군이 사업계획을 잘 수행하여 훌륭한 인재를 육성하길 기대한다.

1318 Happy Zone 운영실태와 발전방향 연구

이용교, 안경순, 정민기, 이은경, 홍석준, 이태희,
1318 Happy Zone사업단·한국복지교육원, 2008.

필자는 2006년에 부스러기사랑나눔회 1318 Happy Zone사업단의 자문위원으로 위촉받아 '1318 해피존 운영실태와 발전방향 연구'를 수행하였다. 1318 해피존은 청소년의 생활발달주기에 맞는 공간과 프로그램 지원을 통하여 청소년의 자아정체성 형성을 돕고, 자립적인 사회인으로 살아갈 수 있도록 지원하는 지역아동센터이다.

1318 해피존은 정부-기업-NGO가 공동 협력하여 운영하는 새로운 거버넌스 접근을 시도하였다. SK가 사업비를 지원하고 부스러기사랑나눔회가 1318 해피존사업단을 만들어 참여할 지역아동센터를 선정하여 사업을 진행하고, 정부가 행정적으로 지원하였다. 한국복지교육원이 2006년부터 해피존 사업을 모니터링하여 사업의 성과를 평가하고 발전방안을 제안하였다. 연구진은 문헌연구를 하고, 15개 해피존 이용 청소년과 직원에게 설문조사 등을 하였다. 청소년은 일주일에 5일 이상, 하루 3시간 이상 해피존을 이용하였다. 프로그램에 대한 청소년의 만족도는 안전과 급식이 가장 높고, 그 다음은 문화지원, 학습지원, 지역네트워크, 지역특화 프로그램, 정

보지원 등의 순이었다.

이 보고서는 서론, 청소년을 위한 통합적 지원, 해피존의 조직, 1318세대의 생활환경과 발달특성, 해피존의 프로그램, 연계협력, 발전방향, 결론으로 구성되었다. 해피존의 발전방향은 크게 세 가지로 제안되었다. 첫째, 사업단은 개별 해피존을 지원할 뿐만 아니라 해피존 간 교류협력을 위해 '1318 해피존 협력위원회'(그 안에 도시형팀과 농산어촌형팀)를 두면 좋겠다. 사업단은 해피존 시설장과 직원의 역량 강화를 위한 교육훈련 등에 좀 더 역점을 두어야 한다. 둘째, 개별 해피존은 프로그램의 혁신, 후원자와 자원봉사자의 개발, 프로포절을 통한 자원개발, 부모(혹은 보호자)교육, 사례관리를 강화해야 한다. 셋째, 해피존이 청소년 전용 지역아동센터로 발전할 수 있도록 아동복지법을 개정해야 한다.

필자가 사업단으로부터 공모에 참여한 지역아동센터를 심사해달라는 전화를 받고, "청을 하나 들어주면, 가겠다"고 말했더니, "와서 말씀하세요"라고 응답했다. 심사할 때 필자가 염두해둔 센터가 농산어촌형에서 최고 점수를 받았기에 청을 할 필요가 없었다. 박경희 센터장이 전남 곡성에서 운영한 '웃음만땅'은 농산어촌형의 모범적인 사례가 되었다. 광주에서 정민기 센터장이 운영하는 '인디고아이들'도 선정되어 영상활동 등으로 주목을 받았다. 두 사람은 한국복지교육원의 초창기 연구원이었고, 연구진 중 이은경 팀장만 사업단 소속이고 나머지는 한국복지교육원의 연구직원들이다. 이 연구에서 제안된 것은 대부분 이행되었다.

1318세대 전용 지역아동센터 1318 Happy Zone 도시형과 농산어촌형 비교 및 발전방안 연구

이용교, 안경순, 이호연, 홍석준, 이수철,
1318 Happy Zone사업단·한국복지교육원, 2008.

1318 해피존사업단의 의뢰를 받아 '1318 해피존 도시형과 농산어촌형 비교 및 발전방안 연구'를 하였다. 해피존은 29개소이고, 그중 도시형이 20개소, 농산어촌형이 9개소이었다.

문헌연구를 바탕으로 8개 해피존 센터장에게 심층 인터뷰를 하고, 모든 해피존의 센터장과 직원을 대상으로 설문조사를 실시하였다. 각 센터에는 센터장을 포함 직원이 3~4명이고, 센터장은 8할이 여성이며, 대부분 사회복지사이었다. 센터장과 직원의 급여는 다른 지역아동센터와 유사했다. 연구진은 1318 해피존이 청소년 전용 지역아동센터로 발전하도록 다음과 같이 제안하였다. 청소년 전용 센터에 대한 지원기준을 마련하고, 근로조건을 개선하며, 전문 자원봉사자를 발굴하고 관리해야 한다. 해피존은 수요자의 욕구에 맞는 프로그램을 개발하고, 지역사회에서 자원을 개발하고 활용해야 한다. 청소년 전용 지역아동센터 혹은 지역청소년센터를 아동복지법에 규정하는 것이 중요하다.

기획포럼을 통한

아동청소년권리정책 개발

이용교, 천정웅, 이중섭, 보건복지부, 2009.

이명박 정부 초기에 보건복지부에서 바뀐 보건복지가족부는 기존 아동정책에 청소년정책을 잘 통합하고자 '기획포럼을 통한 아동청소년 권리정책 개발'을 구상하였다. 이 사업을 광주대학교 산학협력단이 수탁받아, 필자가 연구책임자로 천정웅 교수(대구가톨릭대)와 이중섭 연구위원(산업관계연구원)이 공동으로 수행하였다. 한국복지교육원은 다음 카페에 '시민과 함께 꿈꾸는 복지공동체'를 운영하였기에 각계의 여론을 수렴하여 아동청소년 권리정책을 모색할 수 있었다.

연구진은 사이버 포럼과 기획포럼을 통해 정책 초안을 만들고, 자문위원 검토와 연구 간담회를 통해 다듬었다. 유엔아동권리협약을 고찰하고, 협약의 이행상황을 분석한 후 협약 이행을 위해 기존 권리정책을 재검토하고 새 권리정책도 개발하고자 하였다. 아동·청소년권리정책 과제는 공적 전달체계, 사적 전달체계, 권리교육연구를 포함하여 '아젠다 21'로 확정되었다.

그중 공적 전달체계 관련 정책은 아동·청소년정책위원회의 내실 있는 운영과 아동·청소년정책 제도개선위원회의 구성, 아동·청소년권리 모니터링센터의 설치와 운영, 아동·청소년 권리정책 강화를 위한 로드맵 설정, 보건복지가족부의 아동·청소년권리 관련 부처간 조정과 협력 기능 강화, 아동·청소년권리 관련 법체계의 정비, 아동·청소년권리 거버넌스 형성과 생활밀착형 홍보방안 수립, 시·도와 시·군·구에 아동·청소년 전담부서 설치와 전담공무원 배치, 아동·청소년의 정책참여 기회의 확대와 제반 여건 정비, 아동·청소년 정책 서비스 전달체계에 대한 혁신 등이었다.

사적 전달체계 관련 정책은 아동·청소년권리사업을 담당하는 민간단체의 체계적 육성, 아동·청소년 권리 관련 기관·단체·시설 운영지원과 관리체계 마련, 권리옹호를 위한 사회공헌의 전략적 연계, 권리의식 강화를 위한 지역사회 네트워크 구축 지원, 학생의 인권이 제대로 보장되는 초·중·고등학교 만들기, 가정에서의 아동·청소년 발달환경 조성, 장애 아동·청소년 인권기준 마련, 특별 보호와 지원이 필요한 아동·청소년의 권리증진을 위한 대책 강구 등이었다.

권리교육 연구 관련 정책은 아동·청소년권리교육의 대상별 체계화, 아동·청소년 권리 옹호를 위한 지도자의 체계적 양성과 강사 파견, 아동·청소년 권리의식 강화와 인프라 구축 모형에 관한 기초 연구과제 지원, 권리증진을 위한 프로그램 개발 등이었다.

보건복지가족부는 광주광역시 등에 청소년인권센터를 시범적으로 개설하는 등 아동·청소년 권리정책을 새롭게 시행하였지만, 이명박 정부는 정부 조직을 다시 개편하여 청소년정책을 여성가족부로 이관하면서 보건복지부로 환원되었다. 여성가족부에서 청소년정책은 우선순위에서 밀리는 경향이 있었다.

광주 학교 밖 청소년 실태조사 보고서

민인철·이용교, 광주발전연구원, 2011.

학교 밖 청소년이 사회적 이슈가 되자 광주광역시의회 강은미 시의원이 중심이 되어 청소년계와 논의하여 '광주광역시 학교 밖 청소년의 보호 및 교육지원 조례'(2011년)를 제정하였다. 광주광역시는 시청소년문화의집에 '학교 밖 청소년지원센터'를 설치하고, 이들을 위한 학습과 문화활동을 지원하였다.

시는 '광주 학교 밖 청소년 실태조사'를 광주발전연구원에 연구용역을 맡겼고, 연구책임자인 민인철 박사가 필자를 공동연구원으로 추천하였다. 이 연구는 학교 밖 청소년이 어떻게 살고 어떤 욕구와 문제를 가지고 있는 지를 조사하고, 지원센터가 어떤 사업을 수행하면 좋을지를 제안하였다. 연구 결과는 관련 사업에 반영되었고, 광주광역시 조례의 주요 내용은 '학교 밖 청소년지원에 관한 법률'(2014년)로 제정되었다. 많은 조례는 법률에 근거하여 만들어지는데, 학교 밖 청소년지원에 관한 법률은 광주광역시 조례에서 촉발되어 제정되었다는 점에서 그 의미가 크다.

각계 명사들이 말하는 나의 아버지

김대중, 이회창, 황필호, 엄정행 외 127인 지음,
변달수 엮음, 문학사상사, 2000.

변달수 기자는 "이 책은 세계일보에 '각계 인사가 회고하는 나의 아버지'라는 제목으로 사회 각 분야에서 성공한 삶을 살았다고 인정을 받아 온 분들이 연재한 것"이라고 밝혔다. 필자들은 김대중 등 문화계, 학계, 경제계, 정계 등 전 분야를 망라한 131명이었다.

필자는 "아버지에게 어떤 가르침을 받아왔으며, 청소년기를 어떻게 살아왔는지 회고담 등"을 의뢰받고, "아버지로서 할 수 있는 최선의 일은 스스로 그렇게 살아가는 것을 아이들에게 본을 보이는 것이라고 생각한다"고 썼다. 아버지는 일제강점기에 소학교를 다녔고, 한국전쟁기에 강원도 철원에서 군복무를 하였으며, 평생 농사를 지었다. 일제강점기에는 '쑥밭'을 만들어 보릿고개를 넘겼고, 공출을 피하려 고구마를 더 심고 염소를 키워 가족의 생계를 이끌었다. 결혼 후 작약을 키워 논밭을 샀고 일흔을 앞두고도 나무를 심었다. 아버지로부터 "자기가 하기 싫은 일을 남에게 시키지 말라"는 '기소불욕 물시어인己所不欲 勿施於人'의 삶의 철학을 배웠다.

지역복지+
복지행정 관련
연구보고서

거창 종합사회복지관의 기본계획 및 사업개발을 위한 조사연구

김영모, 김종길, 이용교, 거창군, 1989.

경남 거창군의 의뢰를 받아 한국복지정책연구소가 '거창 종합사회복지관의 기본계획 및 사업개발을 위한 조사연구'를 수행하였고, 필자는 김영모 소장의 지도를 받아 김종길 북부종합사회복지관 관장과 함께 연구하였다.

연구진은 거창읍과 11개면 85,616명 주민을 위해 욕구와 자원을 조사하였고, 거창읍과 인접 지역주민이 이용할 수 있는 7개 사업 26개 단위사업을 제안하였다. 보고서는 서론, 거창군의 구조적 특성(인구구조, 생활권), 지역주민의 생활상태와 욕구 및 문제(생활상태와 욕구, 지역사회문제와 가족문제), 지역사회의 자원(소득, 교육, 보건, 주택, 문화자원), 종합사회복지관의 프로그램 개발(사업개요, 소득, 교육, 보건, 여가, 상담, 시설제공, 자원활용 프로그램, 프로그램의 개발), 거창종합사회복지관의 기본계획(규모, 인력, 운영주체, 프로그램, 시설설비, 재정), 결론으로 구성되었다. 이 보고서를 바탕으로 1992년에 건립된 종합사회복지관은 문화교실, 재가복지, 이동복지관 등 다양한 프로그램을 운영하였다.

생명의전화 종합사회복지관의 프로그램 개발을 위한 조사연구

한국복지정책연구소, 생명의전화 종합사회복지관, 1989.

이 보고서는 생명의전화 종합사회복지관의 의뢰로 한국복지정책연구소가 연구하였고, 필자는 연구원으로 참여하였다. 당시에는 연구비가 1천만 미만이면 연구책임자의 지도를 받아 연구원이 보고서 초안을 작성하였다. 필자는 하월곡동(현 월곡동)에 있는 복지관에서 자료수집을 하고, 복지관 이용주민에게 설문조사를 하여 보고서 초안을 작성하였다.

보고서는 서론, 지역사회의 기본구조(지리적 여건, 인구와 가구, 산업과 직업, 지역사회의 문제, 지역사회의 자원), 지역주민의 생활상태와 욕구(소득수준, 교육수준, 보건상태, 주택조건), 종합사회복지관 프로그램의 평가와 개선(프로그램의 개요, 상담, 직업 및 부업, 보건, 탁아, 교육, 청소년지도, 지역복지 프로그램), 종합사회복지관의 프로그램 개발(욕구변화에 따른 프로그램, 소외집단을 위한 프로그램, 가용자원을 활용한 프로그램, 대상확대를 위한 프로그램, 교회자원을 활용한 프로그램, 홍보를 위한 프로그램), 결론으로 구성되었다. 이 연구를 통해 생명의전화 종합사회복지관은 더욱 발전하였다.

자영인에 대한 연금갹출료 부과기준에 관한 조사연구

김영모 외, 한국복지정책연구소, 1988.

보건사회부의 용역사업을 한국복지정책연구소 김영모 소장이 책임을 맡아 수행했다. 공동연구자는 정병수 성균관대 교수, 차흥봉 한림대 교수, 원석조 원광대 교수이고, 보조연구원은 이용교, 김연명, 이정욱 연구원이었다.

1988년 1월부터 10인 이상 사업장 노동자는 국민연금의 당연적용대상자이었고, 10인 미만 사업장 노동자와 도시 자영인 그리고 농어민은 임의적용대상자이었다. 1988년 4월 임의가입자는 5,051명에 불과했기에 정부는 도시 자영인과 농어민에게 보험료를 합리적으로 부과하는 방안을 연구하고자 했다.

이 보고서는 자영인의 사회적 성격을 논의하고, 외국 자영인 연금제도의 재원조달과 한국에서 자영인 의료보험의 재원조달을 검토한 후 자영인의 소득구조를 분석하고 연금 갹출료 부과모형을 개발하였다. 자영인의 소득에 대한 조세 당국(국세청 등)의 자료가 실제보다 낮기에 추정 소득에 갹출료를 부과하고, 저소득자가 많은 농어민은 정부의 재정지원이 필요하다고 결론지었다. 이후 정부는 1995년 7월에 농어민 연금, 1999년 4월에 도시 자영인 연금을 제도화시켰다.

제1기

광주광역시남구지역사회복지계획

함철호 외, 남구청, 2005.

2003년 7월 30일에 시행된 사회복지사업법 제15조의 3에 따라서, 시장·군수·구청장은 지역주민 등 이해관계인의 의견을 들은 후 지역사회복지협의체의 심의를 거쳐 해당 시·군·구의 지역사회복지계획을 수립하고 이를 시·도지사에게 제출하여야 한다.

이 법 제15조의4는 지역사회복지계획에는 복지 수요의 측정 및 전망, 사회복지시설 및 재가복지의 장기·단기 공급대책, 인력·조직 및 재정 등 복지자원의 조달 및 관리, 사회복지 전달체계, 사회복지서비스 및 보건의료서비스의 연계 제공 방안, 지역사회복지에 관련된 통계의 수집 및 정리, 사회복지시설에 종사하는 사람의 처우개선, 그 밖에 대통령령으로 정하는 사항 등이 담겨야 한다.

모든 시·군·구와 시·도가 지역사회복지계획을 수립해야 했기에 대부분 계획 수립을 연구용역으로 발주하였고, 사회복지학을 전공한 대학교수들이 연구사업을 수탁하였다. 광주·전남에서는 광주대 이영철 교수와 함철호 교수가 복지계획을 많이 수립하였다. 필자는 함철호 교수가 연구책임자로 수행한 '제1기 광주광역시남구지역사회복지계획'(2005)의 공동연구자로 아동복지와 청소년복지 영역을 집필하였다.

함철호 교수는 남구지역사회복지협의체 대표협의체 민간위원장이고 구청장은 공공위원장이었기에 이 계획을 복지행정에 반영시켰다. 매년 연도별 시행계획을 수립할 때 전년도 사업에 대한 평가를 반영하여 작성하였기에 세부 사업의 명목상 이행율은 높았다. 하지만, 사회보장급여는 대부분 본인(혹은 가족)이 신청할 때 수급자로 선정될 수 있고, 당사자가 사회보장급여를 알아야 신청할 수 있는데, 다수 시민은 가구 소득인정액이란 낱말조차 잘 모른다. 가구 소득인정액은 모든 가구원의 소득평가액에 재산의 소득환산액을 합친 금액이고, 소득평가액은 근로소득에 사업소득, 재산소득, 이전소득을 합친 후 공제소득을 뺀 것이다. 재산의 소득환산액은 일반재산(그중 주거용 재산은 별도), 금융재산, 승용차 등으로 나뉘고, 재산 유형마다 소득환산 계산식이 다르다. 지역사회복지계획이 잘 이행되기 위해서는 시민에 대한 복지교육을 체계적으로 실시해 시민 각자가 사회보장급여를 이용할 수 있는 능력을 키워야 할 것이다.

2015년 7월 1일부터 '사회보장급여의 이용·제공 및 수급권자 발굴에 관한 법률'이 시행되면서 지역사회복지계획은 지역사회보장계획으로, 지역사회복지협의체는 지역사회보장협의체로 바뀌었다. 1기 지역사회복지계획(2005-2010), 2기 계획(2011-2014), 3기 계획(2015-2018), 4기 지역사회보장계획(2019-2022), 5기 계획(2023-2026)이 수립되었다.

광주·전남 혁신도시와 연계를 통한 광주광역시 남구의 지속가능발전 비전과 전략

김병완 외, 광주광역시 남구, 2006.

광주광역시 남구가 발주한 '광주·전남 혁신도시와 연계를 통한 광주광역시 남구의 지속가능발전 비전과 전략'의 용역을 광주대학교 김병완 교수가 연구책임자로 수행했다. 남구는 광주·전남 공동혁신도시(빛가람)와 연계한 발전계획을 세우고자 했다.

이 보고서는 연구의 배경과 개요, 지속가능발전의 이론과 사례, 광주 남구의 현황과 개발수요 및 잠재력 분석, 관련 계획 검토, 남구의 지속가능발전 비전과 전략, 광주전남 혁신도시 연계 발전방안, 지속가능발전 추진체계와 평가체계로 구성되었다. 공동 연구진은 박진석 조선대 교수, 김종헌 전남대 교수, 임형택 광주대 교수, 이용교 광주대 교수, 김항집 광주대 교수, 박진 광주대 교수, 장치근 광주대 교수, 서민호 전남대 강사이었다. 필자는 남구 발전을 위한 5대 분야(경제, 교육, 복지, 문화, 생태) 중 복지분야의 비전과 목표, 발전전략, 지속가능한 정책과제를 집필하였다. 이 보고서를 바탕으로 혁신도시와 가까운 남구 대촌지역에 에너지밸리 등을 유치하였다.

행복마을 마스터플랜

박광서, 박종철, 손승광, 이용교, 송경환, 조준범, 오미란, 정종현, 전라남도, 2007.

전라남도(지사 박준영)가 발주한 '행복마을 조성 마스터플랜 수립 연구용역'의 공동연구자로 참여하였다. 연구책임자는 박광서 전남대 교수이고, 공동연구자는 필자와 박종철 목포대 교수, 손승광 동신대 교수, 송경환 순천대 교수, 조준범 목포대 교수, 오미란 전남대 연구원, 정종현 광주전남지역혁신연구회 연구원이었다.

연구내용은 행복마을의 비전과 목표, 행복마을 조성 유형(행복마을 유형화의 논리, 도·농통합형, 면소재지 개발형, 중심마을 집중 육성형, 정비보완형 행복마을), 행복마을과 노인복지, 한옥과 행복마을 조성으로 구성되었다. 필자는 '행복마을과 노인복지'를 집필하였다. 연구진은 일본 야쿠시마가 폐교를 문화복지시설로 활용하고, 유후인이 자연경관과 전통을 살려 '가족 휴양 온천마을'로 발전시킨 사례 등을 탐방하였다. 필자는 행복마을 연구노트와 연수보고서 파일을 카페에 공유하였다.

광주광역시 북구 의료급여 텔레케어사업 모니터링 및 사례분석

이용교, 안경순,
광주광역시 북구청·광주대학교 사회복지학부, 2008.

가구 소득인정액(부양의무자의 부양비를 포함하여)이 기준 중위소득의 40% 이하인 사람이 의료급여 수급자로 선정될 수 있다. 정부는 2007년 7월부터 의료급여 소액본인부담제, 선택 병·의원제 등을 도입하고 의료급여 텔레케어사업을 위해 전국에 의료급여 관리사 205명을 추가로 배치하였다.

필자는 광주광역시 북구청이 조선대학교 의과대학에 의뢰한 '2007년 광주광역시 북구 의료급여 텔레케어사업 종합평가'(연구진- 강명근 교수, 김진선 교수)에 참여하여, '의료급여 텔레케어사업 모니터링 및 사례분석'을 수행하였다. 2007년 9월까지 수급자의 총급여일수는 2006년 9월까지보다 7.1%, 총진료비는 10.1% 증가하였지만, 텔레케어사업이 이루어진 2007년 6월부터 12월까지 총급여일수는 4.1%, 총진료비는 1.7% 감소해 수급자의 의료오남용을 줄일 것으로 평가되었다. 필자는 2008년 북구 의료급여 텔레케어사업 종합평가, 의료급여 텔레케어 시범사업 종합평가서(2007~2009)의 발간에도 참여하였다.

제2기 광주광역시

남구지역사회복지계획(2011~2014)

함철호, 이형하, 옥경희, 이용교, 김황용, 이중섭, 남구, 2010.

필자는 남구지역사회복지협의체 대표협의체 민간위원장인 함철호 교수(광주대)가 연구책임자로 수행한 '제2기 광주광역시 남구지역사회복지계획'에 공동연구원으로 참여하였다. 지역사회복지계획은 사회복지사업법에 의한 지역단위 복지종합계획으로서 지역 특성에 맞게 복지정책의 방향과 전략을 설정하고 추진하기 위해 4개년 단위로 수립되었다.

제2기 계획은 민·관 복지기관 간 협력체계 구축 등 제1기 계획의 성과를 지속 확대하고 지역 특성과 복지비전, 시대정신과 대내외 여건 변화를 충실히 반영한다는 기본 목표를 가지고 구상되었다. 계획의 수립과정에는 민·관·학계의 전문가로 구성된 '지역사회복지계획 수립 T/F'가 적극 참여하여, 주민의 욕구에 대한 구체적 대응방안과 공공 및 민간 복지기관들의 효율적 연계를 통한 사회복지 생산성 제고 방안을 모색하는 등 제반 노력을 주도하였다.

제2기 지역사회복지계획은 민선 5기 최영호 구청장의 구정목표인 '사람중심 건강남구'와 연계하여, '우리 모두가 행복한 복지공동체'의 구현 방안을 담았다. 즉, 보건, 복지, 의료 등에 보다 질 높은 서비스를 제공할 수 있도록 기반을 확고히 구축하고자 했다. 복지의 사각지대 해소를 위해 복지대상자별 맞춤형 사회안전망을 만들고, 저출산·고령화 문제를 지역 차원에서 풀어나갈 수 있도록 결혼·출산·보육 등 생애주기에 맞는 정책을 추진한다.

이 보고서의 목차는 지역사회복지계획의 개요, 지역사회의 수급진단(복지공급 전망, 복지수요 전망, 복지수요와 복지공급 자원의 흐름 분석), 지역사회복지 비전 및 기본방향(여건 변화와 전망, 기본방향 및 정책 우선순위), 부문별 사업계획(지역복지기반계획, 저소득층복지, 여성가족복지, 아동청소년복지, 노인복지, 장애인복지계획, 2011-2014 지역복지 재정 흐름), 평가 계획, 부록(설문지, 지역복지계획수립 T/F팀 명단)으로 구성되었다.

함철호 교수가 연구총괄, 지역복지기반계획, 노인복지계획을 집필하였다. 이형하 광주여대 교수는 저소득층복지계획, 옥경희 광주대 교수는 여성가족복지계획, 이용교 광주대 교수는 아동청소년복지계획, 김황용 광주대 교수는 장애인복지계획을 집필하고, 이중섭 광주대 강사가 간사 업무를 수행하였다.

제2기

강진군지역사회복지계획(2011~2014)

함철호 외, 강진군, 2010.

함철호 교수가 연구책임자로 수행한 '제2기 강진군지역사회복지계획'에 공동연구원으로 참여하였다. 제2기 계획은 민·관 복지기관간 협력체계 구축 등 제1기 계획의 성과를 지속 확대하고 지역 특성과 복지비전, 시대정신과 대내외 여건 변화를 충실히 반영한다는 기본 목표를 가지고 구상되었다.

민·관·학계의 전문가로 구성된 '지역사회복지계획 수립 T/F'가 적극 참여하여, 주민의 욕구에 대한 구체적 대응 방안과 공공 및 민간 복지기관들의 효율적 연계를 통한 사회복지 생산성 제고 방안을 모색하는 등 제반 노력을 주도하였다. 목차는 표준화되었기에 앞에 소개된 남구지역사회복지계획과 유사하였다. 함철호 교수가 연구총괄, 지역복지기반계획, 노인복지계획을 집필하고, 필자는 아동청소년복지계획을 집필하였다. 필자는 함철호 교수 등과 함께 강진군을 비롯하여 여러 시·군 계획을 수립하였다.

광주광역시 민간위탁 성과분석 및 개선방안

이용교, 정상양, 안경순, 서상원, 한국복지교육원, 2012.

한국복지교육원은 광주광역시의회의 용역사업인 '광주광역시 민간위탁 성과분석 및 개선방안'을 연구하였다. 당시 '도가니'를 통해 널리 알려진 인화학교와 인화원의 문제처럼 자치단체가 사회복지법인 등 민간에 위탁한 사업이 사회적으로 지탄받는 경우도 있었기에 합리적인 정책이 모색될 필요가 컸다.

이 연구는 광주광역시 민간위탁 관련 사업의 실태를 파악하고 개선방안을 찾고자 하였다. 다른 시·도와 광주광역시의 모범 사례를 찾고 대안을 모색하고자 했다. 관련 행정자료와 통계를 분석하고, 우수 사례를 분석하여 개선방안을 제시하였다.

본 연구는 민간위탁 심사 관련 세부 기준의 마련, 재위탁 심사 관련 세부 기준의 마련, 수탁자선정심의위원회의 구성과 운영, 계약의 책임성 강화, 자치단체 지도·점검의 실질적 수행을 포함하도록 '광주광역시 사무의 민간위탁 조례'의 개정안을 제안하였다. 이 연구 결과는 관련 조례의 개정으로 반영되었다.

영호남 지역교류 현황과 발전 방향: 지자체 및 NGO의 교류실태, 문제점 그리고 발전방안 모색

김성재, 이용교, 서상원, 이상현,
한국지역사회학회·지역발전위원회, 2012.

2012년에 지역발전위원회의 연구용역사업인 '영호남 지역교류 현황과 발전 방향: 지자체 및 NGO의 교류실태, 문제점 그리고 발전방안 모색'을 한국지역사회학회에서 수탁하였다. 연구진은 김성재 회장(조선대 교수)이 연구책임을 맡고, 이용교 교수(광주대, 참여복지센터 소장)이 공동연구자이며, 서상원 참여복지센터 사무국장, 이상현 한국복지교육원 연구원이 연구보조원으로 일했다.

2012년 4월 국회의원선거 결과 지역구 246석 중 새누리당 127석, 민주통합당 106석, 통합진보당 7석, 자유선진당 3석, 무소속 3석이었다. 야권연대로 당선된 통합진보당을 민주통합당과 연계하여 볼 때, 새누리당은 부산, 경남, 울산, 경북, 대구에서 대부분을 석권하고, 민주통합당과 통합진보당은 전남, 광주, 전북에서 사실상 전체 지역구를 석권하여 영호남 간 혹은 동서 간의 정치적 분리가 매우 심각하였다.

이러한 현상은 1960년대부터 시작되었고, 다양한 지역교류에도 불구하고 지역주의(지역감정)는 크게 완화되지 않고 사회적 과제로 남았다. 한국지역사회학회는 지역주의를 극복하기 위해서 영남과 호남 간의 학술교류뿐만 아니라 충청권을 포함하여 지역사회 발전을 위한 다양한 학술 활동을 한 바 있고, 향후에도 연구와 학술 활동을 통해 지역교류를 촉진할 수 있다고 전망했다. 지역주의를 극복하기 위하여 지방자치단체와 민간단체가 중심이 되어 교육, 언론, 문화예술, 종교, 복지, 관광 등 다양한 분야에서 영호남 교류 활동을 하고 있지만, 일회적 행사에 그치거나 체계적인 평가가 없어서 지속 가능성을 모색할 필요가 있었다.

이 보고서의 내용은 서론, 우리나라 지역교류 양식 개관, 최근 10년간 영호남 교류의 현황, 분야별 영호남 교류의 특징과 사례, 영호남 교류의 성과와 문제점, 영호남 교류의 발전방안으로 구성되었다. 연구진은 한국지역사회학회의 추계학술대회에서 중간보고서를 발표하고 학자들의 의견을 수렴하여 최종보고서를 작성하였다. 그 결과를 지방자치단체와 주요 민간단체에 제공하여 교류 활동이 활성화되도록 기여하였다.

2003년 5월에 설립된 국가균형발전위원회는 2010년에 지역발전위원회로 확대되었고, 2018년에 국가균형발전위원회, 2023년에 지방시대위원회로 이름이 바뀌었다.

제3기 남구 지역사회복지계획 (2015~2018) 수립을 위한 욕구조사·자원조사 용역 최종보고서

이용교, 이형하, 조지현, 함철호, 광주대학교 산학협력단, 2014.

필자는 '제3기 남구지역사회복지계획(2015~2018) 수립을 위한 욕구조사·자원조사'를 수행하였다. 제1기와 제2기 계획은 지역사회복지협의체 대표협의체 민간위원장인 함철호 교수가 연구책임자를 맡고 필자는 공동연구자로 참여하였다. 제3기 계획은 필자가 대표협의체 민간위원장으로 연구책임자를 맡고, 이형하 광주여대 교수, 조지현 동신대 교수, 함철호 광주대 교수가 함께 연구했다.

이 보고서는 과업 수행의 개요, 사회지표 조사(인구, 경제·고용, 재정, 사회, 사회정책, 건강정책, 교육정책, 주거정책, 돌봄정책, 고용정책), 복지자원 조사(아동, 청소년, 지역주민, 가족, 노인, 장애인 관련 시설), 주민욕구조사(어려움을 느끼는 정도, 생활 여건, 지역사회에 대한 만족도, 공동체 의식, 사회복지 관련 시설, 여성, 취학 전 아동, 초등학생, 청소년, 노인, 장애인 대상 서비스), 표적집단 조사(노인, 장애인, 여성), 요약과 결론 등으로 구성되었다. 이 조사를 바탕으로 제3기 계획이 수립되었다.

제3기 광주광역시 지역사회복지계획(2015~2018)

김기곤 외, 광주광역시, 2015.

이 책은 광주광역시의 용역을 받아 광주발전연구원 김기곤 연구위원이 책임자로 연구한 '제3기 광주광역시 지역사회복지계획(2015~2018)'이다. 이는 민선 6기 광주광역시(시장 윤장현)의 사회복지 분야의 철학 및 운영계획과 시간적·내용적으로 상호 조화를 이루며, 향후 5년간 추진해야 할 복지정책과 실천과제를 담았다.

광주광역시 시정 비전은 '시민을 위한 사람존중, 생명도시 광주'이기에 이 계획은 비전을 "더불어 사는 시민, 따뜻한 복지도시 광주"로 세웠다. 전략 목표로 시민 중심의 광주형 복지권리, 생애주기별 맞춤형 복지, 건강하고 안전한 시민생활, 시민친화형 사회복지전달체계를 제시하였다.

이용교 광주대 교수, 이형하 광주여대 교수, 강현아 광주여성재단 정책연구팀장, 박종민 광주복지공감 사무국장, 정호기 전남대 시간강사, 박찬동 장애우권익문제연구소 인권팀장, 김재철 광주발전연구원 선임연구위원, 문환규 선임연구위원, 이현정 연구위원, 김광욱 연구위원이 공동연구를 하고, 윤옥영 연구원과 김선호 연구원이 연구 보조를 담당하였다.

분야별 인권증진 정책 수립 연구

김기곤 외, 광주광역시, 2014.

광주광역시의 '분야별 인권증진 정책 수립 연구'를 의뢰받은 광주발전연구원은 김기곤 연구위원이 책임을 맡고 각 분야 전문가들이 광주 시민의 삶과 시정을 분석하여 인권증진 정책을 제안하였다. 이 보고서는 사회적 약자 5개 분야(여성, 장애인, 노인, 아동·청소년, 이주민)를 포괄하고, 자유권 분야, 사회권 분야, 도시권 분야로 편성되었다. 해당 부서들이 검토하고 인권증진시민위원회와 인권현장 활동가의 의견을 수렴한 결과이었다.

연구진은 광주발전연구원 김재철 선임연구위원, 이용교 광주대 교수, 강현아 광주여성재단 팀장, 박찬동 장애우권익문제연구소 팀장, 최홍엽 조선대 교수, 허창영 광주시교육청 민주인권교육센터 팀장, 조상균 전남대 교수, 박종민 광주복지공감플러스 사무처장, 김형주 전남대 5·18연구소 연구원, 김재황 하남중 교사, 박신영 광주대 교수, 정경운 전남대 교수, 김희송 전남대 학술연구교수, 윤영덕 전남대 학술연구교수이었다. 연구 보조는 윤옥영과 김선호 연구원이 맡았다. 이 보고서는 광주광역시가 인권에 기반한 행정을 수행하도록 준거가 되었다.

광주시민복지기준 설정을 위한 연구

양철호, 김경호, 이용교, 이형하, 조준, 조지현, 김윤배, 정은진,
광주광역시·동신대학교 산학협력단, 2015.

광주광역시의 용역사업인 '광주시민복지기준 설정을 위한 연구'를 동신대학교 산학협력단이 수탁하여, 양철호 동신대 교수가 연구책임을 맡고, 김경호 호남대 교수, 이용교 광주대 교수, 이형하 광주여대 교수, 조준 동신대 교수, 조지현 동신대 교수, 김윤배 서영대 교수가 공동연구자로, 정은진 선생이 연구보조원으로 참여했다.

이 보고서는 복지기준의 개념과 발전과정을 고찰하고, 광주시의 복지수준을 파악하며, 시민의 복지욕구를 조사하여 광주시민복지기준을 제안하였다. 소득, 주거, 돌봄(돌봄 총괄, 영유아돌봄, 어린이·청소년돌봄, 노인돌봄, 장애인돌봄, 다문화돌봄), 건강, 교육 등 부문별로 기준을 제시하였다. 연구진은 이를 구현하기 위한 철학, 설정과정, 복지기준 및 핵심과제, 실행체계 및 재정조달을 제안하고 시민의견을 수렴하였다. 이 연구는 모든 시민이 헌법에 규정된 '인간다운 생활을 누릴 수 있는 방안'을 찾고자 하였다. 제안된 정책은 윤장현 시장의 복지공약으로 이행되었고, 이후 '광주다움 통합돌봄'으로 이어졌다.

제4기

광주광역시 서구지역사회보장계획

함철호 외, 서구청, 2018.

모든 시·도지사와 시·군·구청장은 사회보장급여법에 따라 4년에 한 번씩 '지역사회보장계획'을 세워야 한다. 시·군·구 보장계획에는 지역사회보장 수요의 측정, 목표 및 추진전략; 지역사회보장의 목표를 점검할 수 있는 지표의 설정 및 목표; 지역사회보장의 분야별 추진전략, 중점 추진사업 및 연계협력 방안; 지역사회보장 전달체계의 조직과 운영; 사회보장급여의 사각지대 발굴 및 지원방안; 지역사회보장에 필요한 재원의 규모와 조달 방안; 지역사회보장에 관련한 통계 수집 및 관리방안; 그 밖에 대통령령으로 정하는 사항 등이 담겨야 한다.

필자는 함철호 광주대 교수가 연구책임자로 '제4기 광주광역시 서구 지역사회보장계획'을 수립할 때 공동연구자로 참여하여 아동과 고용부문을 집필하였다. 보장계획은 보건복지부가 제시한 틀에 따라 주민 욕구조사와 지역 자원조사를 하고, 지역사회보장협의체에서 논의하여 결정된다.

2040 여수시 중장기종합발전계획

박재현 외, 여수시, 2019.

필자는 박재현 (사)한국공공자치연구원장이 연구책임자로 수행한 '2040 여수시 중장기종합발전계획'에 박종찬 광주대 교수의 추천으로 공동연구원으로 참여하였다. 이 계획의 목적은 남해안권 중심도시 성장과 시민 삶의 질 향상, 도시와 농촌의 조화를 최우선 과제로 글로벌 정책비전 도출 및 구체적인 전략과제를 발굴하여 살고 싶은 여수시의 미래 청사진을 제시하고, 여수시민에게 미래 발전에 대한 희망과 도전정신을 이끌어 낼 수 있는 전략과제를 도출하는 것이었다.

이 계획은 여수시의 중장기적인 시정목표와 권역별 및 부문별 발전전략을 제시함으로써 도시, 주택, 도로, 교통, 문화, 환경, 복지 등 시정 각 부문별 종합계획 추진의 논리적 근거와 바탕을 제공하고, 2040년 도시 미래 발전 전망에 대한 시민적 합의와 약속을 토대로 계획실행의 실천력과 정당성을 부여하는 것이다. 이 보고서는 계획의 개요, 여건 변화와 잠재력 분석, 기본구상, 부문별 계획(도시·주거, 도로·교통, 생태·환경·안전, 산업·경제, 인구·보건복지, 교육체육, 관광·세계화, 문화예술, 농·축·임업, 해양수산, 공공행정 부문) 등으로 구성되었다.

한국공공자치연구원 김병관 실장(QM), 박재현 수석연구위원(PM, 문화·예술), 이명규 광주대 교수·송민호 책임연구원(도시·주거), 전진숙 연구위원(도로·교통), 김원수 수석연구위원(생태·환경·안전), 장동선 연구위원(산업·경제·고용), 박종찬 광주대 교수·박종덕 수석연구위원(관광·세계화), 이용교 교수(보건·복지), 유지선 연구위원(교육·체육), 송병화 전문위원(농·축·임업), 김윤 부경대 교수(해양·수산), 조석주 수석연구위원(자치분권·행정) 등 14명의 연구진은 2018년부터 2년간 여수시와 협력하고 시민 의견을 수렴하여 '가고 싶고 살고 싶은 글로벌 해양관광휴양도시'를 미래비전으로 계획을 수립하였다. 필자는 인구·보건복지 부문의 주요 트렌드 분석, 현황 및 여건분석, 상위계획 및 관련 계획, 종합분석 및 지향점, 목표 및 추진전략, 세부 과제를 집필하였다.

2018년에 당선된 권오봉 시장은 여수를 해양수산과 관광의 도시로 발전시키고자 했다. 중장기종합발전계획은 지방자치단체와 단체장이 전문가들의 도움을 받아 정책을 발굴하고, 중앙정부에 국책사업 등을 요청하기 위한 근거로 삼기도 한다. 여수시는 여수세계박람회(엑스포)를 통해 관광도시로 발전하는 전기를 마련했고, 이 종합계획을 통해 재도약의 발판을 마련하고자 했다. 그 꿈은 코로나19로 잠시 멈추었지만, 여수시는 대한민국을 대표하는 해양관광휴양도시로 발전하고 있다.

부록

한국디지털대학교(현 고려사이버대학교) 사회복지개론- 2001년에 설립된 한국디지털대학교에서 사회복지개론(3학점, 39개 강좌)을 강의하여 '디지털 사회복지학'을 개척함

광주대학교 사회복지(학)개론- 2005년부터 광주대학교에서 사회복지(학)개론(3학점, 39개 강좌)을 매년 1회 이상 개설함

광주대학교 청소년복지론- 2016년부터 광주대학교에서 청소년복지론(3학점, 39개 강좌)를 매년 1회씩 강의함

광주대학교에서 코로나19 시기에 동영상 강의(2020-2023년)에 사회보장론, 자원봉사론, 사회복지와 인권 등을 온라인으로 강의하고, 사회복지전문대학원에서 사회복지학개론, 청소년복지론, 사회정책론, 국제사회복지론, 사회복지와 인권 등을 강의함.

경희사이버대학교 청소년복지론- 2003년 2학기부터 청소년복지론(3학점, 39개 강좌)를 매년 1회씩 강의함

경희사이버대학교 청소년 프로그램 개발과 평가- 2022년 1학기부터 청소년 프로그램 개발과 평가(3학점, 39개 강좌)를 매년 강의함

한국방송통신대학교 청소년복지론- 2009년 2학기에 청소년복지론의 일부(1/2)를 촬영함- 첫학기만 운영교수로 참여하고, 다음부터는 전임 교수가 운영

한국청소년단체협의회 청협사이버교육원 청소년인권과 참여- 2016년에 청소년지도사 시험과목인 청소년인권과 참여(7개 강좌-강좌당 30~40분)를 촬영하여 현재까지 운영

한국보건복지인재원 사회복지와 역사- 2016년에 사이버강좌로 사회복지와 역사(5개, 각 강좌당 25분 내외)를 개발하여 운영중

광주인재평생교육진흥원 시민이 알아야 할 복지상식- 공공부조, 사회보험 등 시민이 알아야 할 복지상식을 8차시(2시간 32분)로 제공함

현대경제연구원 주거복지아카데미의 주거복지상담과 사례- 2022년에 주거복지사 취득을 위한 강좌의 하나로 '주거복지상담과 사례'(31개 중 15개 강의, 강좌당 25분 내외)를 제작하여 운영

운영하는 사이트 목록

시민과 함께 꿈꾸는 복지공동체 http://cafe.daum.net/ewelfare 2002년 7월 23일에 개설되어 현재 회원이 약 5만 명임

다음 티스토리 https://lyg29.tistory.com 이용교 복지칼럼으로 시작된 블로그가 티스토리로 바뀜. '이용교 복지상식'을 공유

다음 브런치스토리 https://brunch.co.kr/@2d02d8ec2eea4e1 매주 '이용교 복지상식'을 게재

네이버 '시민과 함께 꿈꾸는 복지공동체'
https://cafe.naver.com/ewelfare 복지뉴스를 공유함

이용교 페이스북 https://www.facebook.com/yonggyo.lee.7 필자가 가장 일상적으로 사용하는 사회적 관계망 서비스

이용교 유튜브 https://www.youtube.com/@okwelfare
현재 100개 이상의 컨텐츠를 공유

서울시복지재단 공유복지플랫폼2.0
https://wish.welfare.seoul.kr 2020년부터 '이용교 복지상식'을 기고

이용교 저서 목록

[청소년 연구](23권)

- 김영모 외, 청소년정책연구, 한국복지정책연구소 출판부, 1991.
- 이윤구 외, 외국의 청소년정책에 관한 연구, 한국청소년연구원, 1990.
- 한준상 외, 청소년연구의 동향과 과제, 한국청소년연구원, 1992.
- 김신일 외, 청소년문화론, 한국청소년연구원, 1992.
- 도종수 외, 청소년문제론, 한국청소년연구원, 1992.
- 조용하 외, 청소년활동론, 한국청소년개발원, 1993.
- 이용교, 한국청소년정책론, 인간과복지, 1995.
- 한국청소년학회, 청소년학총론, 양서원, 1999.
- 이용교, 청소년정책론, 인간과복지, 2004.
- 청소년문화복지아카데미 편(강대근, 이용교, 김민, 김태황, 심한기, 우수명), 청소년문화복지, 인간과복지, 2004.
- 김혁종 외, 자랑스런 광주대인을 위한 대학생활설계, 광주대학교 학생생활연구소, 2005.
- 이용교 외, 적극적 관점의 아동청소년복지, 인간과복지, 2007.
- 이용교 외, 적극적 관점의 청소년개발, 인간과복지, 2007.
- 이권영 외, 청소년지도자론, 광주대학교 출판부, 2008.
- 이용교 외, 청소년복지 정책과 실천, 인간과복지, 2009.
- 천정웅, 이용교, 김혜원, 청소년발달 역량개발과 청소년복지, 교육

과학사, 2009.
- 천정웅, 김미옥, 최명민, 노혜련, 이용교, 강점관점 청소년개발 레질리언스, 신정, 2009.
- Jeong Woong Cheon, Yong Gyo Lee, The Strengths Perspective and Youth Development, Yangseowon Publishing Co, 2009.
- Jeong Woong Cheon, Yong Gyo Lee, Youth Development and Civic Engagement, HWP, 2010.
- 김광웅, 이종원, 천정웅, 이용교, 길은배, 전명기, 정효진, 한국청소년정책 20년사- 한국 청소년정책의 성과와 전망-, 한국청소년정책연구원, 2009.
- 이용교, 임형택, 교육복지론, 집문당, 2010.
- 홍봉선 외, 청소년문제론, 공동체, 2010.
- 임형택 외, 청소년교육론, 공동체, 2013.

[청소년복지 분야](10권)

- Albert R. Roberts, Runaweys and Non-Runaweys; An Exploratory Study of Adolescent and Parental Coping, The Dorsey Press, Chicago, 1987. 이용교, 나동석 역, 가출청소년연구, 한국청소년연구원, 1991.
- William A. Check, Child Abuse, Chelsea House Publishers, New York, 1989. 이용교 역, 아동학대연구, 다울, 1993.
- 이용교, 한국청소년복지의 현실과 대안, 은평천사원출판부, 1993.
- 이용교 외, 청소년복지론, 인간과복지, 1993.
- 이종복, 이소희, 오영재, 이명숙, 이용교, 방은령, 현대 청소년복지

론, 양서원, 1998.
- 이용교 외, 청소년문제와 청소년복지, 인간과복지, 2003.
- 이용교, 디지털 청소년복지, 인간과복지, 2004.
- 이용교, 한국청소년복지, 현학사, 2004.
- 이용교 외, 청소년쉼터, 광주대학교 출판부, 2006.
- 이용교, 한국청소년복지론, 정민사, 2012.

[사회복지학 분야](24권)

- 중앙대학교 사회복지학과 편, 한국 사회보장제도의 재조명, 한국복지정책연구소, 1992.
- 중앙대학교 사회복지학과 편, 한국 사회복지학의 평가, 한국복지정책연구소, 1992.
- 조흥식 외, 제2기 사회복지학교, 참여민주사회시민연대 사회복지위원회, 1995.
- 이용교, 이혜연, 재미있는 자원봉사 길라잡이, 서울미디어, 1996.
- Robert L. Barker, Social Work Dictionary, 중앙사회복지연구회 역, 사회사업사전, 이론과실천, 1996.
- 이태수, 함철호, 이용교, 소규모 아동복지시설 연구, 인간과복지, 1997.
- 고헌 김영모 박사 화갑기념논문집간행위원회, 한국 사회복지와 불평등, 일조각, 1997.
- 한국사회복지협의회, 자원봉사 프로그램백과, 보건복지부·한국사회복지협의회, 1997.
- 이영철, 박미은, 윤동성, 엄기욱, 이용교, 사회복지학, 양서원, 2000.

- 이용교, 정혜선, 유한규, 권지은, 김경륜, 윤재정, 서지영, 김혜영, 성윤숙, 한국의 아동복지학, 양서원, 2000.
- Colette McAuley, Children in Long-term Foster Care : Emotional and social development, Ashgate Publishing Limited, 1996. 이용교 외 역, 가정위탁보호, 인간과복지, 2001.
- 이용교, 디지털 사회복지, 인간과복지, 2002.
- 모지환, 박상하, 안진, 엄기욱, 오근식, 이용교, 이형하, 장현, 조원탁, 사회보장론, 학지사, 2003.
- 이용교, 한국 사회복지의 과제, 학현사, 2004.
- 성민선 외, 학교사회복지의 이론과 실제, 학지사, 2004.
- 김영종 외, 2006년도 사회복지학 교과목지침서, 한국사회복지교육협의회, 2006.
- 이용교, 한국사회복지론, 한국학술정보, 2012.
- 이영철, 이용교, 조미경, 이경철, 윤일현, 사회복지 현장실습, 형설출판사, 2015.
- 이용교, 조례제정을 통한 복지혁명, 광주대학교 출판부, 2015.
- 이용교, 김형태, 오승환, 정경은, 정민기, 아동보호제도 평가 및 개편방안 연구, 광주대학교 출판부, 2015.
- 이용교 외, 시설 퇴소청년 자립연구, 드림미디어, 2019.
- 이용교, 활기찬 노년생활, 학시사, 2020.
- 이용교, 디지털 사회보장론, 학지사, 2020.
- 이용교, 복지사각지대 예방과 발굴, 인간과복지, 2023.

[인권과 인권교육](20권)

- 이순형 외, 청소년의 권리와 사회적 불평등, 한국청소년연구원, 1992.
- 이배근, 이용교, 류은숙, 아이들에게도 인권이 있다, 참여연대, 1997.
- 어린이·청소년의권리연대회의, 아이들의 인권 세계의 약속, 내일을여는책, 1997.
- 이용교 외, 청소년인권 보고서, 인간과복지, 1997.
- Amnesty International, Shopping List of Techniques in Teaching Human Rights, 1994. 이용교, 이희길 역, 인권교육의 기법, 한국청소년개발원, 1996. (인간과복지, 1997. 재발행)
- 짐 아이프, 이예자, 박영란, 이용교, 임성택, 이찬진, 한국의 사회복지와 인권, 인간과복지, 2001.
- 이용교, 인권동화 잘 읽기: "엄마 엄마", 국가인권위원회·현암사, 2002.
- 이성훈 외, 행정과 인권, 국가인권위원회, 2003.
- 한국아동단체협의회, 2004년 아동권리모니터링 보고서, 한국아동단체협의회, 2004.
- 이용교, 청소년인권과 인권교육, 인간과복지, 2005.
- 이용교, 황옥경, 김영지, 김형욱, 이중섭, 한국의 아동·청소년권리, 인간과복지, 2005.
- 이용교 외, 아동복지시설 인권평가지표 연구, 광주대학교 출판부, 2006.
- 보건복지부·한국아동단체협의회·한국아동권리학회, 한국의 유

엔아동권리협약 이행 모니터링, 보건복지부, 2006.
- 이용교, 청소년생존권 연구, 광주대학교 출판부, 2008.
- 이용교, 천정웅, 김경준, 청소년인권과 참여, 양서원, 2009.
- 한국아동단체협의회, 아동·청소년 민간단체 실무자를 위한 아동· 청소년 권리교육, 한국아동단체협의회, 2009.
- 이용교, 강용복, 김용목, 김은정, 김재곤, 김종호, 김철홍, 박종민, 이명묵, 정진모, 허창영, 인권과 복지, 광주대학교 출판부, 2014.
- 이용교, 최강님, 정경은, 배은경, 전명훈, 하정호, 채현숙, 김요셉, 아동인권, 광주대학교 출판부, 2015.
- 진재영, 김행란, 박미은, 채현숙, 이용교, 김동수, 사회복지사의 인권, 광주대학교 출판부, 2016.
- 이용교, 정남일, 이혜경, 윤가현, 김윤배, 김수정, 김창곤, 형광석, 사회복지사의 감정노동과 인권, 오월숲, 2017.

[사회복지 역사](14권)

- 이용교 편, 이야기 사회복지, 은평천사원출판부, 1993.
- 이용교 편, 나눔 그 기쁨, 불광출판부, 1994.
- 광주대 대학원 사회복지학과 20인, 시설과 인물 1: 광주·전남편, 은평천사원출판부, 1998.
- 한국사회복지학회50년사편찬위원회, 한국사회복지학회 50년사, 한국사회복지학회·공동체, 2007.
- 한국사회복지학회, 사회복지계 원로 회고록, 양서원, 2008.
- 광주대학교 사회복지학과(부) 20년사 편찬위원회, 광주대학교 사회복지학과(부) 20년사: 행복한 세상을 열어가는 길, 광주대학교

출판부, 2010.
- 이용교 편, 한국 사회복지를 개척한 인물, 광주대학교 출판부, 2013.
- 소진택·이용교, 소진택의 생애와 복지활동, 광주대학교 출판부, 2014.
- 율어면지편찬위원회, 율어면지, 2014.
- 광주대학교 사회복지전문대학원 20년사: 배워서 남 주는 사회복지사, 광주대학교 출판부, 2016.
- 사회복지역사연구회 편저, 사회복지와 역사 창간호, 광주대학교 출판부, 2016.
- 한국사회복지사협회, 한국사회복지사협회 50년사, 한국사회복지사 협회, 2017.
- 이용교, 복지행정의 선구자 김학묵, 미래복지경영/코람데오, 2023.
- 이용교, 사회복지 역사와 인물, 인간과복지, 2024.

[복지평론](20권)
- 이용교와 산재탐험대 편, 알아야 챙기는 산재보험, 인간과복지, 1999.
- 이용교, 박영심, 알아야 챙기는 건강보험, 인간과복지, 2000.
- 이용교, 복지는 생활이다, 인간과복지, 2001.
- 이용교, 디지털 복지시대, 인간과복지, 2004.
- 이용교, 공미현, 알아야 챙기는 고용보험, 인간과복지, 2007.
- 이용교, 상식으로 알아야 할 국민연금, 광주대학교 출판부, 2011.

- 이용교, 이용교 교수 복지상식, 광주대학교 출판부, 2016.
- 이용교, 복지상식, 광주대학교 출판부, 2017.
- 이용교, 한국인의 복지상식, 광주대학교 출판부, 2018.
- 이용교, 알아야 챙기는 복지상식, 인간과복지, 2018.
- 이용교, 복지공동체와 복지국가, 광주대학교 출판부, 2018.
- 이용교, 생애주기별 복지상식, 드림미디어, 2019.
- 이용교, 대한민국 복지상식, 드림미디어, 2020.
- 이용교, 국민연금상식, 드림미디어, 2020.
- 이용교, 코로나19 시대의 복지상식, 드림미디어, 2021.
- 이용교, 알아야 챙기는 건강보험상식, 인간과복지, 2021.
- 이용교, 알아야 챙기는 주거복지상식, 인간과복지, 2021.
- 이용교, 더불어 사는 복지상식, 드림미디어, 2022.
- 이용교, 나와 가족을 위한 복지상식, 드림미디어, 2023.
- 이용교, 초고령사회에서 복지상식, 드림미디어, 2024.

[농촌복지](6권)
- 이용교, 이촌 청소년의 도시 정착과정에 관한 연구, 한국청소년연구원, 1989.
- 이용교, 배충진, 김완술, 유수상, 전성남, 김양희, 이무흔, 김영란, 채수훈, 이정일, 농촌복지론, 광주대학교 출판부, 2004.
- 이용교, 권영근, 김양희, 김영란, 박경희, 박대식, 박진도, 배충진, 유수상, 이정일, 정상양, 함철호, 농어촌복지론, 광주대학교 출판부, 2010.
- 김영란, 김희성, 이중섭, 조경애, 이용교, 이준모, 유수상, 주리애,

모선희, 한신애, 박천창, 농어촌복지의 이해, 광주대학교 출판부, 2010.
- 이용교, 배충진, 홍영준, 김양희, 박경희, 김세진, 서상원, 박현진, 박재민, 오정호, 이장휘, 김숙영, 김한길, 농어촌복지 현장실습, 광주대학교 출판부, 2012.
- 이용교, 농어촌복지활동가 양성사업 평가보고서, 광주대학교 참여복지센터, 2012.

[복지정책 제안서](10권)

- 청년사회복지사연대, 복지대통령 만들기, 인간과복지, 1997.
- 참여사회연구소 편, 우리가 바로잡아야 할 39가지 개혁 과제, 푸른솔, 1997.
- 청년사회복지사연대, 21세기 복지광주 만들기, 1998.
- 이용교 편, 복지공동체 만들기, 광주대학교 출판부, 2000.
- 방철호 외, 시민이 만들어가는 복지광주, 광주광역시사회복지협의회, 2000.
- 복지시장기획단, 복지시장 만들기, 인간과복지, 2002.
- 참여연대 사회복지위원회 엮음, 복지를 알면 민심이 보인다, 참여연대, 2002.
- 참여연대 사회복지위원회 편, 한국 사회복지의 현실과 선택, 나눔의집, 2007.
- 박진도 외, 새 정부의 농정비전과 과제, 지역재단, 2012.
- 박진도 엮음, 국민총행복과 농정 패러다임의 전환- 농민행복 국민행복을 위한 12가지 제안, 따비, 2018.

[사회복지사의 길](20권)

- 이용교 편, 새천년을 열어갈 사회복지사의 길, 광주대학교 출판부, 1999. (2002년에 재판)
- 이영철 외, 광주 사회복지의 비전, 광주광역시사회복지협의회, 1999.
- 사회복지학과 교수 19인, 책 속의 복지 1, 인간과복지, 2000.
- 이용교 편, 내가 꿈꾸는 디지털 사회복지사, 한국복지교육원, 2002.
- 김황용, 오세근, 오승환, 이용교, 이용성, 이정규, 이형하, 정상양, 조원탁, 최선령, 한영현, 광주사회복지론, 복지아카데미, 2004.
- 여영우, 은재식, 이용교, 이용창, 이인재, 조지현, 한선희, 함철호, 복지공동체의 길, 광주대학교 출판부, 2005.
- 김경옥, 김영란, 김춘아, 남성숙, 박노숙, 양영자, 이용교, 정외영, 한신애, 한재량, 여성 사회복지사의 길, 여성복지아카데미, 2005.
- 김미경, 박순옥, 송용미, 안진, 이용교, 이주희, 정옥희, 진경아, 황선미, 여성 사회복지사의 길Ⅱ, 광주광역시여성발전센터·한국복지교육원, 2006.
- 이용교 편, 세계의 청소년과 내가 할 일, 학현사, 2005.
- 김용년, 정상양, 강정숙(혜선), 이영희, 김양희, 전성남, 이용설, 이용교, 이충우, 노인복지의 길, 광주대학교 출판부, 2006.
- 이용교, 이경림, 강명순, 김영지, 박경희, 한명섭, 김광수, 조순실, 아동복지의 길, 광주대학교 출판부, 2007.
- 이용교, 이흥수, 이성종, 최옥채, 권지훈, 김형식, 임형택, 정찬용, 박명윤, 행복한 세상을 열어가는 차세대 지도자의 길, 광주대학교

출판부, 2006.

- 이용교, 조광석, 강길현, 이영희, 송윤순, 양철호, 류성봉, 나금주, 주리애, 김양희, 노인복지시설의 설립과 운영, 광주대학교 출판부, 2007.
- 이훈, 양동석, 김성윤, 이용교, 윤금희, 김기현, 최옥용, 정상양, 신일선, 치매의 예방과 관리, 광주대학교 출판부, 2009.
- 권중돈, 양철호, 오세근, 김경호, 조미경, 양동석, 치매와 인권, 광주대학교 출판부, 2010.
- 이용교 편, 지구촌 청소년과 내가 할 일, 정민사, 2012.
- 이용교 편저, 국제 사회복지사의 길, 광주대학교 출판부, 2013.
- 이용교, 김희성, 전유선, 김재진, 류성봉, 심종훈, 강준원, 김선구, 송윤순, 최강님, 김용목, 김성윤, 채현숙, 한신애, 김동수, 황현철, 황복순, 박은영, 나금주, 광주의 사회복지, 광주대학교 출판부, 2014.
- 이용교, 세상을 바꾸는 사회복지사, 광주대학교 출판부, 2016.
- 이용교, 안경순, 이승재, 이다울, 산티아고 가족여행, 인간과복지, 2012.

[한국청소년연구원·개발원·정책연구원 연구보고서](24권)

- 최윤진, 이용교, 이춘화, 정태한, 김영미, 청소년 관련 문헌목록집 발간사업 보고서, 한국청소년연구원, 1989.
- 한승희, 이용교, 이혜연, 맹영임, 어른들은 청소년을 어떻게 생각하는가, 한국청소년연구원, 1990.
- 체육청소년부, 한국청소년기본계획, 체육청소년부, 1991.

- 최현, 이용교, 이춘화, 정병오, 청소년 상담사업 활성화 방안 연구, 한국청소년연구원, 1991.
- 최현, 이용교, 이춘화, 백옥현, 청소년의 대중매체 이용실태와 활용방안, 한국청소년연구원, 1991.
- 이용교, 이혜연, 역사연극활동, 한국청소년연구원, 1992.
- 최윤진, 이용교, 신선미, 청소년 가정지도의 실태와 지도방안에 관한 연구, 한국청소년개발원, 1993.
- 최윤진, 이용교, 소년교정기관에서의 상과 벌, 한국청소년개발원, 1994.
- 이용교, 구정화, 한국 청소년의 세계화 수준, 한국청소년개발원, 1995.
- 한국청소년개발원, 제2차 청소년육성5개년계획 수립 연구(1998~2002), 한국청소년개발원, 1998.
- 길은배, 이용교, 김영지, 청소년 인권지표 개발 연구, 문화관광부·한국청소년개발원, 2001.
- 김영지, 이용교, 안재희, 청소년이 세상을 바꾼다 Ⅰ- 청소년 자치활동 길잡이[이론편], 한국청소년개발원, 2001.
- 김영지, 이용교, 안재희, 청소년이 세상을 바꾼다 Ⅱ- 청소년 자치활동 길잡이[사례편], 한국청소년개발원, 2001.
- 이광호 외, 청소년육성5개년계획 수립 연구(2003~2007), 한국청소년개발원, 2002.
- 김영지, 이용교, 김세진, 청소년인권센터 운영실태 및 활성화 방안 연구, 한국청소년개발원, 2003.
- 김경준, 이춘화, 최창욱, 이용교, 청소년 인권정책 기본계획, 한국

청소년개발원, 2005.
- 김경준, 최인재, 조흥식, 이용교, 이상균, 정익중, 최금해, 청소년복지정책 현황과 개선방안 연구, 한국청소년개발원, 2005.
- 이용교, 천정웅, 안경순, 청소년 생존권 현황과 지표개발, 한국청소년개발원, 2006.
- 이용교, 박창남, 이중섭, 국제기준대비 청소년 인권실태 조사연구Ⅱ - 청소년인권 영역별 실태 분석, 한국청소년정책연구원, 2007.
- 이혜연, 서정아, 김영호, 이용교, 지방자치단체 청소년복지정책 비교 및 발전방안 연구, 한국청소년정책연구원, 2008.
- 이혜연, 이용교, 이향란, 윤혜정, 위기가정 아동·청소년의 문제와 복지지원방안 연구: 빈곤한 한부모 가정·조손가정의 아동·청소년을 중심으로, 한국청소년정책연구원, 2009.
- 이유진, 김영지, 김진호, 이용교, 조아미, 이상희, 지역사회중심 청소년공부방 운영 활성화 방안 연구, 한국청소년정책연구원, 2011.
- 장근영, 이혜연, 배상률, 성은모, 이용교, 홍승애, 김균희, 청소년이 행복한 마을 지표개발 및 조성방안 연구 I : 총괄보고서, 한국청소년정책연구원, 2013.
- 장근영, 이혜연, 배상률, 성은모, 이용교, 홍승애, 김균희, 청소년이 행복한 마을 지표개발 및 조성방안 연구 I : 기초통계분석보고서, 한국청소년정책연구원, 2013.

[청소년 관련 연구보고서](12권)

- 김영모, 이용교, 근로자종합복지관의 프로그램에 대한 평가 연구,

한국청소년연맹 부설 한국청소년연구소, 1986.

- 이용교, 정영해, 김은정, 김순흥, 이용환, 최준영, 양철호, 조지현, 김병욱, 청소년 종합실태조사 1998-2000, 광주사회조사연구소, 2001.
- 이용교, 박경희, 빛고을청소년문화존사업, 한국복지교육원, 2004.
- 이용교, 박경희, 빛고을청소년문화존사업, 한국복지교육원, 2005.
- 이용교, 남미애, 안경순, 가출청소년 및 청소년쉼터 실태조사, 국가청소년위원회·한국청소년쉼터협의회, 2006.
- 이용교, 정민기, 빛고을국제청소년센터 건립방안, 광주광역시, 2007.
- 이용교, 이중섭, 정민기, 21세기 백년대계 인재육성 사업계획, 영광군, 2008.
- 이용교, 안경순, 정민기, 이은경, 홍석준, 이태희, 1318 Happy Zone 운영실태와 발전방향 연구, 1318 Happy Zone사업단/한국복지교육원, 2008.
- 이용교, 안경순, 이호연, 홍석준, 이수철, 1318세대 전용 지역아동센터 1318 Happy Zone 도시형과 농산어촌형 비교 및 발전방안 연구, 1318 Happy Zone사업단·한국복지교육원, 2008.
- 이용교, 천정웅, 이중섭, 기획포럼을 통한 아동청소년권리정책 개발, 보건복지부, 2009.
- 민인철, 이용교, 광주 학교 밖 청소년 실태조사 보고서, 광주발전연구원, 2011.
- 김대중, 이회창, 황필호, 엄정행 외 127인 지음, 변달수 엮음, 각계명사들이 말하는 나의 아버지, 문학사상사, 2000.

[지역복지+복지행정 관련 연구보고서](17권)

- 김영모, 김종길, 이용교, 거창 종합사회복지관의 기본계획 및 사업 개발을 위한 조사연구, 거창군, 1989.
- 한국복지정책연구소, 생명의전화 종합사회복지관의 프로그램 개발을 위한 조사연구, 생명의전화 종합사회복지관, 1989.
- 김영모 외, 자영인에 대한 연금갹출료 부과기준에 관한 조사연구, 한국복지정책연구소, 1988.
- 함철호 외, 제1기 광주광역시남구지역사회복지계획, 남구청, 2005.
- 김병완 외, 광주·전남 혁신도시와 연계를 통한 광주광역시 남구의 지속가능발전 비전과 전략, 광주광역시 남구, 2006.
- 박광서, 박종철, 손승광, 이용교, 송경환, 조준범, 오미란, 정종현, 행복마을 마스터플랜, 전라남도, 2007.
- 이용교, 안경순, 광주광역시 북구 의료급여 텔레케어사업 모니터링 및 사례분석, 광주광역시 북구청·광주대학교 사회복지학부, 2008.
- 함철호, 이형하, 옥경희, 이용교, 김황용, 이중섭, 제2기 광주광역시 남구지역사회복지계획(2011~2014), 남구, 2010.
- 함철호 외, 제2기 강진군지역사회복지계획(2011~2014), 강진군, 2010.
- 이용교, 정상양, 안경순, 서상원, 광주광역시 민간위탁 성과분석 및 개선방안, 한국복지교육원, 2012.
- 김성재, 이용교, 서상원, 이상현, 영호남 지역교류 현황과 발전방향: 지자체 및 NGO의 교류실태, 문제점 그리고 발전방안 모

색, 한국지역사회학회·지역발전위원회, 2012.

- 이용교, 이형하, 조지현, 함철호, 제3기 남구 지역사회복지계획(2015~2018) 수립을 위한 욕구조사·자원조사 용역 최종보고서, 광주대학교 산학협력단, 2014.
- 김기곤 외, 제3기 광주광역시 지역사회복지계획(2015~2018), 광주광역시, 2015.
- 김기곤 외, 분야별 인권증진 정책 수립 연구, 광주광역시, 2014.
- 양철호, 김경호, 이용교, 이형하, 조준, 조지현, 김윤배, 정은진, 광주시민복지기준 설정을 위한 연구, 광주광역시·동신대학교 산학협력단, 2015.
- 함철호 외, 제4기 광주광역시 서구 지역사회보장계획, 서구청, 2018.
- 박재현 외, 2040 여수시 중장기종합발전계획, 여수시, 2019.

[학위논문]

- 이용교, 도시빈곤가족의 욕구지표의 측정과 평가에 관한 연구, 중앙대학교 대학원 석사학위논문, 1986.
- 이용교, 한국 청소년정책의 형성과정에 관한 연구, 중앙대학교 대학원 박사학위논문, 1994.

[한국청소년개발원- 한국청소년연구]

- 이용교, 이촌 청소년의 도시정착 과정에 관한 연구, 한국청소년연구 1권 2호(통권 제2호), 한국청소년연구원, 1990 가을호. pp. 83-102.
- 최현, 이용교, 이명묵, 전병운, 요보호 청소년 지원방안 연구, 한국청소년연구, 2권 1호(통권 제4호), 한국청소년연구원, 1991 봄호. pp. 86-104.
- 이용교, 가출 청소년과 비가출 청소년의 긴장과 대처양식, 한국청소년연구 2권 2호(통권 제5호), 한국청소년연구원, 1991 여름호. pp. 197-206.
- 한승희, 이용교, 이혜연, 맹영임, 어른들은 청소년을 어떻게 생각하는가, 한국청소년연구, 2권 2호(통권 제5호), 한국청소년연구원, 1991 여름호. pp. 58-84.
- 이용교, 대학생의 친구관계에 관한 조사연구, 한국청소년연구 3

권 1호(통권 제8호), 한국청소년개발원, 1992 봄호. pp. 52-66.

- 최현, 이용교, 이춘화, 정병오, 청소년 상담사업 활성화 방안 연구, 한국청소년연구, 3권 1호(통권 제8호), 한국청소년연구원, 1992 봄호. pp. 119-135.
- 최현, 이용교, 이춘화, 백옥현, 청소년의 대중매체 이용실태와 활용방안, 한국청소년연구, 3권 4호(통권 제11호), 한국청소년연구원, 1992 겨울호. pp. 93-103.
- 이용교, 성적으로 학대받는 아동을 어떻게 도울 것인가, 한국청소년연구 4권 1호(통권 제12호), 한국청소년개발원, 1993 봄호. pp. 157-171.
- 이용교, 이혜연, 역사연극활동, 한국청소년연구 4권 4호(통권 제15호), 한국청소년개발원, 1993 겨울호. pp. 101-120.
- 최윤진, 이용교, 신선미, 청소년 가정지도의 실태와 지도방안에 관한 연구, 한국청소년연구 5권 1호(통권 제16호), 한국청소년개발원, 1994 봄호. pp. 81-101.
- 이용교, 청소년 건전육성을 위한 새동경도 행동계획, 한국청소년연구 5권 1호(통권 제16호), 한국청소년개발원. pp. 151-173.
- 이용교, 한국과 일본의 청소년장기계획 비교연구, 한국청소년연구 6권 1호(통권 제20호), 1995 봄호, 한국청소년개발원. pp. 114-128.
- 최윤진, 이용교, 소년교정기관에서의 상과 벌, 한국청소년연구 6권 2호(통권 제21호), 한국청소년개발원, 1995 여름호. pp. 81-96.
- 이용교, 청소년 인권교육의 실태와 과제, 한국청소년연구 10권 1호(통권 제36호), 1999 봄호, 한국청소년개발원, pp. 25-41.

[한국사회복지학회]

- 이용교, 한국가족유형별 욕구와 자원에 관한 연구, 한국사회복지학 제11권, 한국사회복지학회, 1988. pp. 57-72.
- 이용교, 사회관계망이 상호부조에 미친 영향에 관한 연구-결혼식 방명록의 분석을 중심으로, 한국사회복지학 제15권, 한국사회복지학회, 1990. pp. 185-204.
- 이용교, 일선행정기관 사회복지담당자의 직무에 관한 연구, 한국사회복지학 제16권, 1990. pp. 177-193
- 함철호, 이태수, 이용교, 아동복지시설의 양육상태와 심리적 환경에 대한 비교-소규모시설 아동과 법인시설 아동간의 태도 차이-, 한국사회복지학 제31권, 한국사회복지학회, 1997. pp. 459-488.
- 이용교, 한국의 불평등을 어떻게 줄일 것인가? : 구인회, 『21세기 한국의 불평등: 급변하는 시장과 가족, 지체된 사회정책』 (사회평 론아카데미, 2019)[서평], 한국사회복지학 제75권(2호), 2023. pp. 332-335.

[한국청소년학회]

- 이용교, 청소년의 성에 대한 상담원의 태도조사, 청소년학연구 1(1), 한국청소년학회, 1993. pp. 93-105.
- 이용교, 한국청소년단체협의회의 변화과정에 관한 연구, 청소년학연구 3(1), 한국청소년학회, 1996. pp. 153-172.
- 이용교, 청소년복지 연구의 동향과 과제, 청소년학연구 5(2), 한국청소년학회, 1998. pp. 81-107.
- 이용교, 청소년학 정체성 확립의 방향과 과제 -토론원고 ; "청소

년복지와 청소년학의 정체성", 한국청소년학회 학술발표논문집, 한국청소년학회, 1999. pp. 143-145.

- 이용교, 정경은, 청소년쉼터 평가지표 개발과 시범 평가 연구, 청소년학연구 13(4), 한국청소년학회, 2006. pp. 1-38.
- 이용교, 아동, 청소년정책 통합의 문제와 대안, 청소년학연구 15(4), 한국청소년학회, 2008. pp. 183-201.
- 이중섭, 이용교, 가족의 사회경제적 지위가 청소년의 사회적 배제에 미치는 영향, 청소년학연구 16(7), 한국청소년학회, 2009. pp.1-27.
- 이용교, 이중섭, 청소년의 사회참여활동이 시민성에 영향을 미치는 경로: 사회참여의식, 사회적 신뢰, 친사회성의 매개효과를 중심으로, 청소년학연구 17(2), 한국청소년학회, 2010. pp.203-232.

[한국청소년복지학회]

- 이용교, 청소년 대안교육정책의 방향 모색, 청소년복지연구 제1권 제1호, 한국청소년복지학회, 1999. pp. 61-74.
- 이용교, 걸거리 문화와 청소년복지, 청소년복지연구 제1권 제2호, 한국청소년복지학회, 1999. pp. 47-59.
- 조성연, 이용교, 방은령, 청소년의 원조교제에 대한 탐색적 연구, 청소년복지연구 제2권 제2호, 한국청소년복지학회, 2000. pp. 99-116.
- 이혜연, 이용교, 청소년 공부방의 운영모델 개발에 관한 기초연구, 청소년복지연구 제3권 제2호, 한국청소년복지학회, 2001. pp.41-56.

- 이형하, 이용교, 청소년 아르바이트 실태와 지원방안 연구, 청소년복지연구 제4권 제2호, 한국청소년복지학회, 2002. pp.89-100.
- 이용교, 청소년쉼터의 운영실태와 발전방안에 관한 연구, 청소년복지연구 제5권 제2호, 한국청소년복지학회, 2003. pp. 5-16.
- 이용교, 청소년복지지원법의 한계와 과제에 관한 연구, 청소년복지연구 제6권 제2호, 한국청소년복지학회, 2004. pp. 15-24.
- 이용교, 새터청소년을 위한 자립지원정책의 개선방안 연구, 청소년복지연구 제8권 제1호, 한국청소년복지학회, 2006. pp. 51-67.
- 이용교, 이명묵, 안경순, 정경은, 정민기, 아동복지시설 인권평가지표 개발연구, 청소년복지연구 제8권 제2호, 한국청소년복지학회, 2006. pp. 5-24.
- 이용교, 청소년복지지원법 개정법안의 주요 내용과 개정방향, 청소년복지연구 제9권 제1호, 한국청소년복지학회, 2007. pp.1-16.
- 안희란, 이용교, 시설 퇴소 청년들의 자립지원교육에 대한 요구, 청소년복지연구 제22권 제2호, 한국청소년복지학회, 2020. pp.61-84.

[한국아동권리학회]

- 이용교, 영유아보육시설과 유아교육기관에서 영유아의 참여권의 신장방안, 아동과 권리 8권 2호, 한국아동권리학회, 2004. pp.169~188.

[국제사회복지학회]

- 이용교, 국제 사회복지학 교육과정 시론, 국제사회복지학 1권 1호,

국제사회복지학회, 2011. pp. 31-54.

- 이용교, 국제사회복지론 교과목 지침서에 대한 시론, 국제사회복지학 4권 1호(통권4호), 국제사회복지학회, 2014. pp. 21-40.

[글로벌청소년학회]

- 민인철, 이용교, 광주 학교 밖 청소년 실태와 지원정책 연구, 글로벌청소년학연구 2권 2호(통권4호), 글로벌청소년학회, 2012. pp. 73-98.
- 이용교, 한일 청소년문화 교류의 실제와 발전방안, 글로벌청소년학연구, 3권 2호(통권6호), 글로벌청소년학회, 2013. pp. 67-90.

[한국시민청소년학회]

- 이용교, 청소년봉사활동의 과거, 현재, 미래, 시민청소년학연구 제1권 제2호, 한국시민청소년학회, 2010. pp. 61-84.
- 이용교, 이중섭, 광주 학생 인권 조례의 제정과정에 관한 연구, 시민청소년학연구 제3권 제1호, 한국시민청소년학회, 2012. pp.65-98.
- 김영지, 모상현, 이용교, 청소년 권리전담기구 운영현황과 발전과제, 시민청소년학연구 제6권 제2호, 한국시민청소년학회, 2015. pp. 37-75.

[한국사회복지역사학회]

- 이용교, 일제하 구라행진의 실행과 성과에 관한 연구, 사회복지역사연구 제1권, 한국사회복지역사학회, 2018. pp. 48-66.

- 이용교, 인물사를 통해 우리나라 사회복지역사를 정리한 역작: '초창기 사회복지인물사', 김범수(공동체, 2019)[서평], 사회복지역사 연구 제2권, 한국사회복지역사학회, 2019. pp. 168-171.
- 이용교, 광주에서 결핵환자의 요양과 자활공동체 연구, 사회복지역사연구 제4권, 한국사회복지역사학회, 2021. pp. 6-35.
- 이용교, 사회보장심의위원회의 설치와 운영에 관한 연구, 사회복지역사연구 제5권, 한국사회복지역사학회, 2022. pp. 82-102.

[한국사회복지협의회]- 사회복지, 복지저널

- 이용교, 청소년복지정책의 발전 방향, 사회복지 제116호, 한국사회복지협의회, 1993 봄.
- 이용교, 초고령사회에서 농촌복지의 체계화를 위한 시론, 사회복지 제164호, 2005 봄.
- 이용교, 사회복지사 수급체계와 전문성 강화방안, 사회복지 제169호, 2006 여름.

[한국복지정책연구소]

- 김영모, 이용교, 근로자종합복지관의 프로그램에 대한 평가, 사회정책연구 제9집, 한국복지정책연구소, 1989.
- 김영모, 이용교, 한국 가족구조의 변화와 가족복지정책의 기본구상, 사회정책연구 제9집, 한국복지정책연구소, 1987.

[기타 연구소 등]

- 이용교, 서울시 청소년의 여가선용과 스포츠자원의 활용방안

에 관한 연구, 사회과학연구 제2집, 중앙대학교 사회과학연구소, 1988.

- 이용교, 시설아동의 발생배경에 관한 연구, 아동복지 통권 2호, 한국아동복지시설협회, 1989.
- 이용교, 청년노동자의 현황과 과제, 청년지도자 개발교육, 한국노동조합총연맹, 1991.
- 이용교, 지역사회센터로서의 근로자종합복지관의 운영과 발전방안, 서울특별시 근로자종합복지관 10년사, 한국청소년연맹, 1992.
- 이용교, 청소년복지의 과제, 도시와 빈곤 제36호, 한국도시연구소, 1999. 2. pp. 42-50.
- 이용교, 청소년동아리의 봉사활동과 지원방안, 산경연구 제15권, 광주대학교 경상복지연구소. 2002.
- 이용교, 조선말 보성의 의병활동과 안규홍 대장, 보건복지연구, 광주대학교 보건복지연구소, 2015.
- 한국사회복지사협회가 발간한 소셜 워커에 이용교 '복지평론'과 '사회복지 역사 이야기' 30여 편 수록.
- 일간 신문인 광주드림에 2014년 12월부터 10년 이상 매주 '이용교 복지상식' 기고. 등 다수

인명 색인

이용교 교수는 평생 200권 이상의 책 혹은 보고서를 집필하였다. 단독으로 책을 쓰기도 하였지만, 공동 연구한 경우가 많았다. 필자는 시대의 욕구를 반영하여 다양한 아카데미를 기획하거나 정책제안서를 제출하였다. 책을 집필하면서 인연을 맺은 집필자 인명 색인이다. 청소년복지를 연구하면서 청소년학을 개척하였기에 사회복지학자를 비롯하여 교육학, 사회학, 심리학, 정치학, 체육학, 보건학 등 다양한 분야 학자들과 교류하였다. 영문으로 소개된 사람들은 필자와 함께 책을 집필하거나, 번역 책의 저자이다. 인명 색인을 통해 학문적 교류망을 살펴볼 수 있다. 이러한 분들과 교류하면서 학문적으로 성숙할 수 있었음에 감사드린다.

필자는 광주대학교, 중앙대학교, 청주대학교, 성결대학교, 중앙승가대학교, 동국대학교 불교대학원, 동신대학교 사회개발대학원, 한국디지털대학교(현 고려사이버대학교), 경희사이버대학교, 한국방송통신대학교 등에서 강의하면서 학생들과 많은 책을 기획하였다. 대학(원)생이 원고를 쓰고 책을 발간할 때는 청년(예비)사회복지사이었지만, 현재 각 분야에 유능한 인재로 성장했다. 어떤 사람은 처음 책을 내면서 대학원 진학을 꿈꾸었고, 논문을 모아 단행본을 발간한 실적 덕분에 대학교 교수로 임용된 사례도 있었다. 이 책을 통해 '사람이 책을 만들고, 책이 사람을 키운다'는 것을 확인할 수 있었다. 앞은 투고 당시 직업, /이후는 대표적인 직업이나 직책이다.

이용교

중앙대학교와 동 대학원에서 사회복지학을 전공하여 문학박사를 취득하였다. 한국복지정책연구소와 한국청소년정책연구원에서 연구위원으로 일하였고, 광주대학교 사회복지학부 교수로 재직하며, 한국복지교육원을 운영하고 '복지평론가'로 활동하고 있다.

주요 저서로 한국청소년복지의 현실과 대안(1993), 한국청소년정책론(1995), 청소년인권 보고서(1997), 복지는 생활이다(2001), 디지털 사회복지(2002), 디지털 청소년복지(2004), 디지털 복지시대(2004), 산티아고 가족여행(2012), 알아야 챙기는 복지상식(2018), 활기찬 노년생활(2020), 디지털 사회보장론(2020), 복지행정의 선구자 김학묵(2023), 초고령사회에서 복지상식(2024), 사회복지 역사와 인물(2024) 등 100권 이상이 있다.

한국청소년복지학회, 국제사회복지학회, 글로벌청소년학회, 한국지역사회학회, 한국사회복지역사학회 회장을 역임하였고, 광주광역시사회복지사협회 회장, 참여연대 사회복지위원회 실행위원, 사회보장위원회(위원장 국무총리) 위원으로, 사회복지공동모금회(중앙회) 배분분과실행위원으로 일하였다.

이 메 일　ewelfare@hanmail.net (강의 문의와 상담)
카　페　http://cafe.daum.net/ewelfare

* 이 연구는 2025년도 광주대학교 대학 연구비의 지원을 받아 수행되었음

이용교 교수의 학문의 학문
사람이 책을 만들고, 책이 사람을 키운다

저자 · 이용교
발행인 · 이명묵
디자인 · 김선미

발행일 · 2025.5.15.
발행처 · 도서출판 인간과복지
신　고 · 제 2019-000007호
주　소 · 경기도 파주시 문발로 119 200호
전　화 · 02-383-0743
팩　스 · 02-382-3486
이메일 · hwbook22@daum.net
카　페 · https://cafe.daum.net/hwbook1

값 · 20,000원
ISBN 978-89-807-230-9 93330